유교와 여성,
근대를 만나다

한국/근대/여성 총서 03

유교와 여성,
근대를 만나다

이 숙 인 지음

책을 내며

19세기 중엽, 항구가 열리면서 이 땅에 새로운 소식들이 흘러들었다. 서구 여성의 삶이 소개되고 여권(女權)이라는 개념이 알려지면서 조선사회 여성의 삶이 다시 보이기 시작한 것이다. 남녀관계를 보는 방법과 시각이 다를 수 있다는 것만으로도 조선의 여성과 남성에게는 충격이었을 것이다. 개항기(1870년대~1910)라는 시공간은 여성 존재를 역사의 무대에 올리고 사방팔방의 조명을 받으며 앞으로 나가게 했다.

조선사회가 근대로 이행해 가던 개항기는 한편에서는 조선의 내외적 위기가 증폭되고 한편에서는 새로운 출발의 의지가 고양된 시기다. 이러한 대변혁 또는 대혼란의 시기에 유교와 여성과 근대는 어떻게 만나고 무엇을 이야기하는가. 전통과 현대의 문제를 내포한 이들의 만남과 갈등 그리고 협상은 여성 인식과 여성 존재에 어떤 변화를 가져왔는가. 또 근대 공간에서 생성된 근대 여성이라는 개념의 한국적 성격은 어떤 것인가. 이러한 질문을 전제로 유교의 언어로 서술된 개항기 여성 자료를 수합하여 분류했다. 여기서 개항기 여성의 이념과 현실을 포괄적으로 보여주는 세 범주에 주목하게 되었다. 젠더(gender), 성(sexuality), 혼인·가족이 그것이다.

개항기 여성으로 들어가는 각 범주는 '전통'의 지속과 '현대적' 변형이라는 두 방향으로 전개되었다. 변환기의 특성상 개항기는 신구(新舊)의 문제, 보수와 혁신의 문제 등 상반되는 여러 가치가 혼재된 채 분명한 방향성을 보이지는 않는다. 무엇보다 유교적인 지배질서가 급격히 붕괴되면서 절대적인 지식이었던 유교가 다른 지식체계와 비교되기 시작하는데, 유교인들은 이 상황을 어떻게 이해하고 어떻게 대처하는가 하는 것이다. 그들의 정체성이기도 한 절대 지식 유학은 어떻게 응용되고 활용되는가. 이 시기 유학이 여성과 만날 때 어떤 주장과 이론이 나오는가. 유교인으로서 이 변화된 현실을 대하는 태도는 동일하지 않았다. 관습적으로 구질서를 지키고자 하는 부류가 있었고, 전통의 유교 체제를 비판적으로 개혁함으로써 재구성하려는 부류가 있었으며, 구질서를 폐기하고 새로운 문물을 받아들여야 한다는 부류가 있었다. 현재를 진단하고 유교의 미래를 전망하는 시각의 차이에 따라 여성에 대한 인식과 이해가 달랐다.

　이 연구에서 활용할 텍스트는 유교 관련의 자료에 한정하는데, 다만 유학자의 저술에서부터 유교 폐기론에 이르기까지 그 스펙트럼을 넓게 잡았다. 여성 근대를 전망하며 유교 부정이나 유교 폐기를 주장하지만 그들 역시 유교적 언어를 통해 논지를 펴고 있다는 사실에 주목하였다. 개항기에 나온 여성 관련 자료로는 유학자의 문집에 실린 행장과 제문 등이 있고, 열전 형식의 여성 전기, 여성교육서, 신문과 잡지 등이 있다. 근대 이전의 여성 담론이 문집이라는 형태의 소수 지식인의 영역에 국한되었고 그 내용 또한 계몽과 교육에 목적이 있었다면 개항기는 새로운 매체의 등장으로 생산자와 소비가가 다수의 인민으로 확대되었고 주제 또한 다양해졌다. 여성을 둘러싼 논의거리나 이야기거리가 풍부해진 것이다.

유교의 언어로 서술된 개항기 여성을 젠더(gender), 성(sexuality), 혼인·
가족의 세 범주로 접근하는 본격적인 작업에 앞서 그 시기에 새롭게 조성
되던 다양한 분위기를 살펴볼 필요가 있다. 즉 개화의 창에 비친 '근대여
성'의 모습은 어떠하며 근대의 눈에 비친 '전통여성'의 모습은 어떠한가.
개화 지식인들이 인습에 젖은 전통 여성을 비판하면서 근대(서구) 여성들
이 누리는 권리에 주목했다면, 보수유학자들은 유교의 성별 구도를 기준
으로 근대의 가치들을 폄하하고 부정했다. 극단적인 옹호와 극단적인 부
정 사이에 전통과 근대의 융합을 모색하는 입장도 있는데, 서양과 우리의
풍속이 다른 것은 당연하며 다만 우열을 가리기보다 차이를 논하는 게 옳
다는 것이다. 개항기 여성에 대한 논의는 대체로 전통 유교를 대하는 태
도와 연동된다. 이 연구를 통해 대혁신 혹은 대혼란의 시기를 여성과 유
교와 근대는 어떻게 만나고 무엇을 전망하는가를 엿볼 수 있을 것이다.

　이 연구는 유교와 근대, 그 사이를 제대로 규명해 보자는 의욕에서 시작
되었다. 필자는 중국고대 유교 경전(經典) 연구로 학위를 하고 그 후 조선
시대 유교와 여성 연구에 더 많은 시간을 보냈다. 조선으로 방향을 튼 것
은 '우리 여성'의 지적 자원이 된 유교 경전(經傳)의 한국적 전개를 알고 싶
었기 때문이다. 조선 여성에 대한 연구가 조금 쌓이자 다시 그 끝을 알고
싶었다. 다소 분방했던 고려의 여성문화가 조선에 들어 남녀유별, 남존여
비의 이념으로 강제되어 활기를 잃었다면 그 역사와 이념의 끝은 어디인
가. 바로 한국의 근대 초기 개항기에 주목하게 된 이유다.
　결과를 놓고 보니 아쉽고 미진한 점이 많음을 실토하지 않을 수 없다.
그럼에도 이 책의 의미를 찾는다면 개항기의 불편한 진실과 마주했다는

점이다. 유교의 자만과 오만을 근대와 마주보게 했고, 근대의 무례한 시선에 중심을 잃지 않으려는 유교를 찾아내려고 했다. 개항기는 근대라는 목표를 향해 모두가 질주하는 것 같지만 반드시 그렇지만은 않았다. 나아가려는 힘과 끌어당기는 힘이 팽팽한 가운데 여성이라는 존재가 어떻게 서술되는가. 이 물음을 붙들고 여성과 유교 관련 자료를 섭렵하고 선별하여 개항기 여성유교의 전체상을 그려내고자 했다.

이 책은 모시는사람들의 〈한국/근대/여성〉 총서로 기획된 세 책 가운데 하나다. 불교와 유교, 기독교가 근대 여성 만들기에 어떻게 개입했으며 어떤 공간을 만들었는지를 규명코자 한 것이다. 앞서 나온 두 책 『불교와 근대, 여성의 발견』(조은수, 2022)과 『한국 근대 기독교와 여성의 탄생』(이숙진, 2022)은 대한민국학술원 우수학술도서(2023)에 선정되었다. 곧 한국 종교를 경유한 여성 근대에 대한 관심과 연구의 적실성을 높이 평가한 것이다. 이 책이 나오기까지 기다리고 격려해 준 한국학진흥사업단의 과제관리 연구원 김도형 선생께 감사드린다.

2024년 6월
이숙인

차례

제1장

여성과 근대, 그리고 유교

1. 개화의 창에 비친 근대 여성

개항 이후 여성과 관련한 서양의 각종 소식들이 조선으로 유입되었다. 내용은 여자들의 옷차림이나 태도 등의 가십 차원의 정보에서부터 여권 의식과 여성운동과 같은 비중 있는 주제에 이르기까지 다양한 스펙트럼을 보였다. 소식을 전하는 통로나 전하는 목적 또한 다양했다. 대개는 체계적이고 조직적인 형태로 수입된 것이라기보다 외국에서 온 외교관이나 상인들 그리고 기독교 선교사들의 생활을 통해 보이는 것이었다. 특히 한국 주재 외교관들은 가족을 대동하고 왔기 때문에 그들을 통해 서양의 가정생활과 부부생활을 직접 확인할 수 있었다. 여기에 더하여 정부 개화 정책의 일환으로 대중 매체는 서양의 역사와 지리, 근대 문물을 소개하기 시작한다.

1883년에 창간한 한국 최초의 근대적 신문 《한성순보(漢城旬報)》는 서구 여성에 대한 다양한 정보를 알려주었다. 먼저 미국에서 부녀들이 회사를 결성한 소식을 전했다.

미국 필라델피아(費拉德費府)의 부녀들이 한 회사를 결성하였는데, 사람들이 의사(義社)라 일컫는다. 그 취지를 따져 보면 잠업(蠶業)에 힘쓰고 공업을 권장하여 국가를 이익 되게 하자는 데 있다.[1]

기사는 이 회사가 지난해 남긴 순수 이익이 무려 2만9천5백31불(弗)이고 사업은 나날이 성장하는 추세라고 하였다. 최근에는 회사 사장과 사원들이 회의를 하여 잠사(蠶絲) 생산량의 세계적 통계 정보를 공유하며 회사를 더 발전시키자는 결의를 했다고 한다. 잠사는 중국과 일본이 세계 생산량 3분의 1을 차지하고 있다는 것과 자신들의 이익금은 직공 3만여 명에게 배당하겠다는 내용이었다. 회사를 설립하여 경영하는 사람이 여성인데다 직원 또한 대부분 여성이며, 열심히 일하여 그 이익을 나누어 갖는다는 소식은 개항기의 사람들, 특히 여성들에게는 소설 같은 이야기로 들렸을 법하다.

개항기(1870년대-1910년) 혹은 근대계몽기(1880년대-1910년)는 여성이라는 존재가 중요한 주체로 부상하는 시기다. 조선은 18세기 이후의 사회 전반에 걸친 변화의 흐름 속에서 개항을 맞이하는데, 이에 사회는 중화적 세계에서 동서가 교통하는 지구적 세계로 향하게 되었다. 이 시기는 내외적으로 위기가 증폭되고 유교적 지배질서가 붕괴되는데, 여기서 유교와 여성과 근대는 어떻게 만나고 무엇을 이야기하는가. 다양한 상상이 가능할 것이다. 유교가 여성을 놓아줄 것인지 여성을 위해 변신할 것인지, 근대가 여성을 구원할 것인지 여성을 이용할 것인지, 여성은 유교를 버릴 것인지 고쳐 쓸 것인지 등등. 결론적으로 개항기의 여성 담론은 이 다양한 질문으로부터 자유롭지 못했다.

개화 지식인들은 인습에 젖은 전통 여성을 비판하면서 조선이 나아가야 할 성별 문명화를 제시하려는 쪽이었다. 그 전에 유교인들의 폐쇄성과 자만을 지적한다. 개화파의 선구라 일컬어진 박규수(1807-1877)는 화이(華夷) 의식에 사로잡힌 사림 층을 겨냥하였다.

> 우리나라 유학인들은 걸핏하면 동방예의지국이라 자랑하는데, 나는 이를 비루하게 여겨 왔다. 천하 만고의 나라치고 예의 없는 나라가 어디 있겠는가. 중국 사람들이 이적(夷狄) 중에서 예의가 있는 것을 가상하게 여겨 한 말에 지나지 않는다. 수치스럽게 여겨야 할 말을 자랑으로 여기니 한심하다.[2]

한편에는 유학의 세계화를 꿈꾸는 부류가 있었다. 이 계열의 인사들은 관습적으로 구질서를 유지하고자 하는데, 양이(洋夷)로부터 부녀들을 지켜야 한다고 보았다. 그런 가운데 최초의 근대 신문《한성순보》(1883)는 '우리' 학문의 수출 전망을 점쳤다.

> 수년 전부터 영국 옥스포드 대학교에서는 한학과(漢學科)를 특설하여 교수하고 있다. 근래 서보(西報)를 보면, 영국 수도 부근에 위치한 대학교에서도 장차 한학과를 설치하려 한다는 것이다. 이를 미루어본다면, 한학이 서양에까지 유입되었다고 이를 만한데, 하늘이 장차 우리 사문(斯文)으로 온 세계의 문운(文運)을 계발하려는 것인지도 모른다.[3]

이렇듯 19세기 중후반의 한국사회에서 유교인이나 유교를 보는 시선은 극과 극을 보일 만큼 균일적이지 않았다. 유교에 대한 강한 자부심을 가졌는가 하면 유교인의 우물 안 개구리 식의 교만을 질타하였다. 그런데 근대 여성에 대한 논의는 대체로 전통 유교를 대하는 태도와 연동되었다. 예컨대 보수유학의 계열이 정절이나 순종 등의 전통적인 여성 가치의 강화를 주장했다면 개신유학 계열은 역사 속에서 독립이나 용기 등의 가치를 구현한 여성을 소환했다. 보수유학은 변화를 위기로 보아 더 단단한 자기 정체성을 가져야 한다고 보았다면 개신유학은 변화를 기회로 보아 그에 상응하는 여성 가치를 발굴해야 한다는 입장이었다. 심지어 여성 근대를 전망하며 유교 부정이나 유교 폐기를 주장하지만 그들 역시 어떤 방식이든 유교 여성을 소환한다. 다시 말해 신구(新舊)가 중첩되어 있고 전통과 근대가 혼재된 개항기 여성 담론은 대개 전통 혹은 유교의 언어를 사용한다는 점이다. 여성을 가족 안의 존재임을 강조하는 지식과 여성을 한 개인으로 보는 지식, 서로 상반된 두 가치가 모두 유학의 텍스트에서 근거들을 끌어오고 있는 것이다.

유교와 여성에 대해 평가를 하거나 의견을 내거나 미래를 전망하거나 그 어떤 것을 취하든 개항기는 이전 시기에 비해 상당히 자유로워졌다. 세상과 격리된 채 뒷방에서 자기에게 충실한 유학자들의 글쓰기와는 다른 방식의 담론이 언론을 타고 대중을 향해 소리를 내기 시작했다. 규문 안에서 가족을 위한 헌신이 지상과제이던 여성들에게 다른 사회, 다른 세상의 이야기가 들려오기 시작한 것이다. 여성의 몸으로 무엇을 할 수 있고 어디까지 할 수 있는가. 이것은 유교, 비(非)유교를 떠나, 남자 여자를 불문하고 궁금하지 않을 수 없다. 국가 정책을 반영하면서 외국 상황을 알리는 코너를 마련한 《한성순보》는 여왕의 존재라든가 여장군의 활약 등을 소개했다. 조국을 위기에서 구해낸 프랑스의 애국 영웅 잔 다르크

(1412-1431)가 소환되었다.

여안달(如安達, 잔 다르크)이라는 여자가 민간에서 일어나 스스로 신명(神命)을 받았다고 하며 의병을 징집했다. 왕을 포위 속에서 구원하여 베르사유 땅으로 가서 즉위의 예(禮)를 거행하자, 비로소 각계 모든 사람이 다투어 왕을 도왔고, 잃었던 땅을 프랑스로 귀속시켰다.[4]

잔 다르크가 군대를 일으켜 영국을 격파하여 영토를 되찾고, 샤를 7세 (Charles VII, 1403-1461)를 즉위시킨 백년 전쟁의 역사적 사실을 소개함으로써, 여자도 나라를 위해 큰일을 할 수 있다는 메시지를 담았다. 며느리, 아내, 어머니의 역할을 여자 삶의 전부로 여겨온 유교인의 삶에서 볼 때 잔 다르크는 충격 그 자체였을 것이다. 신문의 언어가 순한문이어서 여성 독자들이 직접 접근하기는 어려웠을 테지만, 신문을 본 남성 지식인들에 의해 이 자극적인 이야기들이 일상의 대화 소재가 되었을 것이다. 개항기 신문들이 여성 관련 기사를 빠짐없이 배치한 것은 우리와 전혀 다른 세계를 사는 여자들의 이야기가 대중적 흥미를 끌고 있다는 말이기도 하다.

〈태서각국소학교(泰西各國小學校)〉(1884)라는 기사에서는 남녀가 함께 다니는 학교를 소개했다. "중앙과 지방 할 것 없이 학교를 설치하여 남녀 5세부터 14세까지 빈부귀천을 막론하고 교육을 하는데, 그래서 온 나라에 글자를 모르는 자가 없다."[5] 또 〈각국의 최근 일(各國近事)〉에 의하면, '서양 각국은 여자도 남자처럼 과거(科擧)에 응시할 수 있다. 그곳도 이전에는 금지되었던 것인데, 지금은 허용되어 독일·영국·스위스·러시아가 행하고 있다.'고 하였다.[6] 이 기사를 본 독자들이나 신문의 내용을 전해들은 사람들은 여성도 교육의 기회와 직업을 얻을 기회를 가져야 한다는 생각을 자연스럽게 하게 될 것이다.

창간 후 1년 남짓 발행되다가 갑신정변으로 중단된 《한성순보》를 이어 《한성주보》가 창간된다.[7] 언어는 국한문으로 독자층을 일반 서민에까지 넓히게 된 《한성주보》도 해외의 여러 나라 소식이나 풍속을 소개했다. 이 중 여성과 관련된 기사 가운데 눈에 띄는 것이 있다. 아프리카 남동쪽에 있는 섬나라 마다가스카르 여왕의 이야기인데, 그녀는 프랑스와의 조약을 체결함에 있어 '백성의 주인'[民主]으로서 탁월한 통치력을 행사했다는 것이다. "여왕은 한낱 여자로서 일을 처리함이 주도면밀하여 외국의 침해를 받지 않았으니 도왕(島王)으로 추존(推尊)되기에 부끄럽지 않았다."[8] 여자도 왕이 될 수 있다는 상상, 더구나 지식과 논리가 뛰어나 상대 나라 남성을 제압했다는 기사는 당시의 남성 및 여성들에게 그야말로 별세계의 이야기처럼 들렸을 것이다.

이렇게 개항기 신문들로 인해 서양인의 세계 인식을 엿보게 되었고, 세계 여러 나라의 풍속에 대한 정보들은 얻게 되었다. 특히 개화운동의 일환으로 추진된 서양 여성 소개는 작가들의 상상력을 자극하여 조선의 역사 속에서 여성 영웅들을 찾기에 이른다. 뒤에서 소개할 장지연과 박문호 등의 '여성열전'에는 용기와 기절(氣節), 통치력 등을 갖춘 여성들이 등장한다.

《독립신문》은 서양에서 행해지는 교육과 혼인 과정 및 혼인 생활을 소개하여 우리의 남녀 문화와 혼인 문화를 돌아보게 하였다. "서양에 개명한 나라 사람들은 남녀 간에 어렸을 때부터 한 학교에 다니며 공부하여 나이가 2, 30이 되도록 피차에 상종하기를 여러 해를 함께 한다. 이에 서로 학문과 재덕이며 모양과 심지의 어떠한 것이든 자세히 안 후에 백년해로 하기를 단단히 약조한다."[9] 최초의 민간 신문《독립신문》은 순 한글로 되어 있고 투고의 형태로 독자들의 참여가 가능했다. 서재필(1864-1951)과 윤치호(1865-1945)를 비롯한 주요 필진들은 급진적 성향을 가진 개화파로《독립신문》을 통해 서구사회에 대한 대중의 상상력을 장악해 나가기 시작한다. 서양의 남녀는 교육의 권리와 직업의 권리를 동등하게 가진다는 것과 혼인도 상대를 충분히 안 후에 당사자가 직접 결정한다는 정보는 당시 뜨겁게 토론 중이던 조혼과 중매혼의 문제를 염두에 둔 것이다.

한편 유길준(1856-1914)은 『서유견문』을 통해 서구 여성들의 모습을 소개하는데, 이 책은 1889년에 집필되어 1895년에 간행되었다. 그는 "사람이 천지간에 태어나면서 이미 남녀라는 구별이 있었으니 이 둘 사이에 분별하는 예절을 마련치 않을 수는 없다."라고 하고, 서양에서 여자를 대접하는 예절을 소개하였다. 이에 의하면 서양에서는 어떠한 연회든지 여자가 참석하지 않는 자리는 없고, 여자가 오면 일어나 경의를 표하거나 자리를 사양하여 상석에 앉힌다. 벼슬하는 자가 다른 나라에 사신 갈 때도 부인과 함께 가고, 장사하러 멀리 타향에 갈 때도 부인과 동행하며, 산수유람 할 때도 부인과 동행하면서 세상의 즐거움을 함께 누리며 인생의 화기를 손상하지 않는다. 여자 또한 남자 대접하기를 극진히 하고, 남자가 하는 일을 다 하려고 하여 의사도 되고 변호사도 된다.[10] 급진개화파가 전통유교를 철저히 부정하는 것과는 달리 유길준은 유교문화와 서구문명을 융합시키려고 한 입장이었다.[11] 그는 "서양과 우리의 풍속이 같지 않는 것은 당연하며, 우리나라가 뛰어나다거나 다른 나라가 낫다고 하는 말은 맞지 않다. 다만 그 차이만 논할 수 있을 뿐"이라고 한다.

서구뿐 아니라 다른 나라 여성들이 사는 이야기는 조선 여성들을 비추는 계기가 되었을 것이다. 《독립신문》은 논설에서 '세계 각국이 그 전에는 서로 왕래하지 못하다가 화륜선과 전기선이 생긴 후로 오대주의 나라들이 각각 못 가는 곳이 없게 되었다.'고 하고, 아시아 주 중앙에 위치한 서장(西藏-티벳)의 풍속을 소개하였다. 그곳을 방문하고 온 사람에 의하면 한국이나 청국, 인도의 풍속과는 달리 그곳은 일처다부제(一妻多夫制) 사회이다. 그 사회를 대표하는 자는 여자이고, 그녀는 각국의 풍속과 물정에 대해 서로의 지식을 나눌 정도로 박학다식했다.[12]

또한 《황성신문》은 1899년 6월 27일부터 1주일 동안 영국런던에서 개최된 〈만국부인회〉 소식을 전한다. 이 단체는 11년 전 미국 참정론자 협회의 후원으로 시작되었고 회의 목적은 세계 각국의 부인협회로 하여금 성식기맥(聲息氣脈)을 상통하게 하는 일임을 소개하였다. 그리고 이번 회의 주요 안건이 국제상 부인참정권 가부를 결정하는 것이라고 하였다.[13] 《황성신문》은 부인참정권을 국회의원 선거에까지 확장하자는 영국 하원의원의 안건이 가결되었다는 외신을 소개한다.[14]

이렇게 개화의 창에 비친 서구 여성은 우리가 따라야 할 길처럼 보인다. 그쪽의 진실과는 무관한, 우리가 보고 싶은 서구이고 우리가 되고 싶은 여성이지 않을까. 과부개가의 정당성을 주장하는 한 여성 기고자는 《제국신문》에서 서구야말로 우리 여성이 원하는 모든 것이 구현된 사회로 여기는 듯한 주장을 한다. "남녀동등권이 구현된 태서(泰西) 각국에는 집안의 청춘과부를 예를 갖추어 시집보내는데 처녀를 시집보내는 것과 조금도 다를 것이 없다."[15] 한편 남성의 시각이 반영된 듯한 남녀·부부에 관한 각국의 속담도 소개되었다. "좋은 말은 절대로 없어지지 않고 어진 아내는 절대 불평한 마음을 품지 않는다."는 스페인 속담이나 "애정만 위하여 장가들면 밤에는 어지나 낮에는 사나우리라."라고 한 독일 속담이 그것이다.[16] 당연한 말이지만 당시의 서구도 남녀평등이 이루어진 사회라기보다 변화의 과정 중에 있었던 것이다. 과부 개과를 주장하는 이 여성 기고자가 본 서구 여성은 '지금 여기'의 여성 상황과 비교하기 위한 선택된 자료라고 할 수 있다.

그런 점에서 서구 사회 내부에서 보는 여성의 현실과 동양에서 보는 서구 여성은 다를 수 있다. 같은 시기 서구에서는 여권(女權)을 핵심으로 한 여성해방 운동과 이론이 사회에 유통되고 있었다. 18세기 말 울스턴크래프트(1759-1797)가 『여성 권리의 옹호』(1792)를 발표하고 80여 년이 지난 19세기 말에는 존 스튜어트 밀(1806-1873)이 『여성의 예속』(1869)을 발표한다. 존 스튜어트 밀은 영국 여성들의 존재론적 위치를 '완화된 노예 상태'라고 규정하는데, 즉 자기 의지나 자기 관리에 의한 자기 지배가 아니라 복종과 타인의 지배에 순종하는 것으로 길들여져 왔다는 것이다.[17] 이들 작업은 오랜 역사를 통해 전개되어 온 여성의 존재론적, 인식론적 성격을 규명한 것이다. 한국의 개항기와 동시대인 1870년대와 1880년대의 영국은 여성노동자의 권리와 노동조건이 사회적 문제로 부상하면서 여성에 대한 논의가 매우 활성화되었던 때이다.

이런 맥락에서 볼 때 개화된 서구의 것을 전한다고 하지만, 그것은 '거기 있는 그대로'가 아니라 전달자에 의해 이해되고 해석된 것이다. 조선 인민의 '문명화'를 사명으로 한 선교사를 통해, 강한 정치적 입장을 가진 개화파 지식인을 통해 전해지는 정보들이다. 여기서 서양 여성들의 소식을 전하는 주체가 누구인지, 서양 여성들의 어떤 이야기인지, 이야기를 전하는 매체 및 경로는 어떠한지에 따라 차이를 보일 것이다. 서양 여성에게서 무엇을 보는가는 한국 여성 근대화의 성격을 만들어가는 데 중요한 요소가 될 것이다. 어쨌든 서양의 남녀와 부부는 지극히 이상화된 형태로 소개된다는 점이다. 《독립신문》(1899)은 혼인에 관한 서양과 조선의 비교를 시도한다.

> 사룸마다 뇌외 간에 셔로 스랑ᄒ고 셔로 공경ᄒ야 죽기신지 조곰도 두 무움을 두지 안코 엇던 사름이던지 만약 안희된 이가 남편을 빅반ᄒ거나 남편된 이가 안희를 바리는 이가 잇슬 디경이면 법관이 곳 잡아 다스릴쑨아니라 그 남녀는 사름마다 쳔디ᄒ야 셰샹에서 힝셰를 못 ᄒ는 법이라. 그런 고로 누구던지 부부 간에 시종이 여일 ᄒ야 집안이 화목ᄒ고 만ᄉ가 여의ᄒ니 이것은 다름 아니라 당쵸에 부부 될 사름들이 각기 ᄌ긔 무 음에 빅 필되기를 질겨홈으로 뎡혼 홈이라.[18]

'서양의 부부들은 서로 사랑하고 서로 공경하기를 죽을 때까지 계속한다.'든가 '시종여일 집안이 화목하고 만사가 여의하다.'고 하였다. 당연한 말이지만 논자의 주장과 같은 특수한 가정이 있을 수는 있지만, 어떤 가족 어떤 부부도 '영원히' '시종여일' 사랑하고 행복할 수는 없는 일이다. 이런 식의 서양 소개는 여성들의 시야를 넓혀 주기보다 조선의 여자들에게 사회와 남성에 대한 불만과 증오를 부추길 뿐이다. 한편 서양에서는 "아내가 남편을 배반하거나 남편이 아내를 버릴 경우 법관이 잡아 다스린다."고 한 것 역시 비판적으로 읽을 필요가 있다.

개항기에 폭발적으로 분출하던 근대 지향의 담론에 조응하듯 여성 담론도 각종 매체를 통해 활발하게 전개되었다. 개화와 계몽이라는 패러다임 속에서 전통과 근대, 야만과 문명, 주체와 타자, 새로운 것과 낡은 것이 여성을 통해 담론화되었다. 기존의 여성 담론이 문집이라는 형태의 소수 지식인들의 학술을 통해 주로 여자들을 계몽하고 교육하는 방식이었다면 이제는 생산자와 소비자가 다수의 인민으로 확대되었고 주제 또한 다양해졌다. 개항의 문이 열리고 곧이어 여자들을 위한 공식 교육기관이 세워지고, 여성의 변화에 주목한 다양한 담론은 인쇄 기술에 힘입어 대중 속으로 퍼져나갔다. 개항 이후 불과 20~30년 사이에 일어난 일이다

2. 근대의 눈에 비친 조선 여성

천부인권설에 기초한 여권(女權) 의식은 근대 초기에 들어온 수입품 중에서도 가장 획기적인 것이었다. 이에 의하면 여성이라는 존재는 가족의 부속품이 아니라 자기 정체성을 가진 인간 개인이다. 이러한 시각으로 사회를 둘러보니 '지금 이 땅'의 여성들이 다시 보이기 시작한 것이다. 먼저 혼인 관습이 파생한 여성 지위의 문제나 아내를 대하는 남편의 태도 등이 집중적인 조명을 받았다. 개화 정책의 일환으로 제작 유포된 개항기의 신문은 당시의 분위기를 전달해 주는 중요한 통로였다. 근대 초기에 조선 여성은 크게 두 개의 시선에 노출되는데, 하나는 문명이라는 시선이고, 다른 하나는 남녀동등이라는 시선이다.

개항기에 유입된 '문명'의 눈에는 유교로 대표되던 전통이 버려야 할 구습(舊習)에 불과했다. 이에 의하면 세계는 문명과 비문명(야만)의 대립이며 야만의 상태에서 문명의 사회로 진화해 가야 한다. 이 눈으로 볼 때 여성을 대접하는 조선의 전통은 비웃음과 조롱을 받기에 충분했다. 문명의 대리인들은 혼인이 이루어지는 과정에 주목했다.

조선 사람들은 아내를 얻을 때에 어떤 사람인 줄도 모른 채, 여편네도 그 사나이가 어떤 사람인 줄도 모른 채 남의 말만 듣고 혼인한다. … 사나이와 여편네가 평생을 같이 살며 집안을 보호하고 자식을 생육하자 하는데, 전혀 모르는 사람들이 이런 약조를 하니 어찌 우습지 않은가.[19]

그들에게 혼인의 문명과 비문명을 구분하는 기준은 자유연애와 자기결정이다. 지식인들은 '미개'와 '야만'이라는 용어를 주저 없이 쓰는데, 주시경(1876-1914)은 조선의 혼인을 "무식하고 미개한 나라"의 풍속이라 하고, 조혼의 풍속을 "짐승 같은" 행위라며 비난한다.[20] 윤치호(1865-1945)는 조선의 조혼 풍속을 중국의 전족보다 더 "야만스런 풍속"이라고 한다.[21] 한편 여성에 대한 태도와 예절의 문제도 '문명과 반(反)문명'을 가르는 기준이 되었다. 여자를 무시하고 천대하는 남성들의 습관과 행위는 '미개인'의 전형적인 모습으로 담론화 된다.

여편네가 사나이보다 조금도 낮은 인생이 아닌데 사나이들이 천대하는 것은 다름 아니라 사나이들이 문명개화가 못 되어 이치와 인정은 생각지 않고 다만 자기의 팔심만 믿고 압제하려는 것이니 어찌 야만과 다름이 있으리오. 사람이 야만과 다른 것은 정의와 예법과 의리를 알아 행신을 하는 것이어늘….[22]

문명의 대리인들은 문명 서구와 미개 조선을 끊임없이 생산해 낸다. 예컨대 "모든 일을 아내와 상의하는 문명국 남자들"이라든가, "공중 공간에서 여자에게 더 좋은 조건을 양보하는 문명국 남자들"이라든가 하는 말들이다. 또 "청(淸) 나라의 성현들도 수신제가치국평천하를 말하여 부부생활에 신중을 기하는데, 유독 조선 남자들만 문명과 거리가 멀다."라고 한다.[23] 조선의 남자와 조선의 여자를 적대적 관계로 놓고 남자를 무식하고 폭력적이고 게으른 존재로 만들면서, 여자는 초라하고 불쌍하고 가여운 존재로 규정하는 것이다. 폭력의 조선 남자로부터 불쌍한 조선 여자를 구출해 내겠다는 문화제국주의의 기본 방정식에 동승하고 있는 것인데, 이것은 제3세계 식민 지배를 정당화하는 논리로 이어진다.

'문명국'에서 온 선교사들의 눈에 비친 한국 여성도 개화파 인사들이 묘사한 모습과 유사하다. 1884년 갑신정변 이후에는 선교사의 합법적인 방문이 가능했는데, 이들이야말로 문명화의 사명을 띠고 한국 땅에 온 사람들이다. 릴리어스 언더우드(1851-1921)는 "조선의 여성들은 슬픔과 절망, 힘든 노동, 질병, 애정 결핍, 무지 그리고 흔히 수줍음 때문에, 그들의 눈빛은 흐릿해졌고 얼굴은 까칠까칠해졌고 상처투성이가 되었다."[24]고 하였다. 여선교사들이 대거 조선에 파송된 것은 조선사회의 엄격한 내외법으로 여성들에 대한 선교가 제한을 받게 되자 많은 남자 선교사들이 여선교사로 대체된 것이다. 이들이 묘사하는 조선여성은 대체로 '집안에 갇혀 바깥출입이 금지되어 있고, 무지하고 무력한 남성의 희생자'이다. 더러는 '양반가의 여성은 서구의 문화가 감히 근접할 수 없었던 존재'라고도 하고, 조선 여성은 몇 가지 부류로 나뉜다는 관찰도 있었다. 1884년 3개월 동안 한국에 체류하였던 로웰은 서울 거리에서 볼 수 있는 여성들은 세 부류라고 하였다. "가마를 타고 다녀서 전혀 모습을 볼 수 없는 여성, 걸어가는 옷 뭉치로 밖에는 보이지 않는 여성 그리고 생계를 위해 일하느라고 남의 눈에 노출된 여성이 그들이다."[25]

당시 조선 여성의 삶은 계층이나 그 외의 조건에 따라 다양했던 것은 당연한 사실일 테고, 일부 방문자들은 조선 여성들의 그런 차이를 잘 포착하였다. 그럼에도 전 조선 여성을 양반가 여성으로 획일화하여 '감옥 같은 집안에 갇혀 있다.'거나, 전 조선 여성들을 거리에서 쉽게 만날 수 있는 하층 여성으로 획일화하여 '무지몽매하고 노예와 같은 삶'이라고 하는 서술의 형태는 상당히 문제적이다. 여기서 관찰자 또는 서술자의 문제를 지적하지 않을 수 없다. 조선 여성의 상황이 비참하면 할수록 선교사 자신들의 정체성을 만들고, 자신의 욕망을 구현할 수 있는 공간을 계속 확보해 갈 수 있는 조건이 되었던 셈이다.[26]

그리고 '남녀동등론'이라는 새로운 지식으로 개화파 인사들은 조선 여성들의 억압적 상황을 묘사하기 시작했다. 그들의 조선여성은 '천하고 가난하고 무식한 사람들'이다. 《독립신문》은 조선 여성들을 천대하고 억압하는 조선의 '사나희'들과 맞서 싸울 것을 약속한다.

> 우리는 천하고 가난하고 무식한 사람들의 친구라. 조선 여자들이 이렇게 사나이에게 천대받는 것을 분하게 여겨 언제까지라도 여자들을 위하여 사나이들과 싸움을 할 터이다. 조선의 지각 있는 여자들은 당당한 권리를 뺏기지 말로 아모쪼록 학문을 배워 사나이들과 동등할 것과 사나이들이 못하는 사업을 할 도리를 하여보기 바라노라.[27]

여기서 《독립신문》의 정치적 성향을 고려하지 않을 수 없다. 발행자 서재필은 갑신정변의 실패 후 미국 귀화인이 되었고, 본국의 가족이 모두 몰살되는 상황을 통해 조선정부와는 적대적인 관계에 처하게 되었다. 그의 서구 체험은 이전 모든 관계와의 단절 위에서 형성되었고, 그는 미국 시민 사회를 조선 문명개화의 도달점으로 인식하였다.[28] 따라서 서재필과 윤치호 등이 주도한《독립신문》에서 펼쳐진 '전통 여성' 담론은 감안하여 읽어야 할 부분이 있다. 그들을 순수하게 여성 권리를 위해 동분서주한 선각자이자 '친절한 아저씨'의 이미지로 서술하는 방식[29]은 재론의 여지가 있다. 한편 조선 여성의 해방과 계몽에 의미를 둔 여선교사들의 조선여성관은 한편의 소설을 연상케 한다.

집이라는 감옥에 가두어놓고 그릇 한 죽 헤아릴 수 있는 지능마저도 허락받지 못했으며, 자신이 낳은 아이에게 미소 지어 보이는 정도의 감정 표시조차도 부덕한 것으로 비난받았다. 움직이는 목석을 이상적 여인으로 생각했던 것이다.[30]

(조선에서) 어머니는 처음부터 가정에서 아무런 존재도 아니다. 그는 남편의 신분에 따라 일종의 가구나 짐을 끄는 가축 또는 가정의 장식품으로 여겨지며 아들은 어머니를 더 별 볼일 없는 존재로 취급한다.[31]

여성은 남성의 반려가 아니라 노예에 불과하고 쾌락 또는 노동의 연장에 불과하다.[32]

선교사들의 시선에 조선의 개화 지식인이 동승하는 느낌의 주장들이 대중 언론을 통해 쏟아진다. "조선에서는 여자를 애초에 사람으로 치지 않았다."[33]라든가 "거의 노예이지만 노예와 달리 해진 옷 거친 음식에도 불평하지 않고 복역하는 며느리의 존재는 유용한 노동력을 확보하는 데 최상의 방법이었다."[34]라고 한다. 개신교 선교 활동이 한국사회의 여성 지위에 큰 변화를 주었는가라는 질문에 대해 기독교 내부에서도 일치된 견해를 보이지 못한다는 지적이 있는 것은 일견 타당해 보인다.

《황성신문》(1900)에서는 인도의 여속(女俗)과 우리나라를 비교하는 글을 실었다. 〈여속은 반드시 인도를 거울로 삼을 것(女俗必鑑戒印度)〉에서 신문은 "땅은 우리와 멀리 떨어져 있지만 부녀의 풍속은 모든 점에서 꼭 같으니 기이한 일"이라고 하고, 몇 가지 공통된 장점과 단점을 열거하였다. 이에 의하면 인도 여성과 한국 여성의 공통된 장점은 남편을 잘 섬기고, 자녀를 사랑하며, 가사에 전념하고, 정절 의식이 높고, 범죄가 적다. 반면에 두 나라 여성의 공통된 단점으로 무지하고, 작은 것에 집착하며, 정절은 가식적이고 잔소리가 심하다는 점을 들고 있다.[35] 논증하기도 어려운 단면적인 모습이거나 '아무 말 잔치'에 버금가는 내용을 대중을 향해 쏟아내는 수준이다.

중국의 근대사상가 담사동(1865-1898)은 다른 문화, 다른 나라를 이해하는 데 가장 큰 적(敵)은 자기 안의 교만이라고 한다. 그는 중국인의 교만으로 걸핏하면 서양 사람의 윤리 없음을 꾸짖어 대는데, 옳지 않다고 하며 자기 것을 기준으로 남을 평가하는 것은 한계가 있다는 발언을 한다.[36] 이는 도덕과 예의의 나라라는 조선의 자부심이 실제를 담보하지 못한 헛된 망상일 수 있다는 박규수(1807-1877)의 주장과도 상통한다. 당시 중국도 개항기 한국과 유사한 문제의식에 처해 있었던 것이다. 다시 말해 자기 교만에 빠져 상대를 폄하하는 태도는 타문화와 만나고 타문화를 서술하는 모든 사람이 경계해야 한다는 것이다.

근대는 조선 여성을 어떻게 인식하며 어떻게 비판하는가. 앞에서 본 바 서구 근대의 자유와 독립의 개념은 '전통 여성'을 '집안에 갇힌 죄인이자 노예'로 전락시켰고, 조선의 제도와 관습은 공리주의적 관점에서 심각하게 문제시되었다. 이와 함께 '게으르고 무식하고 폭력적인 조선 남성'과 '불쌍하고 상처 나고 가여운 조선 여성'이라는 후진적 이미지가 창출되었다. 이러한 서구 일방적인 시선과 거리를 두면서 '전통 여성'의 실상과 허상, 그리고 그 전망을 몇 가지 주제로 나누어 살피고자 한다.

제2장

유교 여성 규범의 지속과 변형

1. 남녀유별의 계승: 덕성과 역할의 젠더

1) 남녀유별의 원리와 역사

유교 경전 『예기』에 의하면 천지개벽이 오더라도 절대로 바뀔 수 없는 인간사회의 네 가지 원칙이 있다. 바로 "친족을 가까이 대할 것과 존귀한 자를 높일 것, 연장자를 우대할 것과 남녀를 구별하는 것"[1]이다. 『맹자』는 또 인간 사회의 기본 윤리 다섯 가지를 제시하는데, 부자유친(父子有親), 군신유의(君臣有義), 부부유별(夫婦有別), 장유유서(長幼有序), 붕우유신(朋友有信)이 그것이다.[2] 이처럼 유교는 남녀나 부부 사이의 윤리를 차이나 차별의 뜻을 내포한 '유별'로 잡았다. 그런데 성현들의 의도가 어떠했든 이 유별로부터 젠더 규범의 내용이 만들어졌는데, 유교 가부장제의 주류 역사에서는 차이보다 차별의 뜻으로 전개되었다.

유교 여성 또는 유교적 여성관이란 유교적 세계관으로 구성된 여성이라고 할 수 있는데, 이 여성은 생물학이기보다 정치·사회·문화적 의미가 강하다. 그런 점에서 유교 여성은 유교 정치, 유교 사회, 유교 문화라는 말이 있듯이 여성을 인식하고 그 존재를 의미화하는 '유교적 방식'으로 정의할 수 있다. 그러면 여성을 보고 여성을 호명하며, 여성을 의미화하는 유교적 방식은 어떤 것인가. 일단 유교가 주문한 여성 규범부터 볼 필요가 있다. 이 규범에는 여성이라는 존재에 대한 인식이 들어 있고, 사회와 가족 속의 여성 자리와 여성 역할이 정해져 있기 때문이다. 유교의 젠더 규범을 대표하는 개념이 바로 남녀유별이다.

남녀유별 즉 '남녀는 다르다.'는 전제는 동아시아 유교 문화 2천년의 역사 모든 영역을 관통하며 성별 제도와 성별 문화의 재료가 되었다. 그것은 남녀를 갈라 거처하는 공간을 분리시키고, 사용하는 언어를 분리시키고, 생각하는 대상을 분리시켜 서로 섞이지 않도록 했다. 그것이 이 사회의 도덕이고 문명이었다. 즉 "여자는 안에 거처하고, 남자는 밖에 거처한다. 남자는 할 일 없이 안에 들어가지 않고, 여자는 할 일 없이 밖으로 나오지 않는다."고 하고, "남자는 안의 일을 말하지 않고, 여자는 밖의 일을 말하지 않는다. 안에서 한 말은 밖으로 내 보내지 않고, 밖의 말은 안으로 들여보내지 않는다."고 한다.[3] 이것이 『예기』가 말하는 여자와 남자, 안과 밖의 원칙이었다.

그렇다면 이 남녀유별이 개항기라는 변혁의 공간에서는 어떻게 전개되는가. 다시 말해 개항기의 유교인들은 전통의 남녀유별을 어떻게 생각하고 어떻게 해석했을까. 외세가 밀고 들어오는 당시 상황은 이른바 지식인들로 하여금 어떤 식이로든 전통 규범과 마주하도록 했다. 남자와 여자는 다르고 그래서 구별되어야 하는 이유는 음양남녀론으로 설명되어 왔다. 개항기 학자 심대윤(1806-1872)도 이 관점을 받아 자신의 주장을 만들어낸다.

남자는 양의 형상이고 여자는 음의 형상이다. 양은 만물을 내는 주가 되고, 음은 만물을 이루는 것을 돕는 것이다. 이런 까닭으로 양이 아니면 낼 수 없고 음이 아니면 이룰 수 없다. 사람이 태어날 때 아버지에게는 양의 정기를 받고 어머니에게는 음의 정기를 받는다. 아버지의 감응하는 바가 천지 음양의 합해진 기운을 불러 부모 음양의 정이 하나가 되고 자녀의 형상을 이루는 데 이른다.[4]

유교인 심대윤은 사람이 생기는 생물학적인 원리를 음양 이론으로 설명하였다. 이것을 남녀 관계에 확장시키면 남자와 여자는 형상 자체가 다르고 하는 일이 다르지만 둘이 함께 세계를 만든다. 이 다름이 만물 생성의 조건이라는 말이다. 여기서 '서로 다름'이라는 '구별[有別]'의 개념은 성향 내지는 역할의 다름으로 이해되었다. 하지만 '양은 만물을 내는 주체'로 '음은 만물 형성을 돕는 보조'라고 한 심대윤의 음양론은 남녀를 주종(主從)으로 설정한 기존의 남녀관계를 새롭게 볼 근거가 되지 못한다.

개항기의 여훈서들도 남녀유별의 항목을 마련하여 그 원리와 방법을 소개하고 있다. 개항기 유학자 박문호(1846-1918)가 지은 『여소학(女小學)』(1882)에는 〈명별(明別)〉이라는 편명이 있는데 그 뜻은 '구별을 분명히 하다', '구별을 밝히다'라는 것이다. 이 〈명별〉의 편명에 '남녀분별발키운셋지편'이라는 언해를 덧붙여 놓았다. 즉 『여소학』의 세 번째 편은 '남녀 사이의 분별을 밝히는' 것에 대한 내용이라는 말이다. 여기서 인용한 문헌은 『예기』, 『주역』 등의 유교 경전과 『열녀전』, 『여계』, 『내훈』 등의 여훈서들이다.

〈명별〉 편은 남녀유별의 정당성과 실천의 구체적인 방법을 제시하는

데, 고대 경전이나 역대 지식인이 제시한 원리와 방법을 그대로 가져와 정리한 것에 불과하다. 『주역』을 통해 남녀 다름의 원리를 말하고, 『예기』 등을 통해 남녀 구별의 구체적 방법을 말하였다. 『여소학』「명별」의 내용으로 좀 더 들어가 보자.

> ① 건(乾, 하늘)은 굳세고 곤(坤, 땅)은 부드러워 건도(乾道)는 남자를 만들고 곤도(坤道)는 여자를 만들었다. 이에 여자는 안에 자리 잡고 남자는 밖에 자리 잡는다, 남녀의 제 자리를 잡는 것인 곧 천지의 큰 뜻이다.
> ② 남녀유별은 사람의 도리에서 중요한 것이다. 남녀분별이 있어야 부자(父子)의 친함이 생기고 부자가 친한 후에 도리가 생긴다. 분별이 없고 도리가 없는 것은 금수의 도다.

①은 『주역』「잡괘전(雜卦傳)」에 나오는 말이다. 그 뜻은 남자와 여자의 '다름'은 건도와 곤도로 표현되는데, 각각 굳세거나 부드러운 속성을 지니고 있다는 것이다. 이것은 남녀유별이란 인간 사회가 이루어지기 이전부터 있었던 자연의 원리라는 말이 된다. ②는 『예기』「교특생(郊特牲)」에 나오는 말인데, 여기서 남녀유별은 생물학적인 자연 상태에서 벗어나 아비의 존재를 확인할 수 있는 제도로 전개되었다. 이어서 남녀유별을 위한 구체적 방안을 경전과 역사적 사례를 통해 소개하고 있다.

> ③ 『예기』에는 남녀 7세가 되면 같은 자리에 앉지 않고 한 그릇으로 먹지 않는다고 했다.
> ④ 예의 시작은 부부가 서로 신중하게 처신하는 데 있다. 거처를 안팎으로

나누어, 남자는 밖에 여자는 안에 거처한다. 남녀는 각자의 공간에 처하며 출입(出入)과 말을 절제한다. 남녀는 옷걸이를 같이 하지 않고 한 그릇에 옷을 담지 않는다. 상제례 때가 아니면 물건을 직접 주고받지 않는다.

⑤ 길을 걸을 때는 남자는 우측으로 여자는 좌측으로 간다. 남녀는 앉는 자리를 분리하고, 혼인한 자매가 친정을 방문했을 때 그 형제들은 동석하지 않는다.

⑥ 노나라의 경강(敬姜)은 종손(從孫)과 대화할 때도 방문을 열어 놓았고 문지방을 넘지 않았다. 공자가 듣고 남녀유별의 예에 맞는 행위라고 칭찬했다.

⑦ 사마광(司馬光)이 말하기를 노복(奴僕)은 이유 없이 중문을 들어가지 않는 법인데 만일 들어갈 경우 부인은 그를 피해야 하고, 여종 또한 까닭 없이 중문을 나가지 않아야 한다는 것이다.

여기 ③④⑤는 『예기』에 나오는 말이다. ⑥은 『국어』에 나오는 말인데, 경강은 노나라 대부의 부인이고, 그녀의 종손은 계강자이다. 계강자는 『논어』에도 나오는 유명한 정치가다. 정리해 보면 『여소학』의 남녀유별 장에서 다루고 있는 ③④⑤⑥⑦은 모두 성의 문제를 내포하고 있다. 시대의 변화에도 불구하고 개항기 유교지식인의 젠더 의식은 남녀 분리 그 이상을 상상하지 못하고 있는 것이다.

개항기에 나온 또 하나의 여훈서 『여사수지(女士須知)』(1889)도 남녀유별을 강조하고 있다. 노상직(1855-1931)이 지은 이 책은 73개 항으로 이루어져 있는데, 22개 항이 남녀유별에 관한 내용이다. 그 비중은 27개 항을 차지한 효 다음으로 크다. 『여사수지』는 교육의 원칙 또는 원론은 입교(立敎) 편에 싣고, 그 원칙을 실천한 성현들의 사례는 계고(稽古) 편에 실었다.

즉 「입교」에서는 『예기』 「내칙」을 그대로 인용하는데, 남녀칠세부동석에 따라 식사자리, 잠자리를 분리할 것과 물건을 서로 빌리지 말 것, 옷을 나눠 입지 말 것 등을 말한다. 또 여자가 외출할 때는 너울을 써서 얼굴을 가리고 밤길에서는 불을 밝히고 왼쪽 길로 다녀야 한다는 것이다.[5] 남녀유별의 실천 사례는 「계고」편에 싣고 있는데, 여기서 인용한 모범적인 사례 몇 가지를 소개하면 다음과 같다.

① 오성 이항복의 어머니 최씨 부인은 오라비와 한 동네 살면서 자주 만나지만 시비들이 곁에 없으면 만나지 않았다. 자녀들에게 남매간이라도 웃고 농담하거나 앉고 눕고 말하는 것에 분별이 있어야 한다고 가르쳤다.
② 우계 성혼은 자매들과도 함께 대화하지 않았다.
③ 정암 조광조는 부인의 옷과 자신의 옷을 같이 두지 않았고, 부인과 이불을 함께 쓰지 않을 정도로 분별을 엄격히 했다.
④ 한강 정구의 집안은 내외법이 엄했는데, 부인이 모상(母喪)을 당하자 선생이 3년 안에 함께 거처하는 것이 마땅치 않다며 밖에서 거처하며 결제(闋制)를 기다리더라. 비록 남매간이라도 한 자리에 앉지 못하게 하였다.

개항기 교육가 노상직은 자신의 책 『여사수지』가 여자들 사이에서 읽힌다면 그 가운데서 문호가 번창해지는 집안이 나올 것이라고 한다. 그의 이러한 교육적 전망은 19세기 말, 즉 여자교육에 대한 관심이 커지면서 새로운 교육 체제가 만들어지던 시기였다. 노상직이 여훈서를 지은 뜻은 집안일에 매몰된 여자들을 긍휼히 여겨 교육의 시혜를 베풀고자 한 것인데, 남녀유별의 사례에서 보인 바 시대적 요구와는 무관해 보인다. 유학적 지식에 기반한 교육가들은 한결같이 자신의 저작을 변화된 시대에 부응할 교육서라고 하는데, 시대 인식에 철저하지 못한 채 의욕만 앞섰던 것으로 보인다.

그러면 교육서 외에 남녀유별에 대한 논의를 펼친 학자들의 주장을 어떤가. 개항기에 활동한 학자들에게 큰 영향을 미친 임헌회(1811-1876)는 가정의 도를 세우는 데 가장 급선무가 내외(內外)를 엄격하게 구분하는 것이라고 한다. 내외란 여자와 남자를 가리킨다. 그러면 임헌회에게 내외를 엄격하게 구분하는 방법은 무엇이며, 그는 왜 이것을 다시 강조하는가. 임헌회는 세상이 심하게 변해 가는 것이 문제라고 한다. 즉 "옛날의 부녀자들은 가까운 친척을 만나도 문을 열고 말을 나누었는데 지금에는 가까이 하는 것이 너무 심하다."는 것이다.[6] 그러면 남녀를 내외로 엄격히 구분하는 구체적인 방법들은 어떤 것인가. 조선의 임헌회는 중국 송나라 사마광(司馬光, 1019-1089)의 발언을 그대로 옮겨온다. 임헌회가 인용한 『거가잡의(居家雜儀)』의 중요한 내용은 다음과 같다.[7]

① 남녀는 우물과 욕실과 측간을 함께 쓰지 않는다.
② 남자는 낮에 까닭 없이 내실에 머물지 않고, 여자는 까닭 없이 중문을 엿보지 않는다.
③ 부인이 일이 있어 중문을 나설 적에 반드시 얼굴을 가리고 간다.
④ 남자종은 수선할 일이나 큰 일이 아니면 중문 안으로 들어가지 않는다. 중문을 들어가게 될 때면 부인은 그를 피해야 하는데 피할 수 없는 경우는 소매로 자기 얼굴을 가린다.
⑤ 여종은 까닭 없이 중문을 나서지 않으며 중문을 나설 때에는 얼굴을 가

린다.

⑥ 안이나 밖에서 나오는 말과 물건을 전달하는 일은 노복이 하는데, 갑자기 안채에 올라서거나 부엌으로 들어가서는 안 된다.

19세기의 임헌회는 '남녀유별'의 실천방법으로 여자와 남자를 안과 밖으로 철저히 분리시키고 서로의 왕래를 철저히 막을 것을 제안한다. 물론 이것은 임헌회가 고안한 독창적인 것이 아니라 고대 유교 경전 『예기』에서 시작되고 11세기 송대 유학자 사마광이 재구성한 남녀유별의 방법이다. 임헌회가 남녀유별을 강조하는 것은 남녀 간의 잦은 만남에서 발생할 수 있는 성(性)의 문제를 우려한 것 같다. 성 문제는 주인과 노복 사이에서도 자유로울 수 없다고 본 것이다. 여기서 한 걸음 더 나아가 가족 속의 모든 남녀를 잠재적인 성적(性的) 대상으로 파악하여 그것을 미연에 방지하기 위한 차원에서 남녀유별을 주장한 이가 있다. 바로 임헌회의 문인 신기선(申箕善, 1851-1909)이다. 〈남녀분별론(辨男女論)〉이라는 글에서 그는 유별(有別)의 핵심은 성 문제임을 시사한다.

우리나라는 예를 숭상하며 백성을 가르쳐왔기에 사대부가에서는 이 (남녀) 분별을 지켜온 지 근 5백 년이 되었다. 지금 (나라가) 쇠퇴하기에 이르자 이 남녀분별이 먼저 무너지니 한심함을 견딜 수가 없다.[8]

신기선은 고종 14년(1877)에 대과에 급제하여 관료로서 높은 지위에까지 올랐던 사람이다. 그는 생계마저 어려운 불우한 가정환경에서 족숙 신응조의 집에 기식하며 학문에 입문하였다. 1894년 갑오경장 때는 김홍집

내각의 공무대신을 지냈고, 학부대신, 중추원의장도 지냈다.[9] 당시 그는 단발과 양복, 국문과 태양력 사용을 반대하며 일선 정치계에서 보수의 목소리를 낸 것으로 보인다. 그런데 동도서기론을 통해 서양 문물 수용의 정당성을 강조하기도 한 것을 보면 그 역시 복잡한 주장이 경합하는 시대를 대변하는 인물이라 할 수 있다. 신기선은 남녀유별에는 여섯 단계 또는 등급이 있다고 한다. 그가 「변남녀론」에서 주장한 남녀유별의 내용을 보자.[10]

첫째는 부부 사이의 유별이니, 밤에 나란히 앉지 않고 낮에 한 자리에 앉지 않으며 물건을 직접 주고받지 않고 말을 함에 반드시 공경한다.

둘째는 아버지가 딸에 대하여, 어머니가 아들에 대하여 분별함이니, 8세가 되면 가슴에 안아서는 안 되고 장성한 후에는 손을 잡지 않는다.

셋째는 형제가 자매에 대하여, 숙부가 질녀에 대하여, 숙모와 고모가 남자 조카에 대하여 분별함이니, 동년배가 아니면 나란히 앉지 않고 다닐 때 서로 스치지 말 것이며, 동년배이면 서로 물건을 주고받거나 한 자리에 앉지 않는다.

넷째는 사촌형제가 사촌자매에 대하여, 종숙부가 종질녀에 대하여, 종숙모나 종고모가 종조카에 대하여, 재종형제가 재종자매에 대하여 분별함이니, 무릇 복을 입는 가까운 사이지만 물건을 직접 주고받거나 한 자리에 앉지 말 것이며 웃고 이야기할 때 함부로 말고 서로 손님을 대하듯 한다.

다섯째는 형수가 시아주버니에 대하여, 시아버지가 며느리에 대하여, 장모가 사위에 대하여 분별함이니, 사이를 두고 앉고 다른 길로 다니며 중대한 일이 아니면 서로 이야기하지 않는다.

여섯째는 상복을 입을 의무가 없는 사람은 외인이니 서로 시선을 주지 않는다.

신기선이 제시한 여섯 단계에 걸친 남녀분별의 구체적 내용은 모두 성(性) 문란을 우려한 것들이다. 그에 의하면 부부는 물론 부녀와 모자도 성의 문제가 개입할 수 있다. 남매, 숙질(叔姪), 종형제자매, 재종형제자매, 시숙과 형수 및 제수, 시부와 며느리, 장모와 사위 등에 이르기까지 가족 관계에 있는 모든 남녀를 성(性) 관계의 대상으로 설정하고 있는 것이다. 즉 인간은 가족이라는 관계 이전에 남자와 여자라는 생물학적 존재이고, 인간의 모든 관계는 남녀로 치환될 수 있는 것이다. 그에게 인간 남녀는 자연계의 음양과 유비될 수 있다.

무릇 남녀는 음양으로 마주하면서 안팎으로 나뉜다. 마주하며 합하는 까닭에 난잡하기가 쉽고 안정되기가 어렵다. 나뉘어 구별되는 까닭에 엄격할 수 있고 음란하지 않을 수 있다.[11]

즉 음양인 남녀는 만나면 합하려는 속성이 있기에 인위적으로 분리시켜 엄격한 관리가 필요하다는 말이다. 남녀유별에 대한 신기선의 해석은 스승 임헌회의 관점을 바탕으로 관계의 성격에 따라 구체적으로 적시하고 있다는 점이 특징이다. 그의 젠더관은 남녀를 성(性)의 문제로 과도하게 해석한 경향이 있다. 남녀유별에 대한 과도한 성적 시선은 유독 신기선의 특성이라고 하기에는 19세기 사회 전반에 퍼져 있는 일종의 문화였던 것으로 보인다. 강화도 조약 당시 조선에 온 일본의 대신은 조선 여성들의 과도한 자기 단속을 지적한다. 1876년(고종 13) 강화도조약이 체결된 뒤 수신사로 일본에 갔던 김기수(金綺秀)는 일본 측 외교관 미야모토 고이치(宮本小一)로부터 질문을 받는데, 강화도 부녀들에 관한 것이다. 이에 김기수가 설명한다.

> 이것 또한 우리나라가 귀국과 다른 점입니다. 우리나라 남녀의 구별은 원래부터 매우 엄격하므로 비록 친척도 5-6촌(寸) 외에는 서로 왕래하거나 보지도 않습니다. 비록 친자매와 남매 사이일지라도 10세 이후에는 한자리에 같이 앉지도 않으며 대화를 할 때는 반드시 방문을 열어 놓습니다. 여항(閭巷)의 천인들까지도 모두 결혼한 후에는 남편이 죽더라도 시집가지 않는 사람이 이따금 있어 저절로 풍속을 이룬 지가 지금까지 6백 년이나 되었습니다. 그러므로 외국인을 더욱 부끄럽게 여기고 숨어 피하여 보지 않는 것은 이러한 이유 때문입니다.[12]

강화도 부녀들이 일본 선박을 보고 몸을 피해 숨어 버려 섬을 거쳐 가는 동안 부녀의 모습을 볼 수가 없었다는 것에 대한 우리 측 인사의 대답이다. 여항의 부녀들도 뼈 속 깊이 남녀유별의 정신을 각인시켜 온 탓에 외간 남자를 보면 부끄러워 자신을 드러내지 않는다는 김기수의 설명은 어딘지 미진한 부분이 있다. 강화도 부녀들의 행위에는 300여 년 전 병자호란 당시의 기억의 유전자가 더 크게 작용한 것은 아닐까. 유교 지식인 남성이 설명하는 여항 여성의 생각과 욕망은 실제와 크게 다를 수 있다는 점이다.

개항기 보수 유학자를 중심으로 전개된 남녀유별의 강조는 변화가 추진되던 시대를 역행하는 시대착오적인 주장이라 할 수도 있지만 변화를 위기로 보고 자신의 지적 정체성을 지키기 위한 것으로도 볼 수 있다. 그런데 남녀유별 즉 남녀는 서로 다른 존재라는 것이 사실이고, 생활 속에서 엄격하게 지켜져야 하는 것이라면 그것은 과연 무엇을 위한 것인가. 이들로부터 한 세대 뒤인 20세기 초에 남녀유별이 어떤 의미로 쓰이는가를 보면 도덕이나 이념은 현실적 요구와 무관하게 독자적인 길을 걷지는 않는다는 점이다. 부녀 노동을 끌어내기 위한《매일신보》(1932)의 주장을 보자.

> 남녀유별은 인류의 기본 원칙일 뿐 아니라 장려하고 권장해야 할 미풍이다. 그러나 그것은 남녀가 상면하지 아니함을 가리키는 것은 아니다. 다만 서로 조심하지 않는 것을 우려하는 것이다. 농촌의 남녀노소가 농사를 짓기 위해서는 어깨를 나란히 하고 서로 대화를 하기도 하는 것을 마치 남녀유별의 본의에 위배되는 것으로 생각하는 것은 너무나 잘못된 생각이다. … 부녀가 야외 노동을 피하는 것은 잘못된 사상에 기초한 누습이다. 이는 민족의 나태상을 드러내는 징표에 불과하다.[13]

여기서 보듯 남녀유별의 이념은 그것이 성립될 당시의 현실적 요구가 반영된 것이다. 현실적 요구는 정치적인 것일 수도 있고 경제적인 것일 수도 있다. 그런데 시대가 변함으로써 현실적 요구는 달라질 수 있고, 요구가 달라짐으로써 남녀관계의 새로운 이념이 요구된다. 성현의 말씀과 같은 권위와 역사가 깃든 기존의 개념이 활용될 경우 개념의 재해석이 이루어짐은 불가피한 것이다. 그런데 '남녀유별' 해석의 역사를 보면 경전 시대의 원형에 가깝게 해석하려는 부류가 있고, 개념의 역사적 의미에 주목하여 변형을 시도하는 부류가 있다. 그런 과정에서 분리시켜 보아야 할 이념과 현실이 뒤섞이고, 현실로부터 요구된 애초의 이념은 그 자체 독자적인 개념으로 자기 생산을 하게 되었다. 다시 말해 개념 성립기의 남녀유별은 고대 사회 성별 분업의 요구를 담아낸 것이라면, 역사적 남녀유별은 남존여비를 합리화하는 기제로 활용된 것이다. 유별에서 별(別)의 의미가 차이 또는 구별에 그치지 않고 차별 또는 위계화로 전개된 것이다. 19세기 개항기는 패러다임의 전환이라 할 만한 변동이 일상생활 전반을 강타하지만 유학적 지식인들의 젠더 개념은 큰 변화를 보이지 않는다. 음양의 일이 다르듯이 남자와 여자도 다르다는 남녀유별의 이념은 품성의 차이로 전개되었다.

2) 품성과 덕성의 젠더: 강유남녀론(剛柔男女論)

남녀유별의 사상과 이념은 남자와 여자는 서로 다르다는 전제에서 나온 것이다. 무엇이 다른가. 남자와 여자의 특성을 대비시키는 용어로는 강유남녀(剛柔男女), 양강음유(陽剛陰柔), 양강건남(陽剛乾男), 음유곤녀(陰柔坤女) 등이 있다. 이러한 용어들은 한결같이 여자의 속성은 부드럽고 순하고 약하며, 남자의 속성은 단단하고 굳세고 강한 것으로 정의하고 있다. 음유(陰柔)와 양강(陽剛)이라는 용어는 음(여성)의 부드러움과 양(남성)의 굳셈이라는 뜻이다. 나아가 약한 자는 강한 자를 따르고, 유순함은 강건함을 따르는 것이 바람직하다고 한다. 이것은 다시 주도하는 남성과 보조하는 여성으로 전개되는데, 그런 점에서 젠더 위계는 품성에서 시작된다고 할 수 있다. 이것은 태어날 때부터 정해진 자연적 속성으로 말해진다. 『주역』에서는 "건(乾)은 양물(陽物)이고 곤(坤)은 음물(陰物)인데, 음양이 덕을 합하여 강유(剛柔)의 형상을 갖춘다."[14]고 한다. 그러니까 남녀는 각각 건곤, 양음, 강유, 강약, 외내, 천지 등의 서로 마주하는 것으로 범주화된다. 아래 표와 같다.

남자	건(乾)	양(陽)	강(剛)	강(强)	외(外)	천(天)
여자	곤(坤)	음(陰)	유(柔)	약(弱)	내(內)	지(地)

'남자는 강하고 여자는 약하다[男强女弱]'는 젠더 사상은 1세기 중국 한나라의 반소(班昭, 45-116)에서 더 구체적인 모습을 보인다. 그녀는 저서 『여계(女誡)』에서 이렇게 말한다.

> 양은 굳셈을 덕으로 삼고, 음은 부드러움을 쓰임으로 삼는다. 남자는 강함을 귀하게 여기고 여자는 약함을 아름답게 여긴다. 그래서 속담에는 아들을 낳으면 이리처럼 사나워도 오히려 약할까 걱정하고, 딸을 낳으면 쥐처럼 파리해도 호랑이처럼 사나울까 걱정한다.[15]

아들은 이리처럼 사납기를 바라고 딸은 쥐처럼 약하기를 바라는 부모의 기대에는 그 사회가 원하는 남녀 역할이 반영된 것이다. 즉 적극적으로 주도하는 남성과 순종하며 따르는 여성을 부부의 이상적인 모델로 여기는 사회라는 것이다. 여느 시대처럼 19세기에도 이른바 '여자다움'이라고 하는 젠더 품성에 대한 오래된 진리가 작동했다. 개항기 유학자 박문호(1846-1918)는 『여소학』에서 "여계에서 이렇게 말했다[女誡曰]"고 하며 양강음유(陽剛陰柔)와 남강여약(男强女弱)의 주장을 한 글자 틀림 없이 그대로 실었다.[16] 항구가 열리고 유교의 위상에 변화가 왔지만 성별 품성론은 고대 유교적 원형을 그대로 고수하고 있는 것이다. '남자의 능력'에 대비되는 '여자의 품성'은 유학을 업으로 하는 학자들에 의해 꾸준히 재생산되었다. 개항 직전의 시기에 활동한 박윤묵(1771-1849)은 「규계(閨戒)」라는 글에서 여자들의 자기관리 덕목 5개 항을 제시하는데, 맨 처음 나오는 것이 성품이다.

> 부인의 도리는 유순(柔順)이라는 두 글자보다 더 큰 것이 없다. 건곤(乾坤)으로 논해보면 건은 강건하고 곤은 유순하다. 음양으로 말해본다면 양은 굳세고 음은 부드럽다. 곤이 유순하지 못하면 건을 받드는 도리가 아니다. 음이 부드럽지 못하면 양을 짝하는 이치가 아니다. 이런 까닭에 곤이 유순한 이후에야 천도가 제자리에 있게 되며 음이 부드러운 후에야 만물이 이루어지게 된다. 부인은 유순한 이후에야 한 집안이 바르게 서고 다스려진다.[17]

세상은 변하여 곧 다가올 개항을 준비해야 하는 분위기지만 보수 유학자들은 '부드럽고 유순한' 성품의 여자가 되기만을 주문한다. 박윤묵은 규장각에서 각신들의 답봉서(答封書)를 대서(代書)하는 일을 하는 하층민이었는데, 왕의 인정을 받아 면천(免賤)되었다는 기록이 있다.[18] 한편 26권에 달하는 문집을 남긴 학자이기도 한데, 그렇다면 평소 그는 학문과 신분 사이에서 생긴 갈등이 없지 않았을 것이다. 바로 그런 점에서 원칙과 원리에 충실하라는 여자들을 향한 요구는 신분 상승을 꿈꾸는 자기 충실성에 대한 요구가 아니었을까.

사실 '부드러움'이나 '굳셈'은 하나의 속성일 뿐 그 자체 우열의 의미를 가진 개념은 아니다. 그런데 유교 텍스트들은 굳세고 강한 것은 우월하게, 부드럽고 약한 것은 열등한 것으로 분류해 놓았다. 즉 약한 자는 강한 자를 따르고, 유순함은 강건함을 따르는 것이 자연의 순리라고 한다. 여기서 주도하는 남성과 보조하는 여성이 탄생하는데, 굳셈과 부드러움이라는 자연적 속성을 인간 남녀에 배치하고 다시 사회적 의미를 부과한 것이다. 다시 말해 유교적 사유 관행에서는 유약(柔弱)은 열등한 것이고 강강(剛强)은 우월한 것이다. 그런데 노자(老子)는 이와는 상반된 사유 모델을 보여준다. 『도덕경』에는 "부드럽고 약한 것이 굳세고 강한 것을 이긴다[柔弱勝剛强]"(『도덕경』 36장)고 하여 '존유귀약(尊柔貴弱)'의 관점에서 인간과 세계를 보는 법을 제시한다. 『도덕경』은 말한다.

> 사람이 살아 있을 때는 연약하지만 죽으면 딱딱하게 굳어진다. 만물과 초목은 살아 있을 때는 연하고 무르지만 죽으면 말라 시들어진다. 그러므로 딱딱하고 강한 것은 죽음의 편이고 부드럽고 약한 것은 삶의 편인 것이다. 이런 원리에서 보면 군대가 강하면 이기지 못하고 나무가 단단하면 (베어져) 수단으로 제공된다. 그러므로 강하고 큰 것은 아래에 있게 되고 부드럽고 약한 것은 위에 있게 된다.[19]

반면에 유교는 『주역』의 논리를 가져와 남녀관계에 적용시키는데, "굳세고 강한 것이 부드럽고 약한 것을 이기며, 아내는 남편을 따르고 음은 양을 따르는 것이 천지 사이의 떳떳한 도리"라고 보았다. 『주역』의 언어

로 남녀의 성품을 통해 관계를 합리화하는 19세기 심대윤(1806-1872)의 주
장을 보자.

> 하늘은 군센 것으로 덕을 삼고 땅은 순한 것으로 덕을 삼는다. 장부는 하늘
> 을 본받고 부인은 땅을 본받는 까닭에, 군세어 꺾이지 않는 것은 장부의 복
> 이고 순하여 거스르지 않는 것은 부인의 복이다. 양(陽)은 음(陰)을 통솔할
> 수 있으나 음은 양을 겸할 수 없다. 따라서 부인의 도는 행위에서 독단적으
> 로 할 수 없고 일에서는 혼자 이룰 수 없다. 부인의 교령(敎令)은 규문을 나
> 가지 않고 부인의 의견은 바깥일에 이르지 않아야 한다. … 양이 미치지 못
> 하는 것은 음이 보좌하여 이루어 낼 수 있다. 장부는 밖을 다스리고 부인은
> 안을 다스린다. 안의 일은 장부도 알아야 하지만 밖의 일은 부인이 알 바가
> 아니다. 부인의 일은 옷을 짓고 음식 하는 일과 제사를 받들고 손님을 접대
> 하는 일일 뿐이다.[20]

심대윤의 주장을 정리하면 남자는 하늘을 닮아 군세고 강한 속성이 있
고 여자는 땅을 닮아 따르고 거역하지 않는 속성이 있다. 그런데 여자는
남자의 지배를 받아야 하는 존재로 주체적 능력이 없다. 따라서 여자의
말과 행위는 규문 안으로 한정하여 밖으로 나오지 않도록 해야 한다. 남
자가 미치지 못하는 일은 여자가 보좌해서 이루도록 해야 한다. 유교 경
전 『예기』에는 "남자는 안의 일을 말하지 않고 여자는 밖의 일을 말하지
않는다."라고 했다. 여자와 남자의 담당 영역을 구분해야 한다는 뜻에서
나온 것인데, 이것을 심대윤은 더 남자에게 절대 권력을 허용하는 방향으
로 해석한다. 즉 "안의 일을 남편이 알아야 하지만 밖의 일은 부인이 알 바

가 아니라"는 것이다.

심대윤의 삶의 여정이 양반의 일반적인 삶과는 거리가 있었던 만큼 그의 경험이 음양남녀론의 새로운 지점을 보여 줄 것이라는 기대를 갖게 한다. 그를 비롯한 가족들은 정치적인 사건에 연루된 선조로 인해 멸문(滅門)의 화를 겪으며 폐족으로 살아가야 했다. 이에 양반의 지위를 벗어던지고 목기를 만드는 공방(工房) 일을 하며 생계를 이어갔고, 가족사의 처절한 비극을 서술하여 소외된 삶의 기록이라는 평가를 받는 저술들을 남기기도 했다.[21] 하지만 남녀관계를 보는 그의 시각은 음양남녀의 본질론에 근거하여 '주도하는 남자와 보조하는 여자의 틀'을 유지하고 있는 것이다.

최한기(1803-1877)는 부인의 품성을 상·중·하 3등급으로 나눈다. 상품은 조용하고 온화하며 자애로운 성품이고, 중품은 활발한 성품이며, 하품은 편협한 성품이다.

> 부인은 조용하면서 굳고 순수하고 온화하며 자애롭되 잘못한 것도 없고 잘난 것도 없이 가산(家産)을 잘 다스리면 상등이다. 품성이 활발하고 조행(措行)이 어설프며 번화한 시태(時態)를 말하기 좋아하고 어려운 생활을 말하기 부끄러워하나, 일의 방도를 주선하는 데 취할 만한 것이 없지 않고 남과 대응하는 데 수단이 있는 것은 그다음이다. 편협한 성품과 질투하는 행동으로 순하고 착한 사람 접촉하기를 즐겨하지 않고 간교한 사람과 서로 어울리기를 좋아하며, 절간이나 신사(神祠)에 두루 다니면서 기도나 놀이를 즐기면서 여자의 훈계나 부녀의 행실에는 한 가지도 따르지 아니하고 풍속을 해치는 일에 뒤지기를 부끄러워하는 것은 하등이다.[22]

최한기의 성품론에 의하면 품성 그 자체로만 의미를 갖는 것은 아니다. 품성을 전제로 하여 가산(家産)이나 일을 성과와 연결시켜야 한다. 즉 상품은 조용하고 온화한 품성을 가지되 잘잘못을 따질 만한 일을 벌이지 않으면서 살림을 잘하는 부인이다. 중품은 활발하고 시끄럽고 말이 많지만 일을 주선하는 데 취할 만한 것이 있고, 대인 관계도 원만한 부인이다. 하품은 편협하고 질투하는 성품에 선한 사람은 밀어내면서 간교한 사람과 어울리고 밖으로 나돌면서 풍속을 해치는 데 앞장서는 부인이다. 성품으로부터 행동과 일의 결과를 유추할 수 있다는 것이 전제되어 있다.

그런데 최한기의 경우는 이 성품이 원래부터 갖고 태어난 것이 아니라 사회적으로 요구되고 문화적으로 형성되는 것으로 본다. 그는 "남자는 여자의 온화하고 순한[和順] 성품을 좋아하고, 여자는 남자의 활발하게 이끄는[動作]의 거동을 본다."[23]고 한다. 이것은 여자의 성품이란 남자의 기호에 부응한 결과물이라는 뜻이다. 또 "그 어떤 사람도 다른 사람을 판단할 때 자신의 조예와 지각을 벗어나지 못한다."[24]고 한다. 최한기는 공식적인 개항이 이루어진 다음해인 1877년에 죽었다.

여자의 성품에 주목하기는 살아생전의 모습을 기억하는 형식의 제문이나 행록(行錄) 등도 마찬가지다. 유치명(1777-1861)은 자신의 어머니를 기술한 글에서 "맑고 밝고 온화하고 온순한 자질로서 그윽하고 곧으며 한결같은 덕을 겸하였으며, 어려서부터 온화하여 순하게 받들고 어기지 않으려는 뜻이 있었다."라고 썼다. 또 종조할머니의 평생을 기술한 글에서는 "유순한 모습에서 벗어난 적이 없었으니 속마음은 지극히 슬프시더라도 겉으로는 부드럽고 온화한 모습으로 고치셨다."라고 썼다.[25] 어머니와 종조모의 기술에서 성품을 주요 항목으로 거론한 것은 여성다움이라는 본질적 가치에 동의한다는 뜻이다.

박영원(1781-1854)의 큰 누나 묘지명과 이모 최씨의 제문에서 보이듯이 여성들의 성품은 한결같이 "연못처럼 고요한 성품", "온화한 모습", "부드럽고 순한 성품", "따뜻하고 덕스런 모습" 등으로 묘사되었다.[26] 이유원(1814-1888)은 조부의 부실 김씨를 위한 묘지문에서 "김씨는 타고난 성품이 공손하고 조심스럽 자상하고 밝았다."[27]라고 한다. 장복추(1815-1900)는 아내를 위한 묘지문에서 "겉으로는 온화하고 유순한 태도를 주장하면서도 심지는 굳고 명석했다."라고 썼다.[28] 조선후기 여성 제문에 포함되어야 할 기본 사항인 것처럼 너도나도 대상자의 성품 묘사에 지면을 할애한 것이다.

이진상(1818-1886)도 친척 딸을 위한 묘갈명에서 "단정하고 정숙하며 곧고 한결같은 태도"라든가 "온화하고 후덕한 기풍" 등의 표현으로 망자(亡者)에게 최상의 찬사를 보낸다. 또 장녀를 기리는 제문에서 이렇게 말한다. "너는 성품이 온화하고 너그러웠으며 재질이 밝으면서도 맑았고 행동거지는 법도에 맞았고 기쁘거나 화가 나도 드러내지 않았으며 맛있는 음식을 만들어 봉양했지…." 26세에 죽은 아내의 삶을 기록한 글에서 이렇게 말한다. "태도와 성품이 맑고 지조가 있으며 온화했고 몸가짐이 단정하고 엄숙하고 조용하고 한결같았다. 유순하게 베를 짜고 실을 꼬았고 어머니의 가르침을 따르며 게으름을 피우지 않았다." 그는 또 장모 권씨의 제문에서 "공인은 태어나면서부터 자질이 아름다웠고 상냥한 말씨와 유순한 태도로 어른의 말씀에 따랐다."고 썼다.[29] 한주 이진상의 글쓰기에서 대상이 된 아내와 딸, 친척의 딸, 장모는 모두 '온순하고 유순한' 성품과 태도를 가졌을 수는 있다. 그런데 망자를 칭송하는 글에서 이러한 표현이 자주 등장하는 것은 이진상 자신이 이러한 가치를 여성의 최고 덕목으로 여기고 있다는 말이다.

임헌회(1811-1876)는 어머니가 평소 하신 말씀을 기록으로 남겼는데, 특별한 점은 성품이 본성에서 오기보다 문화적으로 길러진 것임을 말해준다는 것이다.

> 나는 시집오기 전이나 시집 온 뒤에나 어른 앞에서 한 번도 화난 기색을 드러낸 적이 없었다. 내가 본래 성질이 없는 것이 아니지만 어릴 때부터 그것을 참았다. 또 참으면서 마치 전혀 성질이 없는 것처럼 했는데 그래서 남들이 이와 같음을 알지 못하고 도리어 매우 유순하다고 말한다.[30]

또한 임헌회는 어머니의 평소 늘 하신 말씀에 주목하는데, "세상에 하기 어려운 일은 없으니 하면 하는 것이다.(天下無難爲之事, 爲之則爲耳.)"라는 말이다. 그의 어머니는 겉으로 유순한 태도를 취하지만 결단과 적극적인 행위력을 갖춘 여성임을 알 수 있다. 임헌회도 어머니의 이 점을 높이 샀다.

19세기 중반기에 태어나 후반기에서 본격적인 활동을 한 신기선(1851-1909)은 부부의 이상적 모델로 어화(御和)와 승순(承順)을 제시한다. 즉 남편의 통솔과 아내의 따름이다. 하지만 부부 관계에서 더 노력하고 힘써야 하는 쪽은 아내라고 한다.

> 남편은 아내를 온화하면서 의에 맞게 통솔해야 하는데, 돌보기를 사랑스럽게 하고 이끌기는 예로서 한다. 아내는 남편 받들기를 온순하고 바르게

해야 하며, 남편 말이라면 따르지 않을 수 없지만 의를 해치거나 규범에 맞지 않는 말은 따르지 않아도 된다. (아내는) 일을 할 때 독단적으로 해서는 안 되고 사랑을 표현하지만 버릇없게 굴어서는 안 되며, 공경하지만 원망을 해서는 안 된다.[31]

신기선의 젠더 의식은 유교 경전의 원리 원칙을 충실히 계승하는 것처럼 보인다. 하지만 아내를 아랫사람으로 취급하거나 인격을 부정하는 언사를 거침없이 쓴다는 점은 학식과 사회적 위치를 감안할 때 의아한 부분이다. 남편을 묘사할 때도 마찬가지다. "남편이 비록 거만하거나 희롱해도 아내는 감히 무시하지 말고 법도로 그치게 한다. 남편이 비록 잔인하고 포악하게 굴더라도 아내는 감히 원망하지 말고 순하게 뜻을 받들 따름이다."[32]

시부모가 화가 나서 책망하는데 도리어 원망하고 화내는 것, 시부모가 내린 명을 원망하면서 이행하지 않는 것, 사나운 낯빛과 거스르는 말로 무례하게 굴고 공손하지 않는 것, 부모봉양에 성의가 없고 보살핌에 공경스럽지 않는 것, … 이런 것들은 큰 허물이니 하나하나 확실하게 끊어버림이 마땅하다. 이러한 잘못을 범했을 때 가장이 꾸짖고, 남편이 훈계하며, 동서들이 바로잡아 주고, 자질들이 간하고, 백숙(伯叔)이 말을 해야 한다.[33]

아내로서 "사나운 낯빛과 거스르는 말로 무례하게 굴고 공손하지 않는 것"(厲色咈言, 無禮不恭)을 경계하며 남편이 '비록 거만하고 비록 잔인하고 포악하더라도 아내는 순하게 그 뜻을 받들라'는 훈계조의 명령은 다름 아닌 유학을 지식 기반으로 한 19세기 후반 조정 대신에게서 나온 것임을 알 필요가 있다.

김윤식(1835-1922)의 경우도 시집가는 딸이 지녀야 할 가장 중요한 덕목으로 '부드럽게 따르는' 유순(柔順)을 제시한다. 1875년(고종 12)에 쓴 〈막내딸이 간직해야 할 아홉 가지 원칙(季女衾韜銘九則)〉이라는 글이다.

> 여자에게 네 가지 가르침이 있으니, 오직 덕을 우선으로 해야 하느니라
> 착하게 선을 따르면서도 스스로 어질다 하지 말아야 한다.
> 유순하게 남을 공경하면서 독단하지 말아야 하니
> 미덕을 간직하고 굳게 지키면 아마도 큰 허물이 없을 것이다.[34]

'논(論)'이나 '훈(訓)' 등의 글 외에 구체적 개인을 묘사할 때도 '유순한 성품'이라는 수사로 최고의 찬사를 표현했다. 이서구(1754-1825)는 아내 제문에서 "내 어머니를 50년 동안 모시면서 온화하게 공손하고 조심스러워하며 그 뜻을 거스르는 한마디도 하지 않았고, 한 가지도 제멋대로 하지 않았소."[35]라고 한다. 송치규(1759-1838)는 "자애롭고 유순하며 단아하고 정숙했고, 온화했다."[36]고 한다.

남녀의 서로 다른 속성을 전제로 남자에게 주체적이고 능동적인 일이 주어지고 여자에게 보조적이고 수동적인 일이 주어진다. 남편은 아내의 모범이 되어야 한다[37]는 기원전 고대 중국에서 형성된 이러한 규범이 지속적으로 유통되고 재구성되면서 남녀의 존재와 가치는 자연스럽게 위계화되었다. 개항기 유학자들은 남녀의 유교적 지식체계를 고대 경전에서 끌어와 자신의 주장을 강화시키는 쪽으로 활용한다. 여자교육을 강조하

고 변화하는 시대에 적응해야 한다고 하면서 남녀 품성이 각자의 고유한 특성으로 보는 것은 변함이 없다. 당시 대중 계몽을 자임한 신문들도 남자 강강(剛强)과 여자 유약(柔弱)의 모델을 지지하고 있다. 《황성신문》의 「여자도 교육을 받아야 한다(女子亦宜敎育事爲)」(1900)는 논설과 「명주전(明珠傳)」(1904)이라는 글에도 강유(剛柔)와 강약(强弱)을 남녀가 품부 받은 성품으로 명시하고 있다.

> 인간은 남자 또는 여자로 태어난다. 남자는 양(陽)을 품부한 까닭에 단단하고 강한[剛强]을 덕을 지니며 여자는 음(陰)을 품부한 까닭에 부드럽고 약한[柔弱] 뜻이 있다. 그러므로 음양이 서로 교차하여 천지의 도를 이루어내듯이 남녀는 서로 섞이어 천지의 조화를 만들어내니 이는 만고에 바꿀 수 없는 이치라. 이로 보건대 남녀는 평등한 권리를 가져야 함을 알 뿐이겠는가.[38]

> 오호라! 남자는 단단하고 여자는 부드러운 것은 하늘로부터 부여받은 본성이다. 성인은 이 천성(天性)으로 동정(動靜)의 원리를 만들었는데, 남자는 밖에서 바깥일에 힘쓰고 여자는 안에서 집안일을 다스리는 것이다. 남자는 처와 첩을 겸해 가질 수 있지만 여자는 종신토록 한 지아비에 그쳐야 하는, 이것이 가르침의 대강이다.[39]

개항기 여학 교과서도 음양(陰陽) 속성을 남녀 성품을 연결시킨다. 정부 관료를 지낸 이원긍(1848-?)은 『초등여학독본』(1907)에서 남녀는 '다르지만 동등하다'는 논리를 편다. 남자의 성품과 여자의 성품은 본래 다르다는 전제는 음양 자연의 원리를 통해 지지되었다. 자연의 이치이기 때문에 누구도 부정할 수 없는 절대 진리가 된 것이다.

> 음과 양은 서로 성질이 다르고 남과 여가 서로 행함이 다르니 남자는 양의 굳센 것으로 덕을 삼고 여자는 음의 부드러운 것으로 쓰임을 삼는다. 사람이 처음 생겨났을 때, 사람의 권리는 남자와 여자가 동등하여 본디부터의 자유가 있는 것이고 지적인 능력 역시 남녀가 같아서 각각 잘하는 바가 있다. 그런데도 남자만 중요하게 여기고 여자는 중하게 여기지 않으니 공평치 못하다.[40]

남녀 성품이 자연의 속성으로 이해될 때 이 '자연스런' 틀에서 벗어나는 남자 혹은 여자는 올바른 성품이라고 할 수 없게 된다. 굳셈와 부드러움으로 갈라지는 남녀는 각 성품에 맞는 역할과 일을 맞는 것이 자연스럽다는 논리로 이어진다. 즉 내외지분(內外之分)의 영역 분리이다. 남녀의 속성[품성]이 다르다는 전제로부터 각각의 태도와 역할이 도출되는데, 즉 남녀 유별의 역할론이 그것이다.

3) 역할과 노동의 젠더: 내외지분론(內外之分論)

생계나 치산(治産)의 역할을 여성과 결부시키는 경향은 18세기 이후의 조선 사회에서 더욱 강화되었다. 살림이 넉넉지 못한 선비 가(家)를 대상으로 그 아내가 가정 경영을 도맡고 또 부업을 해서 돈을 모으는 방법을 도모할 것을 권유하는 글들이 자주 등장한다. 특히 이덕무(1741-1793)는 여자교육의 일환으로 경제 행위를 강조하는데, 그는 여자로서 전곡(錢穀)과 포백(布帛)을 다룰 줄 모른다면 집안을 망칠 징조라고 한다. 『사소절』에서 이덕무는 말한다.

> 선비의 아내가, 생활이 곤궁하면 생업을 약간 경영하는 것도 불가한 일이 아니다. 길쌈하고 누에치는 일이 원래 부인의 본업이거니와, 닭과 오리를 치는 일이며 장 · 초 · 술 · 기름 등을 판매하는 일이며 대추 · 밤 · 감 · 귤 · 석류 등을 잘 저장했다가 적기에 내다 파는 일이며, 홍화 · 자초 · 단목 · 황벽 · 검금 · 남정 등을 사서 쌓아 두는 일은 부업으로 무방하다. 그리고 도홍색 · 분홍색 · 송화황색 · 유녹색 · 초록색 · 하늘색 · 작두자색 · 은색 · 옥색 등 모든 염색법을 알아 두는 것도 생계에 도움이 될 뿐만 아니라, 또한 여공(女工)의 일단인 것이다. 그러나 이욕에 빠져 너무 각박하게 하여 인정에 가깝지 못한 일을 한다면, 어찌 현숙한 행실이겠는가? … 가장에게 알리지 않고 빚을 많이 얻어서 사치하는 비용으로 쓰는 것은, 그를 이름하여 낭부(浪婦)라고 한다. 부인이 빚을 잘 내고 꾸어 쓰기를 잘 하는 것은 절약해 쓰지 않는 데서 연유되고, 절약해 쓰지 않는 것은 근고(勤苦)하지 않는 데서 연유된 것이다. 부지런하고 검소하지 않아서 조상의 유업이 한 부인의 손에서 없어지는 일이 왕왕 있는데, 어찌 두렵지 않은가? 그러므로 부인의 인색함은 그래도 말할 거리가 되지만, 부인의 사치함은 말할 거리조차 못 된다. 부인이 남에게 베풀어 주기를 즐긴다는 것은 좋은 소식이 아니다. 그렇다고 인색하라는 말은 아니다. 베풀어 주기를 즐기는 것은 비록 남에게 칭찬을 받는 일이기는 하지만, 가장이 맡긴 재물을 마구 없애서는 안 되는 것이다. 만일 종족이나 이웃 마을에 곤궁한 사람이 있거든,

반드시 가장에게 알리고 도와주는 것이 옳다.[41]

부인의 가정 살림 능력을 강조하면서 그것을 여자로서의 도리, 즉 부덕 (婦德)으로 말하기도 한다. 조선후기에 이르러 상업이나 생활 경제에 대한 관심이 커지면서 여자의 능력을 평가하는 기준도 이와 연동하여 변하고 있는 것이다. 어느 시대나 노동과 생산의 경제활동이란 삶의 필수 조건이 지만, 그 역할을 여성에게 특별히 주문하고 있는 점은 유교 남녀사상의 특 징이라 할 수 있다. 이 젠더 모델이 개항기에도 그대로 지속된다.

조선시대 양반 가족의 일반적인 형태를 보면 주부, 즉 아내의 노동이 필 수적이었다. 남편이 담당해야 할 역할이 수신(修身) 제가(齊家)로 말해지 는 자기 관리와 집안 관리라고 한다면 의식주 관련의 직접적인 노동은 아 내 몫으로 명시되었다. 그것은 사대부 남성을 대상으로 한 기록에서는 노 동과 생산 관련 기록이 드문 반면에 여성을 대상으로 한 기록에서는 노동 덕목이 그 어떤 것보다 중요하게 다루어진다는 점에서도 알 수 있다. 가 장의 역할은 조선시대 남성에게 주어진 권위이자 의무 사항이며 남성성 의 미덕을 발현하는 영역이기도 하다. 가장으로서의 책임을 성공적으로 완수한 남성은 가족은 물론 사회적으로 일정한 권위를 보장받게 된다. 그 런데 그 가장의 역할이라는 것은 제도와 이념이 부여한 바 '가족 관리자' 라는 것 외에 구체적인 일을 명시하고 있지는 않다.

오히려 남성 가장은 '호방한 성격으로' 가정사에 소홀하거나 아예 신경 쓰지 않는 모습으로 묘사되는 경우가 많다.[42] 반면에 생계를 책임지고 가 계를 꾸려나가는 담당자는 그 배우자 여성인 경우가 많은데, 구체적 사례 들은 사대부 남성들이 남긴 문집에서 어렵지 않게 만날 수 있다. 흥미로운 것은 여성의 노동을 당연한 것으로 여기면서도 그 평가에 대해서는 인색하다는 사실이다. 부인의 치산 행위를 적극 권장하지만 '너무 몰두하지는 말라'거나 '너무 많이 버는' 것에 대해서는 한계를 두는 방식이다. 이덕무가 말한 바 "이욕에 빠져 너무 각박하게 하여 인정에 가깝지 못한 일을 하는 것은 현숙한 행실이 아니라"고 하여 여성의 경제활동은 '은밀한' 형태로 권장된 것이다.

개항 전후의 시기에 여성의 일과 노동이 담론화되는 양상을 다양한 형태의 자료를 통해 살펴보자. 먼저 19세기 중반의 박윤묵(1771-1849)은 「규계(閨戒)」라는 글에서 여자가 힘써야 할 5개 항목을 제시하는데, 그 2개 항을 일과 노동에 할애했다. 즉 여자로서 품성과 태도가 갖추어지면 부지런히 일하여 가정 살림에 충실해야 한다는 것이다. 그가 주문한 것은 '여자 일에 부지런할 것'[勤女工]과 '재물을 절약할 것'[節財用]이다.

> 요즘 여자들을 보면 옷은 가난한 사람들의 손을 빌리고 삶고 익히는 일은 여종에게 맡기면서 하루 종일 언서나 보고 앉아 있거나 누워 있으면서도 오직 편안하기만을 생각한다. 이것이 내가 일찍이 걱정하던 바이다. 새벽에 일어나 밤에 잠자리에 들 때까지 쉬지 않고 부지런하게 일해야 한다. 일에 정성을 다하고 일을 찾아서 하는 것에 뜻을 두어야 한다. 침선 할 때나 음식 만들 때나 한 치도 해이한 마음이 없어야 주부의 책임을 대강 할 수가 있을 것이다.[43]

박윤묵에 의하면 현실은 일하기 싫어하는 양반 부녀들이 자기 몫의 노동을 타인에게 의탁하지만 그것은 부인의 도에 어긋나는 행위다. 누군가의 손을 빌릴 수 없는 보통 가정은 새벽부터 잠자리에 들 때까지 쉬지 않고 일하는 주부의 노고가 뒷받침되어야 생활이 유지될 수 있다. 그는 또 "근래 부녀들이 길흉화복의 설에 현혹되어 무당을 찾느라 집안 재산을 다 기울여 망하게 해도 후회하거나 뉘우침이 없다."[44]고 한다. 무당을 멀리해야 할 이유를 재물의 낭비로 본 것은 삿된 세계에 빠져 올바른 가치관을 가질 수 없다는 기존의 무속 이해와는 다른 지점이다. 즉 가족생활의 기본은 물질이라는 것을 대놓고 말할 수 있는 시대가 된 것인데, 바로 여성의 노동이 강조되는 맥락이다. 동시대의 성근묵(1784-1852)도 부인에게 가족들의 옷과 음식을 책임지게 하고, 제사를 지내고 빈객을 대접하는 일에 정성을 다할 것을 주문한다. 그는 "옛날 어진 부인들은 아무리 귀하고 연로하다 하더라도 여자는 일을 손에서 떠나보내지 않았다."[45]는 경전의 말을 인용하며 일에 매진할 것을 강조한다.

최한기(1803-1877)도 동시대의 남성 지식인들이 주장한 것처럼 여자의 일로 음식 준비와 의복 제조를 들었다. 하지만 그는 여자의 노동·일을 경전을 인용하며 당위적인 것으로 끌고 가는 '훈계'의 방식이 아니라, 여자가 수행하는 일과 노동의 중요성에 주목한다. 그는 음식이든 의복이든 운화에 따라 다르게 해야 한다는 것이다. 여자교육[女子敎]에서 이렇게 말한다.

　　음식을 만들 때는 사시(四時)의 운화에 따라 새로 나온 식품과 묵은 식품을 바꾸며, 수화(水火)의 운화에 따라 달이고 끓여서 인기(人氣) 운화의 한온 (寒溫)·기포(飢飽)에 맞추어야 한다. 포백(布帛)을 짜는 데도 한서(寒暑)에 따라 바늘과 실을 준비해서 재단하고, 옷의 모양을 만들어 인기 운화의 동

하(冬夏)·후박(厚薄)에 맞추어야 한다.[46]

    여기서 운화(運化)란 변화, 법칙, 조리(條理) 등의 의미를 가진 것으로 이해된다. 즉 음식이나 의복은 상황과 요구에 따라 방법이 달라지는, 행위자의 사고와 의식을 필요로 하는 노동임을 말한 것으로 보인다. 이는 노동·일이 여자의 당위적인 역할임을 주입하려는 방식과는 달리 운화라는 개념을 통해 그 일의 중요성을 설파한 것이다.

    개항기의 여훈서 『여소학』(1882)은 여자가 행해야 할 일의 영역이 세 부문임을 명시했는데, 덕(德)·예(禮)·공(功)이 그것이다. 고사(古事)는 역사적 사례를 뽑은 것으로『삼국사기』,『동국문헌비고』,『사례편람』등 한국 자료를 활용하여 재구성한 것이다. 아래 표에 보인바 여성의 노동, 즉 여공(女功)으로는 베 짜기, 의복 만들기, 음식 장만의 세 영역이 있다. 각 영역은 경전 속의 노동 관련 내용과 노동에 모범을 보였던 역사 인물을 항목별로 배치했다. 사실 여덕(女德)이나 여례(女禮)의 실천도 감정노동이나 육체노동이 뒷받침되어야 한다. 그런 점에서 솜씨나 기능을 요구하는 여공(女功)은 오히려 단순 노동일 수 있다.『여소학』은 현실적으로 운영되는 가족생활을 여성을 중심으로 체계화한 것이라는 점에서 개항기 가족도 여자의 일과 노동이 없이는 유지가 불가능해 보인다.

대항목	소항목
여덕(女德)	칙신(飭身) 사부모(事父母) 사구고(事舅姑) 사부자(事夫子) 육자(育子) 우형제(友兄弟) 목종족(睦宗族) 사장(事長) 접물(接物) 치가(治家)
여례(女禮)	계례(筓禮) 혼례(婚禮) 상례(喪禮) 제례(祭禮) 사생의(事生儀)
여공(女功)	직임(織紝) 의복(衣服) 음식(飮食)
고사(古事)	효녀(孝女) 효부(孝婦) 열녀(烈女) 현처(賢妻) 현모(賢母) 현부(賢婦)

『여소학』과 비슷한 시기에 나온 『여사수지(女士須知)』도 그 서문에서 "술과 장을 만들지 않으면 제사를 지내지 못할 것이며, 누에를 키우고 실을 잣지 않으면 집안의 어른 아이의 의복을 대지 못할 것이며, 닭을 키우지 않으면 빈객을 대접할 수가 없다."고 하였다. 가족생활은 전적으로 여자들의 일과 노동으로 굴러간 것이라 할 수 있다.

가족생활을 영위하는 데 필요한 일과 노동을 여자의 몫으로 규정한 것은 고대 경전의 시대에까지 거슬러 올라간다. 앞에서도 밝힌바 유교는 남녀의 덕성을 이원화하여 남자와 여자는 태어날 때부터 다른 성품을 타고난다고 보았다. 이와 더불어 가족 내의 역할도 다르게 명시했다. 『시경』에 의하면 남자와 여자는 태어날 때부터 서로 다른 기대를 하는데, "남아를 낳으면 침상 위에 누이고 화려한 옷을 입히고 구슬을 쥐어주고", "여아를 낳으면 침상 아래 누이고 수수한 옷을 입히고 실패를 쥐어준다."는 것이다.[47] 주석가들은 "남아는 귀한 존재가 되어 집안의 격을 높이고, 여아는 겸양의 덕으로 집안일에 봉사하는 존재가 되기를 기원한" 것이 『시경』의 뜻이라고 보았다. 그리고 유교의 여러 개념 가운데 의(義)와 리(利)가 있는데, 이것은 각각 남녀 속성과 결부된다. 즉 "양(陽)은 의(義)를 주관하고 음(陰)은 리(利)를 주관하는데, 음으로서 음위(陰位)에 위치하고 또 상위(上位)에 있으니 그 집안을 부유하게 하는 것"[48]이라고 한다. 이는 『주역』가인괘(家人卦)에 대한 주희의 해석인데, 남녀에게 각자의 역할을 부여하는 『주역』의 사유 구조 속에 집안을 유지하고 운용하는 데 가장 필수적인 노동·일이 여성의 영역임을 말하고 있는 것이다.

19세기 여성 노동의 실상과 남녀 차이를 분석한 한 연구는 남성 가장이 가정에 얽매이지 않은 호방함을 보여주는 것과 대비적으로 아내는 생계 노동을 수행한다고 보았다.[49] 가장의 우활함으로 인해 집안 살림이 가난했고 그래서 아내가 힘들게 생활할 수밖에 없었다는 이야기를 남성들의 글에서 쉽게 볼 수 있다. 그런 아내 덕분에 가장인 자신은 세태에 얽매이지 않고 자신의 의지대로 독서하고 이치를 탐구할 수 있었다고 한다. 그런데 생계를 도맡은 고단한 이 아내들은 집안을 돌보지 않고 떠돌아다니며 집안 걱정조차 하지 않는 가장을 원망하는 일이 없다.

한장석(1832-1894)은 〈선비가장(先妣家狀)〉에서 아버지의 '청렴'과 어머니의 '노동'을 대비시키는데, 어머니 스스로 '먹고 사는' 문제를 '사사로운 일'이라고 하고 아버지의 일보다 아래에 두고 있다.

> 아버님의 성품이 청렴하고 깨끗하여 먹고 사는 일에 힘쓰지 않으시니 어머님이 두루 꼼꼼하게 처리하면서 작은 일도 챙기지 않는 것이 없으셨고 끝내 집안의 사사로운 일로 아버님께 걱정을 끼치지 않았다. 관부에 있을 때에도 티끌만큼도 취하는 바가 없었고 바깥사람을 드나들지 못하게 하였으며 입으로 부탁하는 말을 하지 않으며 이렇게 말씀하셨다. "남편의 청렴함에 해가 될까 걱정됩니다."[50]

남편이 경제적으로 무능한 가운데 재화를 생산하고 살림을 관리하는 일체를 그 아내가 수행하면서 고충이 따를 것이지만 그 아내는 도리어 가장의 명분을 세워주고 자신의 일을 '하찮은 일'로 치부하는 행위는 노동의 성과를 내세우지 않은, 이른바 겸손의 덕을 갖추었다고 하는 것이다. 반면에 청렴한 덕을 강조하는 사대부 남성들은 가정 살림에 무심한 것이 오히려 이상적인 관료가 갖추어야 할 미덕으로 여기는 것이다. 살림을 맡은 여자는 재물이 있고 없음과 무관하게 '사랑방'의 손님을 정성을 다해 대접해야 하는 것이 미덕이라고 한다. 유중교(1821-1893)가 전하는 그의 어머니 이씨가 그러했다.

> 부인(夫人)께서는 손님 대접에 정성을 다하였다. 사랑방에 손님이 왔다는 말을 들으면 혼연히 즐거워하며 음식을 차려냈는데, 집에 재물이 있는지 없는지는 계산하지 않으셨다. 문학과 덕행이 있는 선비에게는 더욱 마음을 쓰셨다. 가끔 많은 손님이 연이어 올 때는 여러 며느리가 음식을 차리느라 겨를이 없었는데, 부인께서는 그때마다 "너희는 부디 수고를 꺼리는 마음을 갖지 마라. 집안에 손님이 없어 부녀가 한가하게 지낸다면 집안 꼴이 어떻겠느냐?"라고 하며 타일렀다.[51]

한편 이진상(1818-1886)이 기억하는 아내는 좀 달랐다. 생업을 돌보지 않는 남편에게 문제를 제기한 것이다.

> 병정 이후(1847) 살림이 더욱 어려워졌지만 내가 거칠고 허황돼서 생업을 돌보지 않자 때때로 말하기를 "부모님 연세 높으시고 어른을 섬기고 자식

을 돌볼 밑천이 없는데 당신은 걱정하지 않으니 어찌 남은 힘이 있으면 학문을 하라는 뜻이겠습니까."라고 했다. 내가 대꾸하기를 "안자(顏子)는 부모님 생전에 끼니를 자주 잇지 못할 정도로 가난해도 안빈낙도하기를 그만두지 않았는데 내가 이를 어찌 근심하겠소?"라고 하자 아내 박씨가 시름겨워하며 기뻐하지 않았다.[52]

한주 이진상보다 4살이 많았던 아내 박씨는 열여덟 살에 시집와 스물여섯 살에 죽었다. 이진상은 아내를 힘겹게 한 자신의 과거를 반성하는 맥락에서 이 글을 쓴 것이다. 생계를 모색하고 가정을 경영함에 있어서 노동·일을 도덕적인 언어로 권장하는 것은 어쩌면 당연한 일인지 모른다. 하지만 유교는 노동을 유독 여성과 결부시키고 남성의 지식과 대비시켰다. 동시대에 이미 "어찌 여자에게만 옛 법을 요구하며 술과 음식만 생각하라고 할 수가 있는가?"[53]라는 비판의 목소리가 나온다. 그리고 지식 영역에서 여성들의 활동이 전무하다시피 한 것은 "여자들은 술과 음식만을 이야기하였으므로 오로지 글공부에만 힘을 쏟는 남자들만 못한"[54] 것이라고 한다. 하지만 젠더 역할론을 진리인양 묵수하는 일군의 학자들은 노동·일을 도덕과 결부시키며 관리 감독의 끈을 놓지 않았다.

개항 이후에 제작된 신기선(1851-1909)의 『가훈』에서 부녀와 관련된 「내칙(內則)」의 9개 항목 가운데 3개 항이 노동과 관련된 것이다. '어버이 섬기기'[事親], '제사 받들기'[奉祭], '의복과 음식 제공'[服食]이 그것이다. 그는 "부인은 오직 바느질하고 음식하기가 그 임무"(婦人惟織紝烹宰是務)[55]라고 한 것은 "여자의 일은 음식을 해서 올리는 일일 뿐"[56]이라고 한 예서(禮書)의 말을 그대로 인용한다. 나아가 신기선은 "의복과 음식의 비용은 모두 가정 안에서 만들어내는데, 일정한 계획이 있어야 하고 무엇보다 절약하는 것을 우선으로 해야 한다."[57]라고 한다. 「부인상계(婦人常戒)」(부인이 항상 염두에 두어야 할 일)에서 바람직하지 못한 태도를 버릴 것과 노동과 치산에 힘쓸 것을 당부한다.

> 무익한 일에 나서기 좋아하고 상관없는 일에 논하기 좋아하는 것, 일없는 사람들 만나기 좋아하고 한가로운 이야기 듣기 좋아하는 것, 부귀한 사람 부러워하고 빈천한 사람 업신여기는 것, 가난을 편하게 여기지 못하고 괴로워하고 원망하며 탄식하는 것, 궁핍함에 지쳐 남에게 구차하게 도움을 구하는 것, 꼼꼼하게 단속하지 않아서 의상이 단정하지 않는 것, 치장에 엄격하지 않아서 비루하거나 농염한 것, 음식은 맛난 것을 즐기고 나물 먹는 것을 부끄럽게 여기는 것, 의복은 예쁜 것을 찾고 화려한 장식을 좋아하는 것, 옷 지을 때를 놓치고 바느질이 정교하지 못한 것, 요리를 잘 못하고 그릇을 씻지 않는 것, 절약할 줄 몰라 살림에 규모가 없는 것, 이런 것들은 여섯째 허물이니 하나하나 스스로 반성해야 한다.[58]

무엇보다 신기선은 무익한 일에 나서거나 일없는 사람들과 한가롭게 노니는 여자를 부정한다. 그리고 가난과 궁핍의 상황에서 해서는 안 될 태도들을 제시하는 등 여자에게 의식주에 관한 물질적 도덕적인 일체의 책임을 묻고 있다. 여기서 여성으로부터 노동의 힘을 끌어내는 신기선의 사상과 방법에 주목할 필요가 있다. 여성에게 노동을 주문하면서 그 부정적인 모습을 제시하여 여성을 비하하거나 질타하고 훈계하는 등 관리 감독하는 태도를 보인다는 점이다.

전통 유교의 여성 규범을 계승해야 한다는 입장이라도 구체적인 주장이나 학설로 들어가면 차이가 있다. 전통 여성 규범을 더 강화해야 한다는 주장이 있고, 전통 규범을 계속 잇되 새로운 변화를 염두에 두고 재구성해야 한다는 주장이 있다. 예컨대 수구적(守舊的) 관점이 강한 척사위정론자들은 타협 없는 전통규범의 강화에 몰두하는 경향이었다면, 개신적(改新的) 관점은 좀 더 유연하다. 기존 젠더 규범의 고수를 주장하는가 아니면 변화를 지향하는가의 문제는 개별 사상가를 구분하는 기준이 되지만 사실은 한 개인 안에 두 가지가 혼재한 경우가 많다. 당연한 말이지만 개인의 경험과 지식이란 인생의 주기에 따라 혹은 어떤 계기에 따라 변화하는 것이기 때문이다. 따라서 여성 인식의 문제도 인물별로 분류하기보다 주제나 주장을 중심으로 접근하였다.

2. 남녀유별의 변형: 도덕의 재구성

1) 신분층의 확대와 여성 인물의 재배치

19세기 중반이 되면 중인들이 중심이 되어 그들과 교류했던 하층민들의 일화를 기록한 여러 전기집이 나온다. 저자들이 자기 주변의 인물을 관심을 갖고 조명하여 각기 하나의 인물전을 완성한 것이다. 개항을 전후로 쏟아지듯 나온 이러한 전기들은 상층의 사람들에게 쏠려 있던 시선이 서얼·기층·하층민에게도 확대되는 효과를 준다. 이러한 분위기에서 여성 또한 신분층이 확대되고 다양한 영역의 다양한 장르의 삶이 조명되기 시작한다. 도덕적 당위로만 강조되던 여성 존재를 다양한 차원에서 주목하기 시작한 것이다. 그렇다면 개항을 전후하여 주목되기 시작한 여성 인물은 어떤 기준에 의해 어떤 방식으로 편성되었는가. 분명한 것은 남녀유별이나 내외지분의 틀에 여자를 가두거나 가족 속에 국한시키지만은 않는 흐름이 형성되었다는 점이다. 다시 말해 위치와 시선을 다변화하여 여성을 조명한 그 사실만으로도 기존의 강고한 프레임을 전환시킬 수 있는 것이다.

19세기 중반 개항 전후의 인물전에 소개된 여성들은 동시대에 활약한 인물도 있지만 18세기나 17세기의 인물도 있다. 개항기 인물전을 엮으면서 기존 학자들의 문집에서 뽑아 왔기 때문이다. 다시 말해 과거에 이미 소개된 인물이지만 개항기의 바람을 타고 다시 호명된 것이다. 그런 점에서 인물전을 통해 개항기는 어떤 여성을 요구하는가를 엿볼 수 있다. 양반층이 아니면서 특이한 행적을 보인 사람들을 모아 하나의 책으로 꾸려낸 인물전이 나오는데, 『호산외기(壺山外記)』(1844)를 필두로 『이향견문록』(1862), 『희조일사(熙朝軼事)』(1866), 『진벌휘고속편』 등이 있다. 드러나지 않았던 인물들의 삶과 행적에 대한 관심은 20세기 초 장지연(1864-1921)의 『일사유사(逸士遺事)』로 이어진다. 우리의 관심은 이들 인물전에 등장하는 여성들이다. 먼저 개항기 인물전에 나타난 여성의 면면과 전체 열전에서 차지하는 여성의 비중을 보자.

　『호산외기』에는 여항인 42명이 실렸는데, 그들은 문학가·화가·유협·의원·신선 등의 여러 영역에 걸쳐 있다. 저자 조희룡(1797-?)은 서문에서 "여항인들에게 언행이나 시문(詩文)에서 주목할 만한 것이 있더라도 적막한 물가의 풀과 나무처럼 시들어 버리거나 썩어 버렸다."고 한다. 즉 천재적 재주와 재능을 가진 인재라 하더라도 신분제라는 높은 벽에 가로막혀 드러나지 않았다는 말이다. 42인 중에 여자는 단 한 명에 불과한데, 엄열부(嚴烈婦)로 호칭된 사람이다. 여항인의 재능과 능력에 주목한 조희룡이 열부를 등장시킨 것은 양반이 아닌 여항인도 열행이라는 도덕적 능력을 갖추었음을 보이고자 한 것이다. 그는 신분과 지위라는 사회적 조건을 넘어서 기록할 만한 인간 가치를 적극적으로 발견했고, 자신이 직접 보고 들은 사람들을 입전하였음을 밝히고 있다. 여항인의 삶을 복원하고자

했던 『호산외기』는 이후 기층민을 대상으로 한 전기집의 선구가 되는데, 「엄열부」는 『이향견문록』과 『희조일사』에도 인용된다.

『이향견문록』은 규장각 서리를 지낸 중인(中人) 신분의 유재건(1793-1880)이 지은 것으로 여항인 등 308인을 싣고 있다. 입전 인물들의 행위를 학행(學行)·열녀(烈女)·충효·문학·의학·서화(書畫) 등으로 분류하여 10권에 나누어 실었다. 이 책은 여항인에 대해서는 기존의 기록을 인용하여 싣는 방식이 전체의 75퍼센트(287항 중 215항)이고, 양반 사대부 문집에 있는 여항인 기록을 인용한 것이 전체의 10퍼센트에 해당한다.[59] 여항인이 전체 인물의 85퍼센트에 해당하는 셈이다. 각 편의 주제와 입전 인물의 수를 보면 다음 〈표〉와 같다.

『이향견문록』의 구성

권차	편명	항목수	권차	편명	항목수
1	학행(學行)	14	6	문학(文學)(2)	22
2	충효(忠孝)	52	7	문학(文學)(3)	20
3	지모(智謀)	41	8	서화(書畫)	33
4	열녀(烈女)	30	9	의학(醫學)·잡예(雜藝)	21
5	문학(文學)(1)	29	10	승려(僧侶)·도가류(道家類)	25

여성인물이 등장하는 제4권 '열녀'에는 30명이 편성되었다. 여기 속한 여성들은 효(孝)·열(烈)·의(義)라는 기존 가치를 구현한 사람들이다. 유교적 가치를 구현한 주인공으로 여항의 기층여성이거나 노비나 기생 등의 하층 여성에 주목한 것이다. 정절(貞節)이나 열절(烈節)을 여자들이 지녀야 할 당연한 도덕으로 보았다는 점에서는 행위 주체의 신분이 다를 뿐

전통 여성관과 별반 차이가 없다. 그런데 그 열절을 구현하는 방법에서는 차이가 있는데, 그것은 시대의 요청일 수도 있고 신분층의 특징일 수도 있겠다. 원 출처를 명시했듯이 기존 문헌에 흩어져 있던 여항 여성들의 자료를 수집하여 정리한 것의 의미도 크다. 『이향견문록』「열녀」 편에 입전된 여성 인물을 표로 정리하면 다음과 같다.

『이향견문록』「열녀」

	인물	출처		인물	출처		인물	출처
1	정부인임씨 (貞夫人林氏)	위항쇄문 (委巷鎖聞)	11	창녕열부 (昌寧烈婦)	위항쇄문 (委巷鎖聞)	21	숙천김씨 (肅川金氏)	비연상초 (斐然箱抄)
2	김씨(金氏)	위항쇄문 (委巷鎖聞)	12	청풍 의부 (淸風 義婦)	번암집 (樊巖集)	22	단인장씨 (端人張氏)	비연상초 (斐然箱抄)
3	안협 효부 (安峽 孝婦)	위항쇄문 (委巷鎖聞)	13	효녀취매 (孝女翠梅)	완암집 (浣巖集)	23	시흥이씨 (始興李氏)	삼강록(三綱錄)
4	이효녀 (李孝女)	비연상초 (斐然箱抄)	14	박효녀 (朴孝女)	성재집 (省齋集)	24	절원한씨 (鐵原韓氏)	삼강록(三綱錄)
5	절부 하씨 (節婦 河氏)	비연상초 (斐然箱抄)	15	오효부 (吳孝婦)	완암집 (浣巖集)	25	단천조씨 (端川趙氏)	삼강록(三綱錄)
6	고절부 (高節婦)	풍고집 (楓皐集)	16	절부최씨 (節婦崔氏)	안우현진석소기(安又玄晉錫所記)	26	철부김씨 (節婦金氏)	겸산필기
7	엄열부 (嚴烈婦)	호산외기 (壺山外記)	17	절부이씨 (節婦李氏)	청구야담	27	향단(香丹)	청구야담
8	변의고 (卞義姑)	비연상초 (斐然箱抄)	18	노과녀 (老寡女)	청구야담	28	만덕(萬德)	번암집(樊巖集)
9	영동열녀 (嶺東烈女)	위항쇄문 (委巷鎖聞)	19	홍주최씨 (洪州崔氏)	청구야담	29	연홍(蓮紅)	침우담초 (枕雨談草)
10	포천박씨 (抱川朴氏)	삼강록 (三綱錄)	20	희천효부 (熙川孝婦)	추재기이	30	면성월(綿城月)	범곡기문 (凡谷記聞)

『이향견문록』은 열녀 편에 수록된 30명의 각 행적을 보면 열녀라는 표제어에 부합하는 인물은 전체의 절반에도 못 미치는 13명이다. 이들의 열행에도 약간의 차이가 있는데, 저자는 절부(節婦), 열부(烈婦), 열녀(烈女),

의부(義婦)로 구분해 놓았다. 다음은 '열녀'의 표제어 아래 효행을 실천한 인물이 12명인데, 부모 또는 시부모에 따라 효녀 또는 효부로 구분되었다. 여기서 효녀는 4명이고 나머지는 효부이다. 열행과 효행을 이어 세 번째는 '재물 관리'와 관련된 인물로 4명을 배속했다. 여기서 『이향견문록』의 저자가 주목하는 여자 덕목이란 열행과 효행 그리고 재물 관리임을 알 수 있는데, 이 밖에 하나를 더 든다면 의리의 실천이다. 예컨대 기생 연홍(蓮紅)은 적에게 죽임을 당한 상전의 시신을 수습한 행위가 의리의 실천으로 평가되어 계월향의 사당인 의열사에 배향된다. 그리고 외형적으로는 열행 또는 효행으로 분류되지만 그 내용을 보면 의리가 중심인 경우가 있다. 열부 '청풍의부(淸風義婦)', 효부 '변의고(卞義姑)', 효녀 '향단(香丹)'이 그들인데, 각각 남편과 시부모, 부모에 대해 의리를 실천한 것이다.

정리해 보면 『이향견문록』이 보여준 여성 서술의 특징은 크게 두 가지다. 하나는 행위자를 기생과 여종 등을 포괄하여 신분층을 확대했다는 점이다. 또 하나는 여자들의 행위를 열행과 효행 그리고 재물의 세 종류로 분류하는데, 이들을 포괄하여 '열녀'라고 하였다는 점이다. 여기서 열녀는 열행에 국한된 의미보다 그 시대 여성의 최고 가치를 의미한 것으로 보인다.

『희조일사』(1866)는 중인층 인물들의 전기집이다. 저자 이경민(1814-1883)은 전형적인 중인 가문에서 나서 생계를 위해 관아의 서리를 지냈는데,[60] 위항(委巷) 문인으로 분류되기도 한다. 『희조일사』 저술은 "이미 귀하게 되었거나 알려진 사람은 제외하고 오직 드러나 있지 않은 사람들의 전기를 수록하여 인멸되지 않도록" 하기 위한 목적이었다고 한다. 양반 중심의 기존 역사에 오르지 못한 소외된 사람들이란 의관, 화원 소속의 화가, 문서 기록과 관리를 맡아보던 서리, 책장수, 협객 등이다. 모두 85명을 입전했는데, 그 면면을 살펴보면 효우(孝友)에 해당하는 인물이 10인, 충의(忠義)에 해당하는 인물이 13인, 문학(文學)으로 분류될 수 있는 인물이 30인이다. 그리고 서화(書畵)가 9인이고, 의술로 이름난 사람이 3인이며, 바둑[碁] 2인, 거문고 1인, 점술[卜] 1인, 그 외 6인이다. 입전된 여성 인물은 10명이다. 저자가 책의 후기에서 밝힌바 입전 여성들은 '탁월한 행적(卓絶之女行)'을 남긴 자들이다. 신분적으로 낮고 경제적으로 가난한 사람들인데, 문집이나 작품 등의 기존 문헌에서 선별한 것으로 각 인물마다 그 출처를 밝히고 있다.

『희조일사(熙朝軼事)』에 수록된 여성

주제	인물	출처
효행	오효부(吳孝婦)	완암집(浣巖集)
	취매(翠梅)	완암집(浣巖集)
	안협효부(安峽孝婦)	위항쇄문(委巷瑣聞)
	이효녀(李孝女)	비연상초(斐然箱抄)
열행	영동의부(嶺東義婦)	위항쇄문(委巷瑣聞)
	고절부(高節婦)	풍고집(風皐集)
	엄열부(嚴烈婦)	호산외기(壺山外記)
	하절부(河節婦)	비연상초(斐然箱抄)
현모	김가모(金家母)	위항쇄문(委巷瑣聞)
의리	연홍(蓮紅)	침우담초(枕雨談草)

탁절지여행(卓絶之女行)이라는 표제에 수록된 여성은 효부, 효녀, 현모, 절부, 열부 등인데, 효행과 열행이 전체 여성의 8할에 해당한다. 이들은 모두 『이향견문록』에도 나왔던 인물이다. 『희조일사』에 수록된 여성들은 이제까지의 역사에서는 주변화되었던 사람들이지만 그들의 행위는 유교적 전범을 따르고 있는 점이 주목된다. 그런 점에서 입전의 인물들이 양반에서 하층여성으로 신분층이 확장된 것 외에 어떤 의미가 있는지 묻지 않을 수 없다. 주인공 여성들이 지향하는 가치는 여전히 상층의 여성 문화에 두고 있는 것이다. 이 문제는 뒤에서 다시 논의하기로 하자.

『진벌휘고속편』은 총 7책에 41개의 편목으로 1,009명의 인물을 싣고 있다. 편찬자 미상에 편찬 시기 또한 확정할 수 없는 상황에서 학계에서는 1870년대 이후에 편찬된 것으로 보고 있다.[61] 책의 전체 구성과 여성인물을 도표를 통해 살펴보자.

『진벌휘고속편』의 구성

책	권	항목	책	권	항목	책	권	항목
I	1	성씨(姓氏)	V	15	음률(音律)	VI	29	서리(胥吏)
	2	신동(神童)·총명(聰明)		16	음양가(陰陽家)		30	천인(賤人)
	3	통재(通才)		17	감여(堪輿)		31	노예(奴隷)
	4	시가(詩家)·필가(筆家)		18	복서(卜筮)		32	재서(才諝)
	5	명화(名畵)		19	상인(相人)·상마(相馬)		33	용력(勇力)
II	6	규영(閨英)		20	공장(工匠)	VII	34	거량(巨量)
	7	열녀(烈女)	VI	21	충신(忠臣)		35	모초(貌肖)
	8	빈어(嬪御)·궁녀(宮女)		22	효자(孝子)		36	형괴(形怪)
	9	별실(別室)		23	공신(功臣)		37	창우(唱優)·담해(談諧)
	10	창기(娼妓)		24	의술(醫術)		38	간교(奸巧)
	11	상천(常賤)		25	역관(譯官)		39	귀신(鬼神)
	12	비사(婢使)		26	부인(富人)		40	난역(亂逆)
III	13	도류(道流)		27	환관(宦官)·궁노(宮奴)		41	도적(盜賊)
IV	14	여승(女僧)·거사(居士)·무녀(巫女)		28	겸인(傔人)			

이 가운데 여성 인물은 80여 명이다. 제2책은 여성만 다루었는데, 신분과 행적으로 7개 항목으로 구분하여 60여 명을 편성했다. 그리고 제4책에 여승와 무녀 14명을 실었고, 그 외 풍수지리에 밝은 여성 2인, 재주로 이름난 여성 1인 등이 소개되었다. 『진벌휘고속편』에 입전된 여성 인물은 다음의 표와 같다.

『진벌휘고속편』 여성편

권차	편명	인물수	입전 인물
6	규영(閨英)	12	김씨(金氏, 金仁琯 딸), 채씨(蔡氏, 蔡年 딸), 송씨(宋氏, 宋軼 딸), 유씨(柳氏, 柳夢寅 누이), 안씨(安氏, 姜希孟 부인), 정씨(鄭氏, 金碩 부인), 이씨(李氏, 李股 딸), 윤씨(尹氏, 申叔舟 부인), 이씨(李氏, 尹明遇 부인), 박씨부(朴氏婦), 김씨(金氏, 金千鎰 부인), 최씨(崔氏, 崔必復 처)
7	열녀(烈女)	5	허씨1(許氏1, 許應 딸), 허씨2(許氏2), 정씨(鄭氏, 鄭默 딸), 이씨(李氏, 林慶業 부인), 신씨(申氏, 申健 딸)
8	빈어(嬪御)	5	고려기비(高麗奇妃), 권씨(權氏, 權執中 女), 오태후(吳太后, 吳偶 女), 권씨(權氏, 權克和 女), 의순공주(義順公主(李愷胤 女)
	궁녀(宮女)	6	굴저(屈姐, 중국), 최회저(崔回姐, 중국), 의영(義英, 仁穆大妃 시녀) 감찰각씨(監察閣氏, 세종조) 경운궁궁인(慶運宮宮人, 광해조), 김상궁(金尙宮, 선조조), 한씨보향(韓氏保香, 광해조)
9	별실(別室)	9	선천공조여(宣川功曹女, 韓明澮) 영통부인(靈通夫人, 盧守愼), 정선우리녀(旌善郵吏女, 楊士彦 母), 실성씨(失姓氏, 李顯達), 실성씨(失姓氏, 홍윤성), 숙천기(肅川妓, 趙憲), 급수부(汲水婦, 禹夏亨), 실성씨(失姓氏, 鄭忠信), 길정녀(吉貞女, 命熙)
10	창기(倡妓)	11	정향(丁香), 낙동선(洛東仙), 옥부향(玉膚香), 옥매향(玉梅香), 계월향(桂月香), 논개(論介), 매환(梅環), 무운(巫雲), 관홍장(冠紅粧), 석개(石介), 옥생(玉生)
11	상천(常賤)	9	실성씨(失姓氏, 李起築), 성가(聖哥), 금일춘(今日春), 두금(頭今), 월명(月明), 만덕(萬德), 선산리처(善山吏妻), 매분구(賣粉嫗), 은척열부(銀尺烈婦)
12	비사(婢使)	4	갑이(甲伊), 두옥 김씨비(杜玉 金氏婢), 전씨비(全氏婢)
14	여승(女僧)	5	요니혜명(妖尼惠明), 영일(英日), 희안(希安)·지심(智心)·계지(戒智), 묘관(妙觀)
	무녀(巫女)	9	용안(龍眼)·내 은덕(內隱德)·덕비(德非), 황맹헌(黃孟獻), 서흔남(徐欣男), 김여천(金汝天), 육현(陸玄), 요무(妖巫), 막예(莫禮), 호남무(湖南巫), 복동(福同)
17	감여(堪輿)	2	최영성부인 서씨(崔寧城夫人 徐氏), 윤길승지부인 이씨(尹咭承旨夫人 李氏)

25	역관(譯官)	1	강남덕모(江南德母)
32	재서(才諝)	1	기기정랑(箕妓情郞)
		79	

『진벌휘고속편』은 『진휘속고』의 통합 재편성본으로 알려져 있는데, 방대한 양과 잘 정리된 체재를 갖추고 있어 개항 이후 인물 열전의 특징을 잘 반영하는 것으로 평가된다. 여성 존재에 대한 이해와 그 설명 방식이 다양해졌다는 것이다. 『진벌휘고속편』은 여성을 신분, 행위, 직업, 일 등에 따라 13부류로 나누고 각 영역에서 뛰어난 행적을 보인 인물들을 실었다. 신분으로는 양반과 상천, 여비 등으로 구분되고, 직업으로는 궁녀, 기생, 여승, 무녀 등으로 구분되며 행적으로는 열녀, 능력으로는 감여(堪輿), 재예(才諝) 등으로 구분되었다. 특히 뛰어난 행적이나 기록될 만한 인물로 첩, 여승, 무녀, 궁녀, 여종을 등재한 것은 여성이 더 이상 효(孝)·열(烈)의 잣대로만 평가될 수 없다는 것을 의미한다. 게다가 모범적인 인물로만 구성된 기존의 인물전과는 달리 이야기 자체를 즐기는 경향을 보이는 특징이 있다.[62]

여성 존재에 대한 인식을 넓혀주는 열전적 서술은 개항기에 더욱 활성화된 것이 사실이지만, 이 시기에 처음 있는 일은 아니다. 19세기 초 이빙허각(1759-1824)은 여성을 열전 형식으로 소개한 바 있다. 바로 『규합총서(閨閤叢書)』의 부록에 편성된 「열녀록(녈녀록)」이 그것이다. 빙허각의 저서 『규합총서』는 「주사의(酒食議)」, 「봉임측(縫紝則)」, 「산가락(山家樂)」, 「청낭결(靑囊訣)」, 「술수략(術數略)」의 다섯 범주를 통해 여성의 공간 규합에 필요한 모든 지식을 망라했다. 즉 음식과 의복, 채소 및 가축 기르기, 태교·출산·육아, 주거 및 위생에 관한 정보 등 집안에서 이루어지는 거의 모든 일과 지식을 종합하고 체계화한 것이다.

그런데 「봉임칙」의 부록으로 편성된 「열녀록(녈녀녹)」은 실용지식을 담고 있는 책의 성격과 무관하게 인물 열전으로 구성되었는데, 여기서 저자의 여성인식을 엿볼 수 있다. 기존 연구에서는 이 「열녀록」에 주목하지 않았는데, 그것은 한자(漢字)가 부기되지 않아 당시 통용되던 열녀(烈女)들의 기록으로 여겨졌을 법하다.[63] 그런데 그녀의 「열녀록」은 정절을 지킨다는 명목의 그 열녀(烈女)가 아니라 다양한 여성을 뜻하는 열녀(列女)이다. 이 빙허각의 「열녀록」은 상당한 양의 독서가 바탕이 되지 않고는 접근할 수 없는 여성 존재들을 거론하고 있다. 빙허각 이전에 알려진 여자들이 효(孝)·열(烈)의 범주에서 크게 벗어나지 않았다면, 그녀는 시야를 넓혀 여자들의 삶 그 자체에 주목하여 다종다양한 인물을 소개하고 있는 것이다. 19세기의 그녀 역시 여성 지식인으로서 존재론적인 의문이 없을 수 없었는데, 「열녀록」서문 격의 글에서 이렇게 말한다.

중황자왈, 사람이 상(上)으로 다섯이 있으니 신인(神人)·진인(眞人)·도인(道人)·지인(至人)·성인(聖人)이오, 버금 다섯은 덕인(德人)·현인(賢人)·지인(智人)·선인(善人)·변인이오, 가운데 다섯은 공인(恭人)·충인(忠人)·시인·달인(達人)·예인(禮人)이오, 아래로 다섯은 소인(小人)·능인(能人)·상인(常人)·중인(衆人)·우인(愚人)이라 하니 규합 안에 어찌 인재 없으리오. 성후 현비며 숙녀열부와 효절예행과 통의 지략이며 재색 선불(仙佛)의 대략을 열거하여 봉임칙의 부록으로 삼는다. -「열녀록」

중황자(中黃者)는 전설 속의 신선인 황노(黃老)를 가리키는 것 같다. 여기서 빙허각이 중황자를 통해 이해한 인간은 품격이나 재질에 따라 4등급으로 나뉘고 각 등급에는 다시 5유형이 배속되는데, 이들 인간 유형은 모두 20종류이다. 빙허각은 인간에 대한 이러한 분류가 여성에게 적용될 수 있다고 보았다. 그녀가 각 문헌에서 역사 속 여성 인물들을 추려낼 수 있었던 것은 경화사족인 달성 서씨 가문의 축적된 문헌 자료가 큰 역할을 했을 것이다. 빙허각은 뽑아낸 여성 3백여 명을 각 성격에 부합하도록 분류하여 24항목에 배속시켰다. 항목과 인물 및 행적은 한자어를 언문으로 적고 번역했다. 예컨대 "언동군왕, 말이 군왕을 움직이다."[64]하는 식이다. 언동군왕(言動君王)을 한글로만 쓴 것이다. 「열녀록」의 구성은 아래와 같다. 원문에는 입전덕목 각 항목이 한글로만 되어 있지만 이해를 돕기 위해 괄호속에 한자를 부기했다.

『규합총서』(附) 녈녀록 구성

입전덕목	인물수	입전덕목	인물수	입전덕목	인물수	입전덕목	인물수
성후현비(聖后賢妃)	16	충의(忠義)	20	여품(女品)	36	선서부인(善書夫人)	8
숙덕(淑德)	11	모교(母教)	12	검협(劍俠)	8	봉후여자(封侯女子)	6
예행(禮行)	16	지식(智識)	18	여선(女仙)	38	집정여자(執政女子)	1
효녀(孝女)	7	의기(義氣)	10	마녀(魔女)	3	여장(女將)	1
효부(孝婦)	9	문장(文章)	16	여불(女佛)	2	남자소임여자(男子所任女子)	5
열절(烈節)	28	재예(才藝)	18	승니(僧尼)	3	소명록(小名錄)	20

몇 항목을 제외하면 인물들의 행적은 대개 20자 이내로 서술되었다. 그 예로 성후현비(聖后賢妃) 항목에 배치된 16명의 여성 중에 첫 번째 순임금의 두 비(妃)와 아홉 번째 영락제의 인효문황후 서씨를 보자.

　○ 샹고이비 남훈봉금. 남훈전 거문고를 받드르시다.

　○ 인효서후 친졔ᄂᆡ훈. 친히 ᄂᆡ훈을 지으시다.

한자어를 복원시키고 현대어로 번역하면 앞의 것은 "상고이비(上古二妃) 남훈봉금(南薰奉琴), 즉 남훈전(南薰殿)에서 거문고를 받들다."이다. 『예기·악기』에 의하면 남훈전은 순임금이 남풍가를 지어 오현금을 타던 궁전이다. 두 비(妃)에 관한 고사는 『서경(書經)』에서 시작되었고, 기원전 1세기 유향의 『열녀전(列女傳)』 첫 장에 실려 있다. 다음은 "인효서후(仁孝徐后) 친제내훈(親製內訓), 즉 인효문황후 서씨가 직접 내훈을 지으시다."이다. 명나라 영락제의 부인 인효문황후가 『내훈』을 지은 것을 말하고 있다.

빙허각의 「열녀록」에는 성후(聖后) 및 현비(賢妃), 열부(烈婦)와 같이 유교적 여성의 전범도 있지만 여선(女仙)이나 불교 여성, 검술에 능한 여성 등도 있다. 빙허각의 인물 선정 기준은 유교적 가치에 부합하는가의 문제보다 여성의 행위력, 즉 주체성과 능동성에 있었던 것 같다. 또 그녀가 추출한 각 인물의 업적이나 특징은 경서나 사서(史書) 등의 기존의 문헌 자료에 근거한 것으로 매우 정확하다는 점이다. 그만큼 「열녀록」을 쓰기 위해 많은 자료를 읽고 각 인물의 삶에 공감하는 바가 컸던 것이다. 다음의 예를 통해 좀 더 자세히 보자.

① 숙뉴녀 언동군왕 말이 군왕을 움즉이다.

② 각결쳐 젼강샹경 밧ᄉ이예서 서로 공경ᄒ다

③ 검누쳐 불횡시금 죽엄의 니불을 거우로 덥지 아니하다.

① 숙류녀(宿瘤女)는 제나라 백성으로 뽕 따는 일로 생계를 잇는데, 사실은 지혜가 깊고 사리에 통달한 여자였다. 세상을 보는 눈과 정세 등을 민왕에게 설파하자, 말이 왕을 움직여[言動君王] 그녀를 왕후로, 나아가 정치적 파트너로 삼았다는 이야기다. 유향의 『열녀전』에 나온다.

② 각결(郤缺)의 처는 일하는 남편의 밥을 논으로 내갔는데, 부부가 서로 공손하게 주고 받았다[田間相敬]는 고사로 『춘추좌씨전』에 나온다. 각결은 기결(冀缺)로도 불린다.

③ 검루(黔婁)가 죽었는데, 시신을 덮을 이불이 모자랐다. 문상 온 문인들이 대각선으로 덮자고 하자 그의 처가 곧고 바르게 살아온 남편의 뜻에 맞지 않다며 거부한[不橫屍衾] 고사에 근거한다. 유향의 『열녀전』에 나온다.

빙허각이 여성을 분류하는 방식은 기존의 방식과는 분명히 다르다. 기존의 가치를 부정하지는 않지만 그렇다고 그것에만 매몰되지도 않는다. 예컨대 조선후기 사회에서 여성의 효는 시부모를 대상으로 한다. 다시 말해 유교 경전이나 교훈서는 효부(孝婦)를 요청할 뿐 효녀를 권장하지는 않는다. 그런데 빙허각의 「열녀록」은 사라졌던 효녀를 소환한다. 효녀로는 아버지의 시신을 끌어안은 채 주검으로 발견된 후한의 조아(曹娥), 아버지 죄를 대신하겠다며 황제에게 상소를 올린 제영, 아버지를 대신하여 전쟁터에 나간 목란 등이 소개되었다. 7명의 효녀는 대부분 아버지의 딸인데, 이 또한 가부장제 사회의 부모-자녀 관계를 반영하는 것이다. 한국 여성으로는 충의(忠義)에 배치된 논개(論介), 문장(文章)에 배속된 신사임당, 주로 재주 있는 여성들을 편성해 놓은 여품(女品)에 올려진 황진이가 있다.

그 외 빙허각의 여성에서 특히 주목되는 유형으로 협객과 여장군, 여도사, 여불(女佛), 마녀가 있다. 가장 많은 수를 배치한 여선(女仙)에서는 위부인 또는 남악부인으로 불리는 진(晉)의 여도사 위화존(魏華存)을 소개했고, 도술로 이름난 당(唐)의 번부인(樊夫人), 도교의 전설 속 여성 여산노모(驪山老母) 등 『태평광기』「여선(女仙)」에 수록된 사람들을 대거 등재했다. '봉후여자'와 '집정여자'는 관직을 가지고 직접 정사에 참여한 여자들이다. '남자소임(男子所任)'은 남자의 일을 한 여자 5인을 소개했는데, 병마사나 참군 등의 무관직에 종사한 사람들이다. 마지막 '소명록(少名錄)'에서 역사에 이름을 남긴 여성들의 어린 시절 이름을 소개했다. 여기서 위문제(魏文帝)의 곽황후의 고사가 주목된다. 황후의 어릴 때 이름이 '여왕(女王)'이었는데, 아버지 곽영이 딸의 총명함을 기특히 여겨 '내 딸은 여자 중의 왕'이라는 뜻으로 이름을 지었다고 한다.

그러면 19세기 전반기에 나온 이빙허각의 여성 서술에서 무엇을 볼 수 있고 어떤 의미가 있는가. 먼저 여성 전범형, 즉 규범적 여성에서 여성 인재형, 즉 능력의 여성으로 바뀌었다. 빙허각은 현모·숙덕 등 전통적인 여성상을 부정하지 않지만, 그것으로 모든 여성을 다 설명할 수 없다고 보았다. 효녀·열부만이 아니라 문장, 재예, 여품, 검협 등을 통해 여성의 능력과 가치는 다양한 영역에 걸쳐 있음을 보여주었다. 이는 곧 양반 계층을 위주로 한 중심주의적 여성 인식을 하층의 주변부 여성까지 포괄하는, 여성의 일과 그 존재 의미를 확장시킨 결과를 낳았다. 유교적인 젠더 규범이 지속되던 19세기 초에「열녀록」속 다양한 여성의 존재는 그 자체 인식의 전환이다. 빙허각의 여성 인물은 19세기 중후반 유행처럼 나오는 인물전의 여성 부문의 시작이 된 셈이다.

한편 19세기 중후반 유행처럼 나온 인물전에는 기존의 인물 구성 방식에서 탈피하고자 한 의지가 깃들어 있다. 충신·효자·열녀 등의 윤리에 따른 편목에 얽매이지 않았고, 정사(正史)나 주류적 인물지에서 주목하지 않았던 주변인에 주목한 점에서 그렇다. 또 기존 편목에 따른 충신·열녀 등을 다루더라도 창기나 궁노 등과 같은 하층 여성을 수평적으로 다원화하여 배치하였다. 이에 비양반층 인물에 대한 관심과 함께 여성 인물도 유가 이념의 틀에 구속되지 않은 방식으로 편성된 것이다.[65] 개항을 전후한 19세기의 인물 열전은 문혀 있는 여항인이나 기층민들의 삶을 드러내는 역할을 했다.

2) 유교 여성 규범의 수용과 균열

개항기는 양반층의 전유물이던 삼강(三綱)의 도덕이 중인(中人) 이하 하층민 여성들에서도 어렵지 않게 나타난다. 인물전의 작자들은 시골 촌부나 여항의 하층민, 여종이나 기생 등이 의리나 열행, 효행을 구현한 것에 주목하여 특이한 사례를 위주로 소개하였다. 즉 도덕 그 자체에 대한 의문을 가지기보다 도덕적 행위자의 신분층을 확대한 것이다. 촌부나 여종, 기생 등도 열행을 실천하여 이름을 얻게 된 것인데, 그렇다면 이들의 행위가 양반 여성의 것과 같은가 아니면 다른가. 다르다면 어떻게 다른가. '지켜야 한다'는 당위가 행위로 구체화되는 것은 개인의 성향이나 학습에 따라 다를 것으로 보인다. 이에 개항기에 나온 인물전을 중심으로 유교적 여성 규범이 어떻게 수용되고 변용되는가를 보려는 것이다.

먼저 열행과 효행에 관한 개항기의 서술을 보자. 죽은 남편을 따라 곧장 죽거나 남편의 상례를 예에 맞게 치른 후 따라 죽는 것이 열행의 일반적인 모델이다. 또 부모나 시부모가 살아 있을 때나 죽었을 때나 잘 봉양하고 잘 모시는 것이 정통 효행이다. 이에 비해 개항기에 나온 열행과 효행의 입전 인물들은 이러한 스테레오 타입을 탈피하여 행위가 과감하다는 것이 하나의 특징이다.

개항기 인물전에 중복되어 소개된 〈영동 열녀〉는 양반층이 '누리던' 도덕을 뒤늦게 알게 된 한 촌부가 자신의 처지를 반성하며 현재의 관계를 청산하고 '여자의 도리'를 찾는다는 내용이다. 이 이야기는 『위항쇄문』과 『이향견문록』, 『희조일사』에 실렸다. 『희조일사』에는 「영동의부(嶺東義婦)」로 나오는데, 내용을 요약하면 이렇다. 벼슬아치 집에서 고용살이하던 촌부는 주인집 아들이 "충신은 두 임금 섬기지 않고 열녀는 지아비를 바꾸지 않는다."는 내용의 글 읽는 소리를 듣고 선생에게 그 뜻을 묻게 된다. 뜻을 듣고 난 여자는 "여자의 도리가 무엇인지를 알지 못했는데, 오늘 불경이부(不更二夫)의 의리를 비로소 알았다."며 남편에게 헤어지기를 청한다. 그녀의 현재 남편은 개가(改嫁)로 얻은 사람이기 때문이다. 이 남편과의 사이에 젖먹이 아이까지 두었지만 전 남편에 대한 의리를 주장하는 그녀의 뜻을 굽힐 수가 없었다. 개항기 인물전에서는 이 여성의 행위를 이렇게 평가한다. "아! 이 여인이 어찌 열부가 아니리오. 처음엔 알지 못하여 실수를 했지만 도리를 듣는 순간 후회했으며 모질게도 품 안에서 젖 먹여 키운 자식을 포기하고 돌아보지 않았으니 이는 더욱 열(烈)이 되는 것이다." 즉 개항기 지식인들은 '두 남편을 얻지 않는다'는 '불경이부'의 이념적 포로가 된 영동 여자를 최고의 열행을 구현한 인물로 평가한 것이다.

여종 향단(香丹)은 충·효·열이라는 세 덕목을 한 몸으로 구현한 인물로 묘사된다. 향단의 이야기는 『이향견문록』의 「열녀」에 수록되었고, 원출처는 『청구야담』이다. 이에 의하면 향단은 자신을 총애한 상전을 대신하여 목숨을 바치는데, 그녀의 행위는 아버지와 친족을 배신해야 하는 처지에서 선택한 것이었다. 그녀는 정을 통한 상전과 자신을 낳아 준 아버지 사이에서, 즉 두 남성 사이에서 죽음을 선택함으로써 결국 두 남자를 살린다. 남성 지식인들은 노비의 신분으로 양반층의 도덕을 완벽하게 구현해낸 향단에게 찬사를 보낸다. "아! 향단이 상전을 위해서는 충(忠)을 이루었고, 지아비를 위해서는 열(烈)을 이루었으며, 아버지를 위해서는 효(孝)를 다했으니 일거에 삼강(三綱)을 갖추었도다. 그 고을에 비를 세워 정표했다." 향단에게 상전은 정을 통한 사이이기도 하기에 충과 열을 동시에 이룬 것으로, 아버지에게는 효를 이룬 것으로 본 것이다.

『이향견문록』에 등재된 기생 면성월도 자신을 총애한 남자에게 죽음으로 보답했다는 의미에서 열녀로 입전되었다. 또 기생 연홍(蓮紅)은 『침우담초(枕雨談草)』를 시작으로 『이향견문록』과 『희조일사』에 입전된 인물인데, 상전에 대한 의리를 행했다고 하여 의열사에 배향되었다. 이런 유의 이야기들은 여종이나 기생과 같은 하층 여성도 충과 열이라는 도덕심이 충만했음을 증명하기 위해 지은 것으로 보인다. 자신을 총애했거나 자신이 몸 바친 남자에게 정절을 지킨다는 이야기는 신분과 성이 결합된 것으로 성적인 관계를 통해 신분적인 의무를 다한 것에 주목한 것이다.

중인 이하의 하층 여성도 열녀를 꿈꾸고 의리를 아는 백성이었다면 이들 행위의 구체적인 내용은 무엇인가. 양반층 여성들의 열(烈)과 이 여성들의 열(烈)은 어떻게 같고 어떻게 다른가. 먼저 『호산외기』에 처음으로 소개되어 『이향견문록』과 『희조일사』에도 인용된 「엄열부」의 이야기를 보자.

> 엄열부는 엄재희의 아내로 성은 박(朴)이다. 남편이 앓아누워 위독한 상황에서 시어머니가 점쟁이에게 명을 물었는데, 며느리에게 나쁜 살이 끼어 있어 며느리가 죽어야 아들이 살 수 있다는 말을 듣는다. 이 말을 전해들은 친정어머니가 화가 나 다른 점쟁이에게 물었는데, 똑같은 말이 돌아왔다. 이에 엄열부는 친정에 다니러 가서는 간수를 마시고 스스로 죽음을 선택하는데, 나이 17살이었다. 우연인지 남편은 되살아났고 그의 나이 현재 48살이다. 엄열부의 이야기를 73세의 시아버지 엄성간에게 전해들은 호산(壺山)은 옛날의 열부는 남편이 죽은 뒤에 따라 죽었다면 엄열부는 자신의 목숨을 버림으로써 남편을 살려낸 것이라고 한다.[66]

엄열부는 평범한 백성에 불과한 어린 여성으로 남편을 살리기 위해 자신의 목숨을 스스로 버렸다. 통상적으로 열행이란 남편이 죽은 이후에 일어나는 일이라면 엄씨의 행위는 남편의 생사에 따라 결정하는, 즉 '따라죽는' 열녀와는 다르다. 남편을 따른다고 하는 유약하고 온순한 여성 이미지와는 달리 그녀는 남편을 살려내려는 강한 의지와 대담한 행위를 보여준다. 또 여항인의 열행이 양반층의 그것과 다른 것은 열행에 대한 시어머니와 친정어머니의 시각 차이가 이야기 속에 드러난다는 점이다. 즉 양반층의 열행 서사에서는 일반적으로 딸에 대해 친정에서 어떤 애정과 관심을 보이는지 친정 쪽 의견이 드러나지 않는다. 또 여항인들의 삶과 선택이 점쟁이에 의해 이루어지고 있다는 점에서 유교의 당위론적인 도덕론과도 구별된다. 엄재희의 아내 박씨의 죽음을 세간에서는 '점쟁이의 말에 혹한 어리석은 죽음'이라고도 했는데, 그녀를 입전한 조희룡은 '열부의 도리를 알았고 죽어야 할 때를 알아서 죽은 것'이라고 변론한다. 자신의 목숨을 남편의 부록쯤으로 여긴 박씨를 '여자의 도리'에 충실한 것으로 평가한 저자 조희룡은 행위자의 신분을 확대한 것에 대해서는 의미를 부여할 수 있지만 여성 생명에 대한 기존 도덕의 문제를 보지 못한 것은 여전히 한계이다.

강하고 대담한 행위력은 청풍 촌부의 의열(義烈)을 기록한 「청풍의부(淸風義婦)」에서 절정을 이룬다. 청풍 사는 의로운 부인은 『이향견문록』에 나오는데, 이는 권구(1672-1749)의 『병곡집(屛谷集)』에 처음 소개되어 채제공(1720-1799)의 『번암집(樊巖集)』에도 실렸던 것이다. 그렇다면 청풍 촌부의 행위는 18세기에 있었던 것으로 개항기의 유재건이 이 여성을 다시 소환한 셈이다. 「청풍의부」의 내용을 보자.

의부(義婦)는 청풍 촌가의 여인이다. 같은 고을 사람에게 시집을 갔는데 남편이 나이가 어려 아직 성년의 장부가 되지 못하였다. 어느 날 친정에 근친을 하게 되었는데, 좋은 말에 술과 고기를 싣고 자신은 말을 타고 남편은 뒤따랐다. 그런데 산골짝 인적이 없는 곳에 이르자 갑자기 도적이 나타나 몽둥이로 남편을 내리쳤다. 남편이 길 아래로 거꾸러졌는데, 여인은 못본 체 말을 채찍질하여 도망쳤다. 도적은 여인을 놓칠까 그 남편을 버려두고 재빨리 쫓아갔다. 어느 정도 달려 여인은 말을 세우고 도적을 향해 말했다. "말을 탐내서냐 아니면 나를 탐내서이냐?" 도적이 너 때문이라고 하자 여인은 바로 말에서 내려 웃으며 은근하게 말했다. "당신도 그 아이를 보았겠지만 사람의 모양새를 갖추었다고 할 수 있습니까. 명색이 서방이지만 마음으로 즐겨 받든 적은 없었소. 서방을 버리고자 한 지 오래되었으나 기회를 잡지 못했을 뿐이오. 오늘 바로 그대의 모습을 보니 나 또한 마음이 생기지 않을 수 없군요. 당신의 뜻도 그러하다면 내 어찌 사양하겠소."

-『이향견문록』「열녀 · 청풍의부」

이어지는 이야기에서 여인은 겁탈하려던 도적을 밤을 기다리자고 달래 술과 고기를 대접한다. 그녀는 도적이 술병을 기울여 마시려고 하늘을 향해 목을 제치자 바로 칼로 찔러 그 자리에게 처치하고 남편이 쓰러져 있는 곳으로 달려와 구원해 낸다. 청풍 수령은 이 여인의 의거를 중앙에 보고하여 복호(復戶)의 은전을 받도록 하였다. 앞서 간략하게 언급한 바 이 이야기는 18세기 안동의 학자 권구가 주변에서 전해들은 것을 기록하여 '천유록(闡幽錄)'이라는 편명 아래 편성해 넣은 것이다. 위기에 처한 열녀들이 자결이나 자상(自傷)으로 대처하던 기존의 방식과 달리 청풍의부는 대담하고 주도면밀함을 보여준다. 개인 문집 속에 잠자고 있던 특이한 행적들이 개항기의 추세를 따라 선택되고 재구성된 것이다. 『진벌휘고속편』에 실린 성가(聖哥)라는 여성의 열행도 특이한 면모를 보인다.

성가(聖哥)는 시골여자다. 혼인을 약속한 후 얼마 있다 신랑이 죽었다. 결국 다른 데로 시집가지 않고 소주를 팔아 생계를 이었다. 흰 병풍에 정혼했던 남자의 초상을 그려 넣고 작은 주렴을 드리운 다음 아침저녁으로 제를

올렸다. 권득기가 그녀에 대해 열녀전을 지었다.[67]

　혼인을 약속한 그 자체로 아내로서의 정절 의무를 지켰던 여성의 이야기는 역대 각종 열녀전에 익히 소개되어 왔다. 열녀 담론에서 낯설지 않은 이런 이야기가 개항기에는 생계를 이어가는 구체적이고 적극적인 방법에 중점을 두게 된다. 개항기의 열녀는 죽은 약혼자의 집으로 들어가 며느리의 자격으로 남자의 부모를 봉양한다든가, 아내로서의 열행을 선택하여 약혼자를 따라 죽는다든가 하는 방식과는 차이가 있다. 『진벌휘고 속편』에 실린 '매분구(賣粉嫗)'도 유사한 이야기 구조를 보인다. 즉 '분을 파는 할미'는 젊어서 이웃 총각의 구애를 받지만 양가 부모의 허락을 받지 못해 혼인이 성사되지 못했다. 이에 여인을 사모하던 총각이 상사병을 앓다가 죽자 여인은 자신을 생각하다 죽었다며 다른 곳으로 시집가는 것을 포기하고 분을 팔아 생계를 이으며 죽을 때까지 독신으로 지냈다는 이야기다. '분을 파는 할미'의 행위를 넓은 의미의 절행(節行)으로 이해하고 있는 것이다.

　또 하나의 이야기는 바다에서 길을 잃은 뱃사공 남편을 찾아 나선 여인이 결국 뜻을 이루었다는 내용이다. 〈강남덕모(江南德母)〉 편의 이 아내의 행위는 절행(節行)의 맥락에서 해석할 수 있는데, 문제는 그녀의 대담한 방법이다. 즉 살아 있다는 말을 듣고 국경을 넘어 멀고 먼 타국으로 직접 찾아 나선 적극성에 주목한 것이다.

　　강남덕의 어머니는 서울 서강의 뱃사공 황봉(黃鳳)의 아내다. 황봉은 집이 잠두(蠶頭)에 있어 해물 장사를 생업으로 삼았는데, 만력 연간(광해군) 초에 바다에 나갔다가 태풍을 만나 돌아오지 못했다. 그의 아내는 남편이 죽은 줄 알고 상복을 입고 장사를 치른 후 삼년상을 마쳤다. 과부로 산 지 여러 해가 지났는데, 하루는 중국에서 돌아온 어떤 사람이 황봉의 편지를 전해주었다. 남편이 풍랑을 만나 중국의 절강 어느 곳으로 표류해서 어느 민가에서 고용살이를 하고 있다는 것이다. … 아내가 남편을 찾아 떠날 채비를 하자 친척들이 말렸다. "우리나라와 중국 사이에는 경계가 있고 출입하는 자를 금하는데, 말이 다르고 옷이 다른 사람이 관문을 통과할 수 있겠으며, 더구나 남자라도 안 될 일을 여자의 몸으로 수륙 만리를 가겠다니 도중에 해골이 되고 말 것이다." 하지만 황봉의 아내는 길을 떠나 압록강을 건너 중국 땅으로 들어가 북에서 남으로 줄곧 걷고 또 걸었다. 1년 남짓 걸려 편지에서 말한 대로 강남땅에 이르러 마침내 바닷가 변방의 성에서 황봉과 재회하였다. 이윽고 함께 고국으로 돌아오다가 도중에 임신을 하여 옛집에 돌아와 딸을 낳았다. 그 딸 이름을 '강남덕'이라 지으니, 마을 사람들이 그 택호를 부르지 않고 강남덕의 어머니라 부르면서 책에나 나올 법한 기이한 인물로 여겼다.[68]

여자의 열행이란 위기의 상황에서 남편에 대한 의리와 정절을 지킨 것을 의미하는데, 열행을 가능케 한 조건은 다양하다. 여자에게 위기란 절대 다수는 남편의 죽음이고, 다음은 도적이나 난리를 만나 정절 훼손의 상황에 직면한 것이다. 그리고 강남덕모의 경우처럼 포로나 실종으로 남편이 사라진 상황을 들 수 있다. 남편이 실종되었을 경우에 그 아내가 취하는 전통적인 태도는 개가하지 않고 남편의 제사를 지내는 정도다. 즉 『삼강행실도』에는 선산 사람 약가(藥哥)의 사례가 실려 있는데, 그녀는 왜구에게 붙들려간 남편을 8년을 기다린 끝에 결국 재회하는 것으로 나온다. 이에 비해 강남덕모는 직접 나서서 남편을 찾아오는 적극적인 행위자이다. 『진벌휘고속편』의 「역관(譯官)」 편에 수록된 '강남덕모'는 17세기의 『어우야담』에서 처음 나왔다. 그런데 실종된 남편을 멀리 중국 강남까지 가서 찾아왔다는 그녀의 행적은 역관의 일과는 무관해 보인다. 그럼에도 불구하고 그녀를 역사상의 이름난 역관들로 구성된 홍순언과 같은 「역관」 편에 편성한 것은 국경을 넘어 중국에 갔다 온 행적에 주목했기 때문으로 보인다.

『이향견문록』 「열녀」 편에 편성된 효녀 효부 12인의 효행 사례들도 담대하면서 과격한 것이 특징이다. 그녀들은 집안에서 부모의 생(生)과 사(死)를 성실하게 봉양하던 스테레오타입의 며느리가 아니라, 호랑이와 대결하고, 시부(媤父)의 원수를 갚기 위해 사람을 죽이는 등 격렬한 행위자들로 묘사된다. 「희천효부(熙川孝婦)」는 시아버지가 이웃 사람에게 찔려 억울한 죽음을 당했는데도 2년이 지나도록 아무런 내색을 하지 않았다. 그러는 사이 원수가 방심을 하게 되는데, 대상(大喪) 날이 되자 마침내 칼로 원수의 배를 찔러 간을 꺼내 시아버지 제사상에 올린다. 그리고 관가에 나아가 자수를 한다. 그런 그녀를 "이 부인은 효부요 의부요 열부이니 살려두라."고 판결했다는 이야기다. 〈숙천김씨(肅川金氏)〉도 묘지 소유권 싸움에서 진 남편이 귀양을 가게 되자 홀로 원수의 묘역에서 시체를 파내는 일을 감행한다. 그녀의 행위에 대해 중앙에서 판결이 내려왔는데, 그 대강은 이러하다.

한 자루 호미와 한 개의 바가지로 시체 한 구를 옮기고 두 무덤을 파헤쳤으니 어찌 그리 매서운가. (하지만) 남편의 뜻을 이룬 것은 의(義)요, 시집의 묘역을 보존하려는 것은 지(知)요, 능히 일을 해내고 만 것은 용(勇)이다. 정이 지극한 곳에는 법도 굽힘이 있는 것이니 그 벌을 가볍게 하길 원한다.

- 『이향견문록』 「숙천김씨」

개항기 인물전에 소개된 효녀들도 '정성껏 봉양'이라는 단순한 차원을 넘어 좀 더 적극적이고 대담한 효행을 보여준다. 옥에 갇힌 아버지를 8년을 거리에서 구걸하여 봉양한 평양 사람 「이효녀」는 "아버지는 아들이 없고 저 하나뿐인데 제가 다른 사람에게 시집을 가면 누가 아버지를 봉양하겠어요."라고 한다. 효를 행하기 위해 혼인을 포기하고 딸의 정체성으로 살겠다는 것이다. 「효녀취매」에서 취매(翠梅)는 『완암집』에 실린 것을 『이향견문록』과 『희조일사』에서 인용한 인물인데, 그녀는 쌀 4백석을 훔친 죄로 옥에 갇힌 아버지를 구하기 위해 동분서주하는 딸이다. 결국 수백 가구의 집을 직접 찾아다니면서 곡식을 구걸하여 아비가 훔친 쌀을 갚았다는 이야기다. 취매는 중인층의 딸로서 아버지를 위해 백방으로 노력하는 모습은 사대부가의 딸이라면 할 수 없는 일이지만 중인층이기 때문에 가능한 효의 실천인 것이다. 성주의 「박효녀」도 조상의 선산을 빼앗긴 아버지의 원수를 갚는 이야기다. 즉 아버지가 선산을 빼앗기고도 도리어 권력과 결탁한 상대에게 무고를 당해 맞고 죽임을 당한다. 이에 박씨의 큰딸 문랑은 비복 몇 명을 데리고 원수의 조상 무덤을 파헤치고 그 시체를 불태운다. 이 사건으로 큰딸이 죽자 작은 딸 차랑이 17세의 나이로 아버지와 언니의 원수를 갚고자 상경하는데, 1년여 노력 끝에 임금의 특명으로 사건의 재조사가 이루어진다는 내용이다.

기존의 도덕적 잣대가 변화하는 정황도 포착된다. 『진벌휘고속편』의 「규영(閨英)」 편에는 칠거지악이라는 기존 도덕에 균열을 낸 김질(金礩)의 부인 정(鄭) 씨 이야기가 실렸다. 남편이 소실을 들이고 싶어도 부인 때문에 감히 엄두를 내지 못했는데, 성종이 이 사실을 듣고 정씨를 불러들여 꾸짖었다. 투기는 악행이기에 국법으로 다스리니까 고치도록 해야 하고 고칠 뜻이 없다면 사약을 받으라는 것이다. 이에 정씨는 "보고 싶지 않은 사람을 보느니 차라리 이것을 마시고 모르는 게 낫겠습니다."라고 하고 곁에 있던 사약을 들이켠다. 그런데 그 약은 성종이 정씨를 겁주기 위한 거짓 사약이라 죽음을 불사한 정씨는 살아남는데, 이에 왕은 그 남편 김질을 불러 "그대가 마음을 고치라"고 한다. 칠거지악에 해당하는 부인의 투기가 다른 각도에서 이야기되고 있는 것이다. 참고로 김질(1422-1478)은 사육신과 함께 단종 복위 운동에 참여했으나 실패를 예상하고 장인 정창손(1402-1487)에게 집현전 학자들의 단종 복위 계획을 알렸다. 정창손은 이 사실을 바로 세조에게 알림으로써 두 사람은 이후 세조의 신임을 얻어 승승장구한다. 부인 정씨의 질투와 관련된 고사는 출처를 확인할 수 없다. 다만 김질이 영의정 정창손의 영향권 내에 있어 아내의 권세가 만만치 않았을 것이라는 추정은 가능하다.

경전 속에 진리가 있다며 묵수적인 태도를 보인 일군의 유학자들과 달리 경전에 나온 여성 이야기를 비판적으로 접근한 시각도 있다. 홍한주(1798-1868)는 동아시아 유교문화권의 성모(聖母)인 '순의 두 비 고사[舜之二妃事]'에 대해 의문을 제기한다. 『서경(書經)』에 의하면 요임금의 두 딸은 순에게 시집을 가 아내의 도리를 다하여 이른바 요순의 정치를 완성한다. 그리고 순임금이 순수(巡狩) 중에 죽음을 맞이하자 두 비는 상수에 몸을 던져 죽었다는 것이다. 이에 남편을 따라 죽음으로서 열(烈)을 실행한 인물로 두 비는 여성 역사의 첫 장에 등재되었다.

그런데 홍한주는 『서경』을 모두 믿는다면 『서경』이 없느니만 못하다는 맹자의 말을 인용하며 두 비의 고사를 조목조목 따졌다. 그에 의하면 순(舜)이 혼인했을 때의 나이는 30세였고, 그 뒤 요(堯)가 붕어한 후 천자에 오른 것이 60세였다. 그리고 천자가 된 지 50년 만에 순이 승하하는데, 그렇다면 그의 나이 110세다. 이에 비추어 두 왕비 역시 100세가 넘은 나이다. 천자의 늙은 왕비가 순을 따라 남쪽으로 몇 천리를 순수했다는 말이나 순이 죽었다고 상수에 차례로 몸을 던졌다는 말은 '허구를 얽고 없는 일을 꾸민 일'일 뿐이라고 한다. 홍한주의 해석은 유교적 젠더 규범의 산실이라 할 수 있는 유교 경전의 권위에 균열을 내는 일련의 움직임이라 할 수 있다.[69]

3) 여성의 영역 및 인식의 확장

여성의 영역이 확장되면서 여성에 대한 인식이 변하고 있다는 것은 개항기의 여러 자료가 말해준다. 즉 가족이나 가정 내의 존재였던 여성에게 사회적인 역할을 기대한다거나 여필종부(女必從夫)보다는 여성 리더로서의 모습을 기대하는 것이다. 다만 기존의 여성 규범에서 완전히 벗어나기보다 기존 규범의 변형이나 새로운 덕목들이 조명되는 방식이었다. 예컨대 여성의 치산(治産) 활동을 보면 단순히 모으고 불리는 정도가 아닌, 사회적인 맥락에서 재물의 의미를 부여하거나 관리하는 여성들이 개항기 인물전을 통해 소개된다. 이것은 현실 속의 인물을 발굴해낸 의미도 있지만 시대가 이런 여성을 요구한다는 뜻이기도 하다. 열행과 효행 다음으로 주목한 여자들의 행위는 재물과 관련된 것이라는 점도 주목된다.

재물 관리가 가정의 덕목으로 강조된 것은 조선후기에 들어서다. 유교 전통의 가족에서는 부부·부자·형제의 명분과 의리, 인륜적 질서를 구현하는 것에 의미를 두었지 그곳이 먹고 입고 생활하는 물질과 재화의 공간임을 부각시키지는 않았다. 18세기 조선후기가 되면 일상성 및 욕망에 대한 인식이 대두되면서, 가족생활에서 중요한 화두로 도덕 외에 재물이 들어온다.[70] 실리보다 명분을 중시한 유교적 사유 속에서 재물에 대한 자세는 검소·절약의 원칙을 고수하는 정도에 불과했다면, 조선후기에는 실천의 구체적이고 적극적인 방법이 제시되면서 재화의 생산과 관리가 중요하다는 인식이 마련된다. 16세기의 율곡은 "군자는 도(道)에 맞는가 벗어나는가에 대해서 걱정할 것이지 가난한 것을 근심하지 않아야 하고, 가정이 빈한하더라도 돈 버는 일을 해서는 안 된다."[71]고 했다. 그런데 18세 중엽의 자료『가정』은 반대의 주장을 한다. "가난 속에서도 도를 즐기는 것은 군자나 하는 일이지 시골에 묻혀 사는 백성들이야 일정한 자산이 없으면 예의에 대한 마음까지도 따라서 없어지게 마련임을 알아야 한다."[72] 개항기는 이러한 흐름이 가속화된다.

『이향견문록』에는 재물 관리의 미덕을 발휘한 4명의 여성을 호명하는데, 부정한 재물을 거절한 '임씨', '김씨', '노과녀(老寡女)' 그리고 자신의 재물을 빈민구제에 투척한 '만덕(萬德)'이 그들이다. 재물에 대한 '정부인 임씨'의 말을 들어보자.

재물이란 것은 재앙입니다. 까닭 없이 커다란 금덩이를 얻는 것은 상서롭지 못한 것이니 갑작스런 재앙이 있지 않으면 또한 반드시 죽을 것입니다. 또 사람의 삶은 마땅히 궁핍한 것을 알아야 합니다. 두 아들이 아직 어린데 그들로 하여금 의식의 편안함에 젖게 한다면 학업의 정진에 온 힘을 쏟으려 하지 않을 것입니다. 그리고 빈곤한 처지에서 자라지 않으면 어찌 재물이 쉽게 오지 않는다는 것을 알겠습니까. 때문에 나의 거처를 옮겨서 백금에 대한 욕심을 끊은 것입니다. 지금 어느 정도 모은 재산은 나의 이 열 손가락으로 마련한 것이니 갑자기 내 앞에 나타났던 백금 덩이와는 비교가 안됩니다. -『이향견문록』「정부인임씨」

「정부인임씨」는 「위항쇄문(委巷瑣門)」과 「희조일사」에는 「김가모(金家母)」로 나온다. 본성이 임씨이고 김가와 혼인을 한 여성이다. 김가의 어머니가 『이향견문록』에서 어떻게 '정부인'이 되었는지 알 수는 없다. '늙은 과부'라는 뜻의 '노과녀'의 경우도 임씨와 비슷한 이야기 구조를 보인다. 즉 어린 두 아들을 둔 과부가 뒤뜰 돌 밑에서 은항아리를 발견하는데, 가난한 상황임에도 불구하고 다시 덮어 버린다. 혹시 자신과 아이들에게 좋지 못한 영향을 미칠까봐 두려웠기 때문이다. 나중에 아이들이 장성한 후에 어머니는 이 은항아리를 꺼내 이웃을 돕고 친척의 경조사에 후하게 썼다는 이야기다. 또 한 사람 '김씨'의 경우는 남편이 부정한 방법으로 벌어온 돈으로 조상 제사를 지낼 수 없다며 자신이 삯바느질을 하여 제사상을 차렸다는 이야기다.

18세기 이후 부각되기 시작한 재물은 유교사상의 맥락에서는 그 자체 의미를 가지는 것은 아니었다. 재물을 다루고 다스리는 방법에 따라 그것은 인생의 모든 것을 잃을 수도 있고, 얻을 수도 있는 양가적 속성을 갖고 있는 것이다. 즉 "전(錢)이라는 글자는 창[戈] 두 개가 금(金) 하나를 따른다. 만약 금만 알고 창을 잊어버리면 반드시 사람들에게 죽임을 당한다는 뜻이니, 이치를 지켜서 창을 피하지 않아서는 안 된다."[73]라고 한다. 돈과 재물을 경계하라는 이러한 가르침을 여항의 하층 여성들도 실천하고 있다는 점도 흥미롭다. 추상적인 이념으로 여자의 행위를 설명하고 인도하던 방식에서 재물이나 재산을 다룰 줄 아는 실생활의 힘에 주목하기 시작하는 시대가 된 것이다. 한편으로는 개항기 주요 저작자가 된 중인층은 자신들의 계층도 충분히 도덕성을 갖고 있음을 보일 필요가 있었다. 이에 재물에 엄격한 어머니와 아내 이야기는 중인층의 가족으로서 재물을 경계하라는 교훈을 담은 것이다.

특히 『진벌휘고속편』에 실린 김천일(1537-1593)의 이야기를 보면 의병을 모아 나라의 위기에 대처할 수 있었던 것을 그 부인의 치산 능력과 연결시킨다. '김씨집 며느리[金氏婦]'에 의하면 김천일의 아내가 날마다 하는 일 없이 낮잠을 자는 것으로 세월을 보내자 시아버지가 집의 재물을 좀 관리해 보라고 훈계한다. 밑천이 없어 못하겠다는 며느리의 말에 시아버지는 벼 30석과 노비 네댓 명 그리고 소 몇 마리를 준다. 부인은 이것을 밑천 삼아 나름의 방식으로 재물을 불려나가고 결국 남편 김천일의 의병 활동에 지원하게 되었다는 이야기다.

『진벌휘고속편』에는 성(姓)을 알 수 없다는 의미로 쓴 '실성씨(失姓氏)'가 많이 나오는데, 첩[別室]을 지칭하는 경우가 많다. 이현달(李顯達)의 첩을 서술하면서 "명분뿐인 정실과 달리 아들을 두었고 치산(治産)의 능력을 갖췄다."고 한다. 즉 전통적 명분보다는 실질적 능력이 중시되는 시대적 분위기가 불러낸 인물이다. 『진벌휘고속편』에 「부인(富人)」 편을 편성한 것을 보아도 부(富)와 재물에 대한 새로운 인식이 조성되고 있음을 알 수 있다. 한편 전통적인 주제라 하더라도 남녀의 관계를 새로운 각도에서 보려는 시도가 보인다. 부인의 투기를 양반가의 부인 정씨의 일화를 통해 다른 각도에서 보려는 시도나 돌아오지 않는 남편을 마냥 기다리기보다 직접 먼 길을 찾아 나선 아내의 적극성이 이야깃거리가 되었다.

개항기 여성 인식에서 두드러진 변화는 수동적인 기존의 여성을 능동적인 리더의 등장을 알린 것이다. 임헌회(1811-1876)는 자신의 어머니를 '통큰 여자'로 묘사하는데, 이 또한 수동적이고 순종적인 태도를 요구했던 기존의 담론과 비교된다. 즉 "어머니는 외모가 수려하고 풍채가 좋았으며 기상은 정대하면서 온화하고 후덕했다."[74]고 한다. 기개와 용기를 가진 이른바 대장부의 모습을 어머니에게서 보았고, 그것은 임헌회의 여성관 형성에 큰 역할을 한 것 같다. 참고로 임헌회는 19세기 사상계를 이끈 인물로 여성과 관련된 글 50여 편을 남겼다. 이 가운데는 그 시대 일반적인 글쓰기의 하나인 열부전(烈婦傳)·열녀전(烈女傳)도 있고, 어머니와 아내의 행장과 제문이 포함되어 있다. 그가 주목되는 것은 하층 여성이나 첩과 서녀 등 이른바 주변인들의 삶에 공감하고 그들에 대한 글을 남겼다는 사실이다.[75] 신분의 차이에도 그들에 대한 애정과 연민을 진솔하게 표현한 것은 그 주제가 열(烈)과 충(忠)이라는 한계에도 불구하고 일정한 의미를 가지는 것이다.

임헌회는 반란의 주모자를 직접 응징한 용감한 여성 한산 이씨의 전기를 썼다. 〈여사한산이씨전(女士韓山李氏傳)〉은 무신년(1728, 영조4)의 반란자 중의 한 사람인 신천영(申天永, ?-1728)의 장모 이씨에 관한 이야기다. 이씨는 사위가 반란을 일으켜 스스로 병마절도사가 되어 부귀를 과시하러 장모인 자신을 배알하러 오자, 눈을 부릅뜨고 크게 꾸짖는다. "너는 역적이고 나는 사족 부녀다. 네가 어찌 감히 나에게 문안을 오느냐! 내가 너를 죽이지 못하면 내가 차라리 네 손에 죽겠다." 고함을 친 이씨는 단도를 들어 사위 신천영의 정수리를 향해 던졌다. 칼이 빗나가고 사위는 허겁지겁 도망을 치는데, 이씨는 뒤쫓아 가며 재차 공격했으나 성공하지는 못했다. 신천영은 결국 관군에 체포되어 죽임을 당하고 삼족(三族)을 멸하는 형벌을 받았으나 이씨 가의 사람들은 화를 면했다는 이야기다. 여기서 임헌회는 시골의 한 부인에 불과한 이씨가 정세 판단과 의리의 분변이 탁월했던 점을 높이 샀고, 또 사위를 사랑하는 세속 부녀들의 일반 정서와는 달리 정을 끊어내고 역적을 성토한 이씨에게서 여사(女士)의 풍모를 본다고 한다.[76]

유중교(1831-1893)가 소개하는 어머니도 대인의 면모를 갖춘 여성이다. 자신의 어머니에 대한 글 〈선비이유인유사(先妣李孺人遺事)〉에는 이런 내용이 있다.

> 병인년(1866, 고종3) 서양인이 소란을 피울 때에 나 중교는 선사(先師, 이항로)를 따라 성 안에 있었다. 산 속의 소식이 잘못 전해져 위급하고 다급한 말을 차마 들을 수 없었으나 부인(夫人)께서는 조금도 동요되지 않으셨다. 중교가 돌아와서 인사드릴 때에도, 걱정했었다는 말을 하지 않으셨다.[77]

유중교가 과거 공부를 그만두자 주변에서 어머니 마음에 아쉬움이 있을 것이라고 하자, 어머니 이씨는 "자식이 좋은 사람이 되지 못하는 것을 한스러워 할 뿐, 귀한 사람이 되지 못하는 것은 한스러워 하지 않는다."라고 한다. 또 유중교의 이름이 세간에 조금 나기 시작하자 주변에서 위로가 되겠다고 하자, 이씨는 "그 아이가 진실하게 행동하기만을 바랄 뿐, 헛된 명성은 바라지 않는다."고 한다. 어느 시대나 이씨처럼 인생을 큰 틀에서 보는 담대한 여성이 결코 적지는 않았겠지만, 유교적 여성관에서는 그런 여성을 전범(典範)으로 삼지 않았다. 유교 가부장제의 역사는 순종과 정절을 최고 가치로 세우고 그것으로 여성들을 길들여왔다고 해도 과언이 아니다.

성해응(1760-1839)은 양근[양평] 땅에서 존위(尊位)의 일을 하던 한 여성을 소개한다. 조선시대 향촌 자치 조직인 동계(洞契)에서 지방자치와 행정업무를 담당했던 직책으로 존위(尊位)·부존위(副尊位)·유사(有司)가 있었다. 존위는 마을의 연장자 중에서 추대하는데 특별한 사유가 없는 한 유임되었고, 부존위는 사족 규찰의 임무를, 유사는 상민(常民) 규찰과 재정 관리를 맡았는데, 이들의 임기는 각각 1년이다.[78] 성해응이 소개한 존위의 여성은 오봉 이호민(1553-1634)의 7대손 며느리로 후사 없이 나이든 과부로 살고 있었다. 존위는 오봉이 처음 만들며 소요되는 물자를 댔고, 적장자로 이어지다가 7대째에 이 여성이 맡게 된 것이다. 마을 사람들이 서로 다투는 상황이 되면 여종을 불러내어 여존위의 말을 전하여 처리하곤 했는데 매우 엄정했다. 마을의 위세 있는 사족이 이 일을 마음을 두었으나 감히 교대할 수가 없었다. 그런데 유득공이 양근 군수로 오면서 남성에게 존위 직을 맡기기 위해 여성 존위를 내쳤는데, 이를 염두에 두었는지 성해응은 "규중 여인들 중에도 재간(才幹)과 지략(智略)으로 뛰어난 자들이 매우 많았다."는 논평을 달았다. 세속의 편견을 우회적으로 비판한 것으로 보인다.[79]

이진상은 굳세고 과단성 있는 자질과 활달한 기량을 가진 작은 누님을 기억하는 제문을 썼다. 이진상이 묘사한 누님은 크게 사업을 일으키거나 문단에서 이름을 날려 향촌을 고무시킬 '남자여야 할' 사람이었다. 그런 누님이 자기 기상을 펼치지 못하고 규방에 갇혀 길쌈으로 인생을 보낸 것을 안타까워하는 내용이다.

> … 인생을 살다 보면 남자여야 하지만 도리어 여자인 사람도 있고 또 여자여야 마땅하지만 도리어 남자인 사람도 있습니다. 여자여야 하는데 남자가 된 경우는 비록 유약하고 할 수 있는 것이 없으나 찬찬하고 꼼꼼하여 오히려 허물이 없을 수 있고, 남자여야 하는데 여자가 된 경우는 굳건하게 가문을 지탱하며 엄하게 집안일을 처리하고 일을 과감하게 결정하며 사안을 분명하게 판단할 것입니다. … 누님은 굳세고 과단성이 있는 자질과 활달한 기량에 높고 밝은 식견과 민첩하고 빼어난 재주를 지녔습니다. 누님이 남자로 태어났다면 크게는 사업을 발휘하고 작게는 문단에서 활약하여 우리 집안의 앞날을 열어 향촌을 고무시킬 것입니다. 그런데 어찌하여 몸이 규방에 구애되어 길쌈하는 일에 매이게 되셨을까요? 몸이 마음을 따르지 않고 기질이 뜻을 좇지 않아서 꺾이고 답답한 일이 많으셨겠지만, 철부(哲婦)나 여사가 되는 데 모자람이 없었습니다….[80]

조선사회의 여성은 자신의 고유한 이름을 쓰지 못했다. 이름은 있었지만 그 이름은 출가 전 부모가 부르는 데 그쳤고, 결혼을 하게 되면 그 이름은 쓸모없게 되었다. 특히 양반가에서는 여자의 이름을 밝히는 것을 꺼려했다. 어느 집안 부인이라든가 누구의 아내라든가 누구의 어머니라든가

하는 방식으로 불릴 뿐이었다. 다음은 이름이 없다는 조선 여성의 문제를 논한 신문 사설에 실린 글이다.

> 오호라 우주 사이에 존재하는 삼라만물이 하나도 이름 없는 사물이 없다. 저 나는 것을 새라고 하지만 천만 종류가 그 이름이 같지 않으며, 저 달리는 것을 짐승이라고 하지만 천만 종류가 그 이름이 같지 않으며, 저 뛰어오르는 것을 물고기라 하지만 역시 천만 종류가 각각 그 이름이 있다. 꽃과 나무, 돌에 있어서도 각각 그 명칭이 역시 같지 않거늘 하물며 영(靈)이 있는 인류에게 어찌 정해진 이름이 없으리오? 남자는 물론이지만 여자를 말하면 대요(大堯)의 딸과 대순(大舜)의 처로서 아황(娥皇)과 여영(女英)의 이름이 있으며 공자의 모친에게 징재(徵在)라는 이름이 있었으니 이것은 여자에게도 이름이 있었던 충분한 증거가 된다.[81]

이에 의하면 동물이나 식물도 이름이 있는데, 사람으로서 이름이 없다는 것은 영혼을 가진 인간에 대한 예의가 아니다. 사실 역사 속 훌륭한 여성들은 이름을 가지고 있었음을 볼 때 이름이 없다는 것은 그 존재를 무시한 것으로 이해될 수 있다. 여자가 자신의 이름으로 불리지 않은 것은 유교의 영향이라기보다 조선사회가 만들어낸 습속임을 말하고 있다. 기존의 관행에 대해 비판적 거리를 두는 이러한 주장들이 나오면서 젠더 차별의 오래된 지식 체계인 남녀유별 또한 변화를 모색하게 된다. 1899년 10월 14일자《제국신문》은 남녀는 다르지만 분별[차별]이 있을 수 없다는 선언을 하기에 이른다.

하늘과 땅이 처음 나올 때 음양의 두 기운이 있어 만물을 생기게 하니 또한 각각 음양의 배필이 있는데, 사람이란 것은 만물 중에 제일 신령한 것이니 남녀는 비록 서로 다르나 어찌 분별이 있으리오.[82]

　개항기는 중인층도 지식을 정리 가공하여 담론을 산출하는 지식 생산자가 되었다. 이는 여성 서술에도 적용되는데, 가치의 혁명까지는 아니더라도 적어도 인간 존재에 대한 인식을 환기시켰다는 의미가 있다. 또한 이 시기는 현실 속의 여성을 서술하면서 여성에 대한 평가의 기준이 다변화되는 경향을 보인다. 다시 말해 여성을 규범적이고 원론적으로 서술하는 방식에서 현실 속에서 여성이 수행한 일을 중심으로 서술하는 경향이 강하다. 여성의 실제 모습을 서술하더라도 기준이 있게 마련인데, 적어도 유순(柔順)이나 순종(順從) 등의 기존 범주에 얽매어 있거나 기존 규범을 맹목적으로 묵수하는 형태는 아니다.

제3장

섹슈얼리티의 전통과 근대

1. 개항기 성 담론의 지형

1) 유교 성규범의 강화

여성의 성(性)에 대한 개항기의 시선은 다른 사안들과 마찬가지로 보수와 개혁이라는 두 가치가 얽힌 채 분명한 방향성은 보이지 않는다. 여성은 이제 가족으로부터 벗어나 그 자신을 찾아야 한다는 새로운 지식과 삼강오상(三綱五常)의 인륜적 질서를 밝히는 해와 달이 되라는 기존 이념이 여성의 성(性)을 거점으로 치열한 공방을 벌이는 형국이다. 이른바 지식계층 사람들의 성 담론은 한편에서는 중세의 여성 인식이 지속되면서 더욱 보수화되고, 다른 한편에서는 사회적 변동과 맞물려 근대적 여성관에 접근해 가는 이중적인 양상을 띤다.

남녀를 성(性)의 관점에서 보는 것은 하나의 시각일 수 있으나 유학은 과도한 측면이 없잖아 있다. 개항기 유학자들이 외부로부터의 위협을 체감하면서 가장 우려한 것이 바로 성색(性色)의 문제였다. 개항 직전까지 활동한 이항로(1792-1868)에 의하면 서양 문화는 무군무부(無君無父)를 근본으로 하고 통화(通貨)와 통색(通色)을 방법으로 삼는다.[1] 여기서 통화는 재물의 교역을 말하고 통색은 남녀의 교제를 말한다. 즉 서양문화의 유입으로 재물과 성색(性色)이 지배하게 될 상황을 염려하지 않을 수 없다는 것이다. 그의 충실한 문인 최익현(1833-1906) 역시 서양과 일본은 한 몸이라는 왜양일체(倭洋一體)를 주장하며 일본과의 통상은 있을 수 없다고 한다. 그는 통상 불가의 이유로 다섯 가지를 들고 있는데, 그 가운데 하나가 일본은 "재화(財貨)와 여색(女色)만 알 뿐 의리가 없는 금수"라는 항목이다.[2] 이렇듯 개항기 유학의 주요 흐름을 형성하고 있는 이들 학자들은 서양이든 일본이든 그들에게 문호를 개방하는 것은 '여자의 성'이 더럽혀질 위험이 있다는 생각이다. 여자의 몸과 여자의 성을 정절과 결부시켜 온 인식이 개항의 '위기'를 맞아 더 강화되는 현상으로 볼 수 있겠다.

전통 유교의 여성 담론에서 '음양의 일'이란 남녀 및 부부의 성적인 관계를 묘사하는 용어로 주로 사용된다. 예컨대 "부부는 음양 생생(生生)의 이치가 있어 인간의 즐거움 중에 부부보다 더 한 것이 없다."[3]거나 "부녀가 문 밖으로 나가는 것을 금하고 꺼리는 것은 자못 음양의 일을 의심한다."[4]라고 한다. 남녀의 성을 자연현상인 음과 양으로 유비시킨 것인데, 그만큼 성은 그 자체 자연적인 영역이라고 본 것이다. 개항기 관료 유학자 신기선(1851-1909)은 남녀가 음양으로 대립하고 음양으로 합하는 까닭에 그 관계가 모호할 뿐 아니라 분별을 유지하기가 쉽지 않다고 한다.

무릇 남자와 여자는 음과 양으로 대립하고 안과 밖으로 나뉘어 있다. 음양이 대립하면서 합하는 까닭에 혼란스럽기가 쉽고 안정되기는 쉽지 않다. 내외로 나뉘어 구별되는 까닭에 엄격해야하고 음란해서는 안 된다. 옛날 성왕께서 그 분별이 엄하지 않아 천하가 어지러워질 것을 걱정하여 혼인하는 법을 세워 부부의 윤리를 정하시고, 또한 예절과 법도를 제정하여 천하의 대원칙[大防]을 세우셨다. 이런 까닭에 부부가 아니면 자리를 같이 하지 않고 부녀와 모자와 남매와 숙질이 아니면 서로 물건을 주고받지 않으며, 복을 입는 가까운 사촌형제가 아니면 서로 쳐다보지 않는다고 한 것은 그 뜻이 매우 깊다.[5]

이에 의하면 음양의 일이란 자칫하다가 일어날 수 있는 '자연현상'으로 그 남녀가 어떤 관계이든지 아예 분리시키는 것이 방법이다. 같은 글에서 신기선은 "깨끗하고 더럽힘이 없는 부드럽고 온화한 기운이 가득한" 집안을 원한다면 내외를 철저히 가로 막아야 한다는 주장을 한다. 여기서 깨끗함이나 더럽힘은 성과 관련된 것이다. 깨끗함을 유지해야 할 사람은 말할 것도 없이 여자이다.

아이가 태어나서 8세가 되면 남자는 바깥채에 거처하고 여자는 밖으로 나가지 않는다. 사내종은 할 일 없이 중문 안으로 들어가지 않으며 만일 들어갈 일이 있어 들어가게 되면 부인은 피하여야 한다. 계집종은 이유 없이 감히 나가서는 안 되고 남자 주인은 계집종과 물건을 직접 주고받아서는 안된다. 깊숙한 곳에 안채를 두고 문단속을 단단히 하여 조석으로 경계하여야 한다. 안의 말이 밖에 들리지 않게 하고 밖의 말이 안에 들어오지 않게하며 부인은 밖을 엿보지 말 것이다. 안과 밖의 가로막힘이 초나라와 월나라처럼 아득하고 칼로 베듯 나뉘어 침범할 수 없는 것과 같게 된다면, 깨끗하여 아무것도 더럽힘이 없고 부드럽게 온화한 기운이 가득할 것이다.[6]

앞장에서도 살핀 바 신기선은 남녀유별(男女有別)의 젠더 규범을 성으로 대체하여 부모자녀 간에도 성의 렌즈를 투사한다. 그가 보기에 남녀란 기본적으로 성(性)이고 그 성에 질서를 부여하는 것이 윤리 도덕이다. 나아가 그 윤리는 성을 매개로 한 여섯 등급의 실천을 통해 구현된다고 본다. 그의 주장을 요약해서 해석하면 다음과 같다. 부부 윤리는 다름 아닌 성적 행동의 절제에 있고, 부모와 자녀의 윤리는 아버지와 딸, 어머니와 아들이 8세가 되면 신체적인 거리를 두는 데 있다. 예컨대 아버지는 딸에게, 어머니는 아들에게 "8세가 되면 가슴에 안아서는 안 되고 장성한 후에는 손을 잡지 않는다."는 것이다. 그리고 형제자매도 남녀를 구분하고, 숙질(叔姪)도 남녀를 엄격하게 구분하여 거리를 둔다. 사촌 사이, 종숙질 사이, 재종형제자매 사이, 형수와 시숙, 시부와 자부, 장모와 사위 등을 성적인 시선을 투사하여 "사이를 두고 앉고 다른 길로 다니며 중대한 일이 아니면 서로 이야기하지 않아야 한다."고 말한다.[7] 가족과 친족을 비롯한 모든 관계를 성적 시선으로 보고 있다. 부모 자녀의 관계에까지 성적인 '위험'을 우려하는 것은 오히려 그 정서적 관계를 왜곡하는 것은 아닐까. 서로 조심해야 한다는 원칙을 제시할 수는 있으나 세세하게 행위 유형을 제시하는 것은 지나치다고 할 수 있다. 무엇보다 성의 문제에서는 인간에 내재한 도덕성을 아예 인정하지 않은 것으로 보인다.

19세기 전기에 활동한 박윤묵(1771-1849)은 경전에서 제시한 남녀 내외의 공간적 분리가 일반 백성의 주거 공간에는 적용될 수 없다고 보고, 나름의 실천 전략을 내놓고 있다.

집을 지을 때 안과 밖을 구분하는 것은 옛날의 법이다. 그런데 백성들이 사는 집은 너무 좁아서 안과 밖을 구분할 수가 없다. 그럴 경우 남자가 방 안에 있으면 여자는 마루에 있고 남자가 마루에 있으면 여자가 방 안에 있으면 된다.[8]

남녀 및 내외의 공간을 분리하는 것이 남녀 사이의 불미스런 일을 미연에 방지하는 효과를 가진다는 전제를 가진 주장이다. 이로 볼 때 개항기에는 성 인식에서 형식과 이념에 매몰된 주장들이 유교의 한 흐름을 형성하고 있었던 것이다. 이러한 성 인식은 반세기 후에도 큰 변화 없이 유지되었다. 간재 전우(1841-1922)의 〈겁탈 당한 부녀〉라는 글을 보자.

계묘년(1903)에 공주 신전(薪田)에서 열린 강회에서 나는 "부녀자는 반드시 아래가 막힌 바지를 입어야 한다."고 했다. 당시에 남원 이씨 부인이 겁탈을 당해 바로 죽었다는 소식이 있었다. 나는 "이 여자가 입은 것이 만약 아래가 막힌 바지였다면 혹 겁탈을 면했을 것이다."라고 했다. 매우 처참하고 측은했다. 얼마 후 앉아있는 사람이 말하기를 "이 부인이 남편과 자식에게 말하기를 '내가 비록 마음은 다르지 않으나 몸이 이미 더럽혀졌으니 죽은 후 널을 함께 쓰지 말고 제사를 같이 지내지 마시오. 이와 같이 하면 의리가 맑고 예가 반듯해질 것이오'라고 하니 듣는 자들이 모두 그렇게 했다고 합니다."라고 했다. 내가 말하기를 "비록 이러한 말을 하지 않았더라도 그 시아버지와 남편이 마땅히 별실에 제사를 지냈을 것이다."라고 했다. 그 집안의 종손 또한 조상의 사당에 신주를 모시는 예식을 쓰는 것을 마땅하게 여기지 않았을 것이다. 예의를 갖춘 집안에서 논하는 것 또한 마땅히 이와 같을 따름이다.[9]

전우(1841-1922)는 피해자 여성이 겁탈을 피하지 못한 것을 조심성의 부족으로 여기는 반면에 가해자의 폭력성에 대해서는 전혀 언급이 없다. 여자 자신의 잘못으로 사고를 당했다는 시각이다. 그리고 겁탈 피해자 여성이 스스로 죽음을 선택한 것에 대해서 직접 언급은 없지만 당연하다는 인식이 깔려 있다. 그런 '오염된' 여자는 죽어서도 부부로서 정당한 대우를 받을 수 없다고 여긴다. 무엇보다 조선시대 법에도 부녀를 강간한 죄는 중죄인데, 전우의 사건 현장에는 가해자의 모습이 보이지 않는다. 전우는 간재학파의 종장으로 이이·김장생·송시열로 이어지는 주기론적인 학풍을 대표한다. 개항기의 서구 문물에 대응하는 그의 방식은 화서학파의 거의(擧義)나 한주학파의 파리장서 서명운동 등 적극적인 참여보다는 주로 자정수선(自靖守善)하는 태도로 일관했다. 외향적 행동보다는 내면적 수양을 중시하는 경향이었다.

전우는 19세에 요절한 장녀 전만정(1884-1902)의 행록을 썼다. 생전의 딸이 가졌던 '남녀수수불친(男女授受不親)'에 대한 생각을 소개하며 그녀가 얼마나 반듯한 아이였는가를 추억한다.

> 수업 중에 여러 생도들이 남녀가 친히 주고받을 수 없다는 것에 대해 논의하였다. 시아버지와 며느리, 시할아버지와 손자며느리에 관해서는 의심스러워 결정을 내리지 못했다. 내가 안으로 들어가서 물으니 어떤 이가 '이는 부모와 같으니 의심할 것 없습니다.'라고 했다. 곁에 있던 딸이 말하기를 '이 또한 친히 주고받지 않는 것이 가장 좋은 듯합니다.'라고 했다. 여러 생도들이 이것을 표준으로 삼아 바로 잡았다.[10]

이 일화를 볼 때, 모든 가족 관계를 남녀 성의 관점에서 본다는 것, 가족 도덕이란 성적인 개입을 미연에 방지하는 것, 그런 남녀 분리, 성적 분리 등이 교육의 주요 내용을 이루고 있음을 알 수 있다. 다시 말해 시계는 근대를 향해 가지만 전우의 생도들은 '남여수수불친'의 범위를 논하고 있는 것이다.

개항기 여성 교육서들도 유교 성 규범을 지키는 방법으로 남녀 공간의 분리나 대면의 규제를 주장한다. 노상직(1855-1931)은 『여사수지』(1889)에서 옛 사람의 지혜를 소개하는데, 성혼과 임헌회의 말을 인용한다. 즉 성혼(1535-1598)은 "자매의 남편이 그 자리에 있지 않으면 밤에 자매의 방에 들어가서 이야기 나누지 않는다."[11]고 한다. 임헌회(1811-1876)는 "옛날의 부녀자들은 가까운 친척을 만나면 문을 열고 말을 나누었는데 지금에는 가까이하는 것이 이미 심하게 되었다."[12]고 한다. 이것의 연장선상에서 역사 속의 구체적 사례를 계고편(稽古篇)에 실었는데, 이항복과 정구 집안의 여성들을 보자.

이항복의 어머니 최씨는 가법이 매우 엄격하여 그 오라비와 젊어서부터 같은 마을에 살았다. 늙어서는 더 자주 만나지만 시비들이 곁에 없으면 만나지 않았다. 일찍이 딸들에게 말하기를, 우리 집안 아들딸들이 매우 번성하지만 나이가 들면 예법을 알아 남매간이라도 절대로 희희낙락하며 서로 놀리고 스스로 체신 없이 굴며 않았다. 앉고 눕고 말하는 것에 분별이 있어야 한다고 가르쳤다.[13]

한강 정구(鄭逑) 선생이 집에서 내외법이 엄한지라 부인이 모상(母喪)을 당하여 선생이 비록 부인이라도 3년 안에 함께 거처하는 것이 마땅치 않으니 드디어 밖에 거처하며 결제(闋制)를 기다리더라. 또 비록 남매간이라도 한 자리에 앉지 못하게 하였다.[14]

이원긍(1849-?)은 20세기 초 『여자초학독본』(1908)에서 정(貞)과 열(烈)의 중요성을 강조한다. 즉 정(貞)과 열(烈)은 여성 자신의 정체성을 세울 기반이라는 것이다. "여자라면 먼저 자신의 기반을 확립하는 법을 배워야 한다. 그것은 정과 열뿐이다. 정이란 뜻이 한결같다는 것이고 열이란 행실이 온전하다는 것이다."[15] 『여자초학독본』은 8장 51과로 구성되어 있는데, 각 장은 〈명륜(明倫)〉, 〈입교(立敎)〉, 〈여행(女行)〉, 〈전심(專心)〉, 〈사부모(事父母)〉, 〈사부(事夫)〉, 〈사구고(事舅姑)〉, 〈화숙매(和叔妹)〉로, 주제부터가 새로운 시대와 역행하고 있다는 느낌이 든다. 더구나 초학의 여학생이 읽어야 할 교재라는 점에서 현실성이 없어 보인다. 그런데 저자는 여성교육의 필요성과 남성과의 평등사상을 고취하고 덕육 · 지육 · 체육의 긴요성을 강조하며, 여권신장과 교육평등을 편찬 의도로 표방하고 있다. 이처럼 책의 편찬의도와 내용상의 불일치를 보이는 것은 개화기 신교육운동의 특징이자 한계라고 할 수 있다. 여기서 넓은 의미의 성(性), 즉 성적 의미를 포함하는 외모나 태도를 기술한 것을 보자.

여자의 귀한 바는 그 마음이 하나의 전체로서 통일되는 데 있다. 용모를 단정히 하여 귀로는 엿듣지 말고 눈으로는 엿보지 말며 나들이할 때 지나치게 치장하지 말고 들어와서는 너무 꾸미지 않아서는 안 된다. 무리를 지어 모여서 다른 사람을 손가락질하거나 비웃고 떠들지 말고 동네방네 다니면서 쓸데없이 시시비비를 따지지 말 것이다. 다닐 때 머리를 두리번거리지 말고, 말할 때 입술을 내밀지 말고 앉을 때 무릎을 움직이지 말고 설 때 치마 만지지 말고 기뻐도 크게 웃지 말고 성이 나도 소리를 지르지 말 것이다. 이것들은 모두 천하고 가벼운 여자들이 하는 행동이니 조심해서 어기지 말도록 해야 한다.[16]

전심(專心), 즉 '마음을 쓰다'라는 항복에서 용모와 태도의 문제를 다루고 있다. 예절 교육이라는 이름하에 어린 여자들의 일거수일투족을 단속하려는 것이다. 시청언동(視聽言動)에 대한 관리와 단속을 통해 '여자다움'을 익히게 하는 것은 전통 여훈서의 주요 항목이다. 이 전통이 근대초기 교육서에 그대로 나오고 있다. 『여자초학독본』의 〈마음닦기(修心)〉와 〈몸닦기(修身)〉는 심신의 수양을 성(sexuality)과 결부시켜 펼치고 있다.

마음은 머리나 얼굴과 같다. 머리는 꾸미지 않으면 헝클어지고 얼굴은 씻지 않으면 더러워진다. 마음 또한 날마다 닦지 않으면 약해진다. 거울을 보면서 얼굴을 씻을 때 그 마음도 깨끗해지기를 생각할 것, 얼굴에 분을 바를 때도 그 마음이 화평해지기를 생각하며, 머리에 기름을 바를 때도 그 마음이 윤택해지기를 생각하며, 머리를 빗을 때도 그 마음이 다스리기를 생각하며, 땋은 머리 바로 잡을 때도 그 마음 바르기를 생각할 것이며, 머리카락을 살짝 뽑을 때도 그 마음에서 더러운 것을 물리치고 정돈하기를 생각할 것이다.[17]

하루 세 번 목욕하는 것이 몸을 닦는 길이 아니오 오색비단으로 좋은 옷을 해 입는 것이 몸을 닦는 길이 아니다. 몸을 닦는 길은 덕을 힘쓰며 말을 삼가며 얼굴을 닦으며 여자로서 일을 부지런히 하는 것이니 이 네 가지 중에서 하나라도 빠지면 여자로서의 행실이 제대로 갖추어지지 못한 것이다. 여자로서의 행실을 갖추고자 한다면 마땅히 몸부터 닦을 것이고 몸을 닦고자 하거든 마땅히 마음부터 온전해야 한다.[18]

한편 성적(性的)인 이미지나 성(性) 관련 태도에 대한 개항기의 담론이 기존의 성규범을 더 강화시키는 경향을 보이는 것에 대한 반작용으로 과도한 성규범을 견제하려는 일련의 흐름이 형성된다. 성(sexuality)에 관한 담론이 활성화되는 가운데 성에 대한 새로운 정보가 소개되면서 유교적 성 규범이 절대적인 것이 아니라 특정한 성문화의 하나로 인식하게 되었다.

2) 성 인식의 변화

19세기 전반, 조선후기에는 유학적 소양을 지닌 학자들의 유서(類書)가 나오는데, 여기서 성(性)은 과학적 담론이나 이야깃거리의 소재가 된다. 즉 도덕적이고 규범적인 틀에서 벗어나 성의 중요한 목적이자 기능인 욕망과 쾌락의 시각을 제공하는 것이다. 유서는 기존의 여러 전적들을 대상으로 일정한 주제에 따라 내용을 선별하고 분류 편집한 백과전서라는 점에서 사안이나 사물을 다양한 관점에서 보게 하는 측면이 있다. 이규경(1788~1863)이 저술한 조선후기 대표적인 유서 『오주연문장전산고』의 「성행(性行)」편은 여성이 음란해지는 동기 여덟 가지를 들고 있다.

> 사람이 음일(淫泆)을 범하는 데는 동기가 있는데 여덟 가지 정도가 된다. 과년(過年)한 처녀(處女)일 경우, 청춘(靑春)에 과부가 되었을 경우, 남편은 어리고 여자는 한창 때일 경우, 여자는 한창 때인데 남편이 늙은 경우, 기첩(妓妾)으로서 오랫동안 남편과 동침을 못했을 경우, 남녀가 서로 가까이 지내는 경우, 친척끼리 서로 섞여 노닐 경우, 음란한 여자가 집안에 출입하는 경우가 모두 그 동기이다.[19]

성 충동을 일으키는 요인이나 상황을 제시한 이 글은 음란과 여성을 연결시키고 있는 점에서 기존 성 규범의 연장선상에 있다. 그런데 의도한 것인지는 모르지만 여성을 성적 욕망을 가진 존재로 승인하면서 여성을 성적 주체로 보도록 한다. 또 이규경은 성적 일탈을 조롱하는 용어나 일화를 소개하는데, 돼지와 거북을 통해 규범을 파괴한 성행위에 관한 이야기를 전해준다. 즉 〈기가와 오구에 대한 변증설(寄豭烏龜辨證說)〉은 인간성의 다양한 측면을 보여주는 효과가 있다. 기가(寄豭)는 수퇘지를 다른 집에 빌려주어 종자(種子)를 삼게 한다는 뜻으로, 『춘추좌전』에서 남의 부인과 음행한 남자를 이르는 말로 쓰였다. 오구(烏龜)는 부정한 아내를 둔 남편을 가리키는데 즉 거북의 수놈은 교미를 하지 못해 암컷이 뱀과 교미하도록 내버려두는 데서 파생한 용어라고 한다. 그 외에 성적 일탈을 의미하는 용어로 새와 교미하는 보조(鴇鳥)라든가 아무 고기와 교미하는 갈어(鰨魚) 등을 소개한다. 또 〈음양의 두 신체에 대한 변증설(陰陽二體辨證說)〉에서는 남녀 경계에 있는 성이나 양성(兩性)을 가진 인간에 대한 기존 문헌의 주장을 소개한다.

역요(易妖)에서 말하기를, 남자와 여자를 한 몸에 갖춘 사람이 있는데, 이것은 남녀의 기(氣)가 난삽하여 요상한 형체를 이루게 된 것이다. 인요(人妖)라고 하는데, 난(亂)할 징조이다. 『저씨유서(褚氏遺書)』에서 말하기를, 남자도 아니고 여자도 아닌 사람이 생겨나는 것은 정(精)과 혈(血)이 분산(分散)되어 그런 것이다.[20]

양성인(兩性人)을 이규경은 '천지의 부정한 기운이 모인 사람'이라는 기존 해석을 그대로 인용한다. 양성인의 예로 세종대의 사방지(舍方知)를 들고 있는데, 김종직의 『점필재집(佔畢齋集)』과 서거정의 『필원잡기(筆苑雜記)』에 실린 것을 그대로 인용하였다. 성욕이나 성행위 등 성을 소재로 한 구체적인 표현은 정통 유학에서는 언급하기 꺼려하는 부분이다. 그런데 야사나 야담의 소재로는 이보다 더한 흥밋거리가 없을 것이다. 근대로 향해 갈수록 유교 내부에서도 성에 대한 관심을 표출하고 있는 것이다.

개항 직전까지 활동한 19세기의 학자 최한기(1803-1877)는 성(sexuality)을 사회문화적인 문제로 접근하는데, 유교의 지식 배경에서는 시도된 적이 없었던 주제다. 그는 당연시된 남성의 성 본능을 부정하는데, 성욕이나 성적 태도는 모두 문화적으로 구성된 것으로 보았다. 〈색정을 보고 듣다〉라는 글에서 이렇게 말한다.

어릴 적부터 장성할 때까지 예쁜 여자를 보고 색에 대한 이야기를 들었기 때문에 여색이 나의 신기(神氣)에 감염이 되고 정액에 감응이 되어, 혹 고요할 때에 정욕이 발동하기도 하고 혹은 눈으로 보거나 귀로 듣게 되어 감정이 이는 것이다. 전일(前日)에 보고 들어 감염된 것은 생각지 않고 다만 바로 지금 정욕이 일어난 줄로만 알고, 사람이 색을 좋아하는 것은 배우지 않고도 할 수 있고 노력하지 않고도 될 수 있는 것으로 여긴다. 그러나 사실은 그렇지 않다. 가령 어떤 사람이 깊은 산골에 은거하여 여자의 모습을 본 적도 여체(女體)의 신비에 대하여 이야기 들은 적도 없다면 그 사람에게 비록 강한 양기(陽氣)가 있다 하더라도 이는 어린이에 불과하다. 그러므로 만약 창졸간에 여자를 만나면 반드시 당황하고 이상히 여겨 마치 더벅머리 촌아이가 까까머리 중[僧]을 처음 만난 것 같을 터인데, 어느 겨를에 그 여자를 좋아할 생각이 있겠는가.[21]

이에 의하면 성적인 감정과 양식은 자신의 의지와 관련되고, 또 문화적 훈련에 의해 제어될 수 있는 것이다. 이것은 성 본능을 당연시하는 본질주의적 입장과는 다르다. 하지만 그 역시 남성의 성욕을 규명하는 데 관심을 둘 뿐 여성의 성은 여전히 대상으로 남겨 두었다. 즉 여성의 성은 그것이 본능의 형태든 문화적인 형태든 존재하지 않는 것으로 여기고 있다. 그럼에도 불구하고 성을 문화적 구성물로 본 최한기의 성론(性論)은 개항기라는 시대 상황에서는 매우 의미가 크다. 이어서 그는 성행위, 즉 색정(色情)에 대해 이렇게 설명한다.

남녀의 색정은 절로 은근히 발하는 간절함과 남몰래 통하는 기색이 있는 것이므로, 단둘이 속삭인 말을 많은 사람들에게 전파하려 하지 않고, 교접(交接)은 항상 조용한 곳에서 둘이서만 하고자 하는 것이다. 그러나 이렇게 하는 것은 오직 예의에 구애(拘礙)되어 더럽게 여기는 비방(誹謗)을 피하려는 것일 뿐만 아니라, 애틋한 마음으로 교구(交媾)할 때에 정신이 흩어지는 것을 좋아하지 않고, 또 정기(精氣)를 주고받을 때에는 한결같이 여기에만 정신을 쏟아야 부부의 혈기가 융합(融合)·관통(貫通)하여 풀무질하는 조화가 시종(始終)의 조리가 있어 거의 잉태하는 데에 해가 없기 때문이다.[22]

최한기에 의하면 성이란 남들의 비방을 피하고자 은밀하고 비밀스럽게 행위하지만 그것은 잉태를 위한 '거룩한' 행위라는 해석이다. 성을 자식 생산의 도구로 보고 있다는 점에서 전통 유교의 연장선상에 있지만 성을 남녀 관계에서 '은근히 발하는 간절함과 남몰래 통하는 기색'이라 하여 성애적 기능을 부각한 것은 새로운 해석이다. 하지만 성욕의 목적은 산육(産育)에 있다는 말에서 보듯 그 역시 유교의 전통적인 성 인식에서 크게 벗어나지는 않는다. 그는 말한다; "식욕(食欲)의 한계는 배를 채우는 것으로 준적을 삼고, 색욕(色慾)의 한계는 산육으로 준적을 삼는 것이기 때문에, 준적에 미치지 못하면 변통하여 보충하고 준적에 지나치면 억제하여 줄이는 것이라. 식색(食色)의 한계는 멈춰야 할 적당한 선(線)이 있다."[23]

1887년,《한성주보》는 「해외기담」난을 통해 성(sexuality)과 관련된 파격적인 내용의 글을 실었다. 당시 신문은 단순히 뉴스를 전달하는 임무보다 문화를 이끌어가는 중요한 세력으로서 사실을 보도한다는 의미보다 대중들의 상상력을 장악하는 것에 의미를 두었던 것 같다. 따라서 '믿거나 말거나'의 방식의 흥미로운 이야기들이 일정한 지면을 차지했다. 신문은 어떤 사람이 바다에 표류하다가 도화굴(桃花窟)이라는 곳에 닿게 되어 그곳에서 본 것을 전해주는 형식을 취하고 있다. 여기서 도화굴이란 무릉도원과 같은 상상의 공간인 셈이다.

(그곳은) 남녀가 겨울이나 여름이나 하체에는 옷을 입지 않고 있었다. 그래서 그곳의 풍속은 상사병이나 폐결핵이 없었다. 화생(化生)을 넓히는 것으로 다스리기 때문에 여자들은 남자들과 모두 마음대로 즐길 수 있다. 남녀가 같이 섞여 있어도 늘 여자가 먼저 남자를 유인하였고 남자가 먼저 여자를 유인하는 일은 없었다. 그 섬의 관장(官長)은 해마다 법령을 반포할 적에 여자가 남자의 요구를 거절하는 것을 큰 경계로 삼았다. 그리고 사람들 왕래가 빈번한 대로에 크게 효유문(曉諭文)을 발표한다. 그 내용은 다음과 같다; "교접(交接)의 거절을 엄금함으로써 화생(化生)을 넓히고, 남녀의 원망을 해결시키고자 하는 바이다. 음양(陰陽)의 조구(照媾)는 본디 사도(斯道)의 대원(大原)이요 남녀의 정교(情交)는 또한 생산을 위한 평범한 행위이다. 하나는 베풀고 하나는 받는 것이니, 따라서 시비를 논할 것이 없다. 스스로 사랑하고 스스로 아끼는 것인데 무엇 때문에 형벌로 위협할 필요가 있겠는가…".[24]

자신의 성을 억압하는 자에게 법적인 제재를 가한다는 이야기는 성적 취향이나 성적 행위 등을 관리하는 제도와 이념으로 둘러싸인 조선의 독자들에게 그야말로 기괴스러울 뿐이다. 하지만 정절을 강요하는 유교 문화의 사람들에게 '정절을 버릴 것'을 강요하는 '도화굴' 사람들의 이야기는 독자들로 하여금 새로운 상상을 가능하게 했을 것이다.

신문의 이어지는 내용은 남녀 혼욕(混浴)을 자연스럽게 여기는 일본 풍속을 한 외국인이 괴이하게 여기자 이에 일본 사람은 이것이야말로 유학 사상의 본질을 잘 구현한 것으로 설명한다. 일본인이 말한다; "아름다운 풍속은 방중(房中)에서 일어난다. 그래서 『시경(詩經)』 주남(周南)의 첫머리를 관저장(關雎章)으로 삼은 것이다. 이것이 사실은 왕화(王化)의 시작이다."(「해외기담」) 일본인의 설명을 보완하면 『시경』의 첫 수(首) '관저'는 남녀가 만나 서로의 호감을 표현하고 그리워하고 사랑하다가 혼인으로 이어진다는 내용인데, 이는 유학이 남녀의 사랑과 성 그리고 혼인을 왕정(王政)의 관건으로 보았다는 것이다. 따라서 남녀는 분리시키기보다 만나게 하여 정을 나누도록 여건을 만들어주는 것, 남녀가 함께 목욕하는 문화를 이런 맥락에서 해석한 것으로 보인다. 또 말한다; "생각건대 천지는 하나의 큰 이불과 같은 것으로 너니 나니 하는 구분이 원래 없는 것이다. 그런데 어찌 부부가 눈썹을 나란히 하고 원앙새처럼 인연을 맺은 뒤라야 치마저고리를 벗고 그 살결을 드러내야 하겠는가."(「해외기담」)

「해외기담」의 필자는 성이란 감추고 막을수록 더 욕망을 키운다고 보았다. 즉 "욕정은 억제할수록 더욱 방종해지고, 여자는 거부할수록 더욱 다정해 보이는 것이므로, (억제와 거부는) 죄악을 만드는 원인이고 송사(訟事)의 시발점이다."라고 한다. 다만 '여자의 거부가 남성의 욕망을 더 자극한다.'는 식의 생각에는 욕망의 주체를 남성으로 욕망의 대상은 여성으로 보았다는 점에서 일정한 한계가 있다.

한편 여자의 바깥출입을 막아 온 사상적 전통을 '음양의 일' 즉 성의 문제로 본 논설이 눈에 띈다. 유교 경전 『예기(禮記)』에서는 밖은 남자의 영역으로, 안은 여자의 영역으로 정해 놓고 서로의 출입을 제한한다.[25] 『주역』에서는 남자는 밖에 위치하고 여자는 안에 위치하는데, 남녀의 위치를 바르게 하는 것이 곧 '우주의 큰 뜻'(天地之大義)이라고 한다.[26] 그런데 《황성신문》(1898.11.03)의 논설은 남녀내외(男女內外) 분리를 주로 하는 전통 규범이나 풍속을 비판적으로 보도록 한다. 즉 남녀를 안과 밖으로 분리시킨 이유가 무엇인지, 남녀를 분리시킬 수밖에 없었던 이유는 또 무엇인지에 대한 나름의 분석이다.

> 우리나라 사람들이 부녀가 문밖으로 나가는 것을 금하고 꺼리는 것은 자못 음양의 일을 의심함이니 이것은 남녀가 학문이 모두 없어서 마음이 거짓되고 지혜가 없는 까닭이다. 만일 남녀가 다 실학(實學)이 있으면 마음이 참되고 지혜가 밝아져 남자는 망령되이 의심하지 않을 것이고 여자는 악한 행실을 부끄러워할 것이니 이와 같으면 여자가 바깥으로 나가는 것을 어떤 연유로 꺼리고 의심할 것인가?[27]

논설에 의하면 부녀의 외출 제한은 성적인 문제를 염려한 것에서 나왔고, 이는 남녀 모두 지식과 지혜가 얕아 생긴 것이다. 그러므로 남녀 모두 각자 스스로 주인이 되는 삶을 찾아야 한다는 것이다. 신문의 논설란에 음행이나 성 문란 등의 성적 행위를 양성 평등적 시각에서 보아야 한다는 주장이 나오기도 한다. 《독립신문》은 성적 태도와 행실의 측면에서 조선의 남녀를 비교할 때 남자의 음행이 여자보다 훨씬 심하다고 한다. "무식한 사나이들이 풍속 만들기를 저희는 음행하며 장가든 후 첩을 두어도 부끄럼이 없고 자기 아내는 음행이 있거나 간부(奸夫)가 있으면 대번에 알게 되니 그런 고르지 못한 일이 어찌 있으리오." 그리고 남자가 첩을 두든가 음행을 하면 여자를 다스리는 법률로 동일하게 적용할 것을 주장한다.(《독립신문》,「논설」, 1896.04.21.)

성 인식의 변화라는 측면에서 볼 때 개항기는 여성의 성을 제도와 이념으로 관리해 온 역사를 비판하는 입장에 있다. 하지만 기생이나 첩을 성

일탈적 존재로 규정하며 '양반 여성'들과 분리시켜야 한다는 등의 주장을 한다. 《제국신문》(1898)은 말한다; "근자에 우리나라에 부인회도 생기고 여학교도 설립할 터인데, 그 규칙이 어떻게 마련되는지는 모르나 만일 첩이나 천기명색(賤妓名色)을 가리지 않고 함께 참여시킬 것이면 양반가 부인네가 함께 하려 하지 않을 것이다."[28] 기생을 요청하고 첩을 승인한 기존의 문화적 제도적 문제를 비판하기보다 지금의 현상만을 보고 주장을 펼치고 있는 것이다.

2. 개가 담론으로 본 여성의 성(性)

1) 개가 금지의 원리와 역사

개항기 성담론에서 논쟁의 중심이 된 것은 과부 개가(改嫁)의 문제와 열녀 담론이라고 할 수 있다. 이 둘은 유교 사회 여성의 행위를 규정하고 평가하는 핵심 개념으로 정치사회적인 함의를 갖는 것이지만, 무엇보다 중요한 것은 성(性)의 문제이다. 개가와 관련하여 정절과 실행(失行)이 담론화되었고, 열녀를 통해 절개와 의리, 충신과 역적을 논하곤 했다. 둘 다 국가 및 남성 지식인들이 주도했는데, 여기에는 조선의 지배 이념과 맞물린 젠더 권력관계가 투사되어 있다. "충신은 두 임금을 섬기지 않고 열녀는 두 남편을 섬기지 않는 것이 동일한 의리인데, 우리나라에서는 무슨 까닭으로 두 임금 못 섬기게 하는 법은 세우지 않고 두 남편 못 섬기게 하는 법만 엄하게 했는가?"[29] 송시열의 지적처럼 여자의 개가를 금지하면서 남자의 재취는 당연시되었고, 남자를 위해 죽는 열녀는 많아도 임금을 위해 죽는 충신은 찾아볼 수 없었다. 이 절에서는 개가 담론에 깃든 개항기 성 담론의 성격에 주목하여 그 의미를 밝혀 보고자 한다.

여성의 재혼을 규제하는 법은 1485년(성종 16)에 반포된 『경국대전』에 실려 있다. 개항기에서 400년 전에 '재가녀자손금고법', 즉 '재가한 여자의 자손은 과거 응시를 불허한다.'는 법이 마련된 것이다. 이 조항은 조선의 마지막 법전 『대전회통』에 큰 변화 없이 그대로 승계되었다. 1865년(고종 2)에 편찬된 『대전회통』은 "실행한 부녀자 및 개가한 여자의 소생은 동반 (東班)·서반(西班) 직에 임명되지 못하되, 증손 대에 가면 이상 열거한 이외의 관직에는 임용될 수 있다."[30]라고 한다. 『경국대전』의 '개가법'과 차이가 있다면 증손 대에 가면 부분적으로 허용한다는 것일 뿐 개가 제한의 법은 400년 이상 유지되어 온 셈이다. 여자의 재혼을 개가(改嫁)라고 하는데, '시집가다'는 용어 가(嫁)와 결합하여 '다시 시집가다'는 뜻이 된다.[31] 혼인 회수와 관련하여 재혼이 남녀 공용의 언어라면 재가(再嫁)·개가(改嫁)·삼가(三嫁)는 여성의 입장을, 재취(再娶)·삼취(三娶) 등은 남성의 입장을 반영한 용어이다.

그러면 여자의 재혼은 왜 규제를 받는가. 남성의 재혼은 당연하게 여길 뿐 아니라 오히려 권장하면서 여성 재혼에 대해서는 규제에 그치지 않고 악덕(惡德)으로 여기는 것은 왜일까. 여성 재혼 규제의 역사는 유교사상 형성기인 중국 고대 경전의 시대까지 거슬러 올라간다. 유교 경전 『예기』에는 이렇게 말하고 있다.

신(信)이란 사람을 섬기는 것이다. 신(信)은 부인의 덕(德)이다. 그래서 한번 혼인하면 죽을 때까지 바꿀 수 없다. 남편이 죽더라도 다른 데로 시집갈수 없다.[32]

여자는 왜 개가, 즉 다시 혼인할 수 없는가. 남편을 섬기는 것, 즉 신(信)이 있어야 하고, 남편을 배신하면 안 된다는 것이다. 믿음[信]이란 몸과 정신 모두를 만족시켜야 한다. 남편이 죽고 없더라도 다른 사람과 재혼하지 않는 것은 정신적인 신의를 지키기 위한 것이다. 몸과 정신 어느 한쪽이라도 지켜지지 않은 것은 실절(失節) 곧 절개를 잃었다고 하는 것이다. 다시 말해 개가는 정절이 없다는 의미의 실절과 동일시된다.

그런데 『경국대전』의 개가법은 개가한 여성 당사자가 아닌 그녀의 자손에게 책임을 지우는 방식이다. 여기에는 개가한 여자, 즉 절개가 없는 여자는 그 낳은 자식도 지조가 없을 것이라는 전제가 들어 있다. 개가한 여자의 아들은 언제든 임금을 배신할 수 있다는 것이다. 충신과 열녀가 하나의 짝이 된 형태는 기원전의 고대 중국에서 통용되었다. "충신은 두 임금을 모시지 않고(忠臣不事二君), 열녀는 두 남편을 갈지 않는다(烈女不更二夫)."(『사기』) 나아가 『경국대전』은 충신과 열녀의 연관을 '재가녀자손금고법'으로 제도화한 것이다. 다시 말해 신하의 충성을 담보해 내는 방법으로 부인의 정절을 정치화하고 제도화하였다. 부계 혈통으로 구성된 가족을 사회통합의 주요 관건으로 삼았던 유교적 질서 개념은 개가를 막는 것은 물론 혐오하여 악덕으로 규정하기까지 했다.

한편 개가 규제의 법은 이성적이고 합리적인 설계와 과정을 거친 결과라기보다 제정에 참여한 각자가 자신의 한정된 지식으로 중구난방으로 논의한 결과이다. 1477년(성종 8) 국왕의 조정에서 부녀 재혼 금지법 제정에 관한 논의를 하는데, 『경국대전』에 '재가금지'라는 새 조항을 넣기 위한 것이었다.[33] 그것은 『예기』 등 고대 유교 경전의 말을 제도로 구체화하는 것이었고 성리학적 질서를 제도화하려는 성종조의 시대정신과 맞아떨

어진 것이다. 당시 법에는 남편의 지위에 따라 부인이 받던 작위를 개가한 부인은 받을 수 없고 이미 받은 경우는 뺏는다고 명시되어 있다.[34] 「이전(吏典)・외명부(外命婦)」에 실린 이 법은 남편의 신분에 따른 지위와 특혜를 개가한 여자에게는 주지 않음으로써 개가 당사자의 권리를 제한한 것이다. 그런데 기존의 규제를 더 심화시켜 부녀 개가 자체를 금지하려는 것이 바로 성종 8년의 논의이다. 당시 참여한 관료는 총 46명이었는데, 그들의 주장을 유형으로 분류하면 법제정 반대, 법제정 찬성, 법제정 조건부 찬성이라는 크게 세 가지였다. 법제정 반대를 표명한 신하는 전체의 절반 가까이 되었는데, 그들은 생존의 문제가 걸린 과부에게 정절을 요구하는 것은 현실적이지 않다는 것이다.

> 양가(良家)의 여자가 나이 젊어서 남편을 잃고, 죽기를 맹서하여 수절한다면 바람직하지만, 간혹 기한으로 부득이 뜻을 빼앗기는 자가 있을 것입니다. 만약 법을 세워 금절하고 범(犯)한 자를 죄로 다스려 그 파장이 자손에게 미치게 되면, 도리어 풍교를 더럽힐 뿐 아니라 잃는 것이 적지 않을 것이니, 삼가녀(三嫁女) 외에는 논하지 않는 것이 어떻겠습니까?[35]

법 제정을 반대하는 사람들은 도덕이나 이념보다 과부가 처한 생존의 환경을 더 고려해야 한다는 입장이었다. 한편 과부재가를 금지하는 법 제정 반대의 대척점에는 전체 참여자의 8.7퍼센트에 해당하는 4명의 찬성론자가 있었다. 그들은 개가 금지법을 제정하여 개가 당사자를 논죄하는 것은 물론 그 자손의 벼슬길도 차단해야 한다는 주장을 한다. "금후로는 재가를 예외 없이 모두 금하고, 만일 금령을 무릅쓰고 재가한 자가 있으면 실행한 것으로 치죄하며, 그 자손 또한 입사(入仕)를 허락하지 않음으로써 절의를 권장하는 것이 좋겠습니다." 이들은 송대 성리학자의 말을 인용하며 자신의 주장을 강화한다. 즉 "개가는 후에 춥고 배고픈 상황을 위한 것일 뿐이다. 그렇지만 절개를 잃는 것은 지극히 큰일이고 굶어 죽는 것은 지극히 작은 일이다."라고 한 정이(程頤)의 말과 "절개를 잃은 사람을 배우자로 삼은 사람은 그 또한 절의를 잃는 것이다."고 한 장재(張載)의 말을 근거로 들었다.

부녀 개가의 문제는 다수의 반대에도 무릅쓰고 국왕 성종의 뜻대로 '개가녀자손금고법'으로 제정되었고, 8년 후인 1485년 『경국대전』에 실렸다. 그 제정의 논리는 "부인은 한 번 혼인하면 다시는 혼인하지 않는 것이 예(禮)"라는 원칙론이었다.[36] 다시 말해 성종대의 재가법은 재가 그 자체를 금지하기보다 재가자의 자손을 관직에서 배제하는 것이다. 즉 재가자 당사자는 논죄의 대상이 되지 않을 뿐 아니라 재가녀에게 자손이 없거나 자손이 있더라도 벼슬할 의지나 자격이 없다면 논리적으로는 문제가 되지 않는다. 하지만 재가법을 어긴 자들에 대한 논죄는 '자손금고'뿐 아니라 재가 당사자나 재가 혼인을 주관한 가부장이 포함되었다.

예상된 일이긴 하지만 개가 규제법의 시행은 많은 사회적 문제를 야기하였는데, 20년이 지나자 개정 여부를 논의하게 되었다. 이 논의는 1497년(연산 3) 단성훈도 송헌동(宋獻仝)의 상소에서 촉발된 것인데, 개가 금지는 인정(人情)에 어긋난다는 주장이었다.

상부(孀婦) 개가를 금지하는 것은 절의를 존숭하고 예의를 숭상하자는 데 뜻이 있습니다. 그러나 음식과 남녀는 사람의 기본 욕구이므로, 남자는 생

겨나기로 장가가기를 원하고 여자는 생겨나기로 시집가기를 원합니다. 이
것은 생(生)이 있는 처음부터 인정의 고유한 바이니, 그만두게 할 수 없는
것입니다. … 청컨대 부녀의 나이 30세 이하로 자녀 없이 과부가 된 자는
모두 개가를 허락하여 그 뜻한바 삶을 이루도록 하소서.

- 『연산군일기』 3년(1497) 12월 己卯

이에 의하면 개가 규제법은 음식 남녀가 인간의 기본 욕망이라는 유교
경전을 정면으로 부정한 것이다. 남녀가 함께 사는 것은 인간 본연의 욕구
로 생물학적인 충분한 이유가 있음을 강조하고 있다. 하지만 개가법 개정
반대론자들은 규제를 없애면 개가를 권장하게 되어 온 나라가 의리와 절
개를 상실한 금수의 세상이 될 것이라고 했다. 이에 대해 개정론자들은 실
절(失節)과 개가는 다른 문제라고 하면서 개가를 허용해야 할 가장 큰 이유
는 절의를 보조하기 위해서라는 논리를 편다. 즉 개가 금지의 목적이 절의
를 기르는 데 있다면, 과부로 남아 있는 것이야말로 절의를 훼손할 가능성
을 열어 놓는 것이라고 한다. 이에 대해 개가법 존속을 주장하는 사람들은
"담장을 넘은 자에게 위협을 당하여 실절하게 된다면 이는 하나의 음부(淫
婦)에 불과하니 통렬하게 법으로 다스려야 한다."라고 주장한다. 개가법을
둘러싼 15세기의 두 논쟁은 개가를 정절 문제와 결부시키며 여자의 성(性)
을 가족과 국가의 관리 하에 두는 본격적인 역사를 열게 되었다.
　숙종조의 『수교집록(受敎輯錄)』에는 "적모(嫡母)나 계모가 타인에게 개
가하거나 다른 사내와 은밀하게 간통했으면 고소해야 한다."고 했다. 즉
생물학적 어머니[親母]가 아닌 그 외 어머니[異母]는 첩자(妾子)나 의자(義
子)에 의해 고소될 수도 있다는 말이다. 특히 주목되는 것은 개가를 간통

이라는 '성범죄'와 동일시하고 있는 점이다.

이로부터 4세기가 지난 19세기 중반, 조정에서는 여자의 개가와 실절을 여전히 동일하게 취급하며 논의를 이어간다. 고종이 "영녀(令女)가 개가 권유를 듣고 머리를 자르고 귀를 자른 것은 탁월한 절개를 보인 것"이라고 하자 하자 좌의정 김병국은 "여자의 정렬(貞烈)은 신의(信義)에서 나오는데, 한번 시집간 여자가 종신토록 개가하지 않는 것을 신(信)이라 하고, 처음 시집간 사람을 지아비로 따르는 것이 의(義)"라고 한다.[37] 개가법 제정 후 400년이 지나도록 개가와 정절이 하나의 짝으로 여전히 당연시되고 있었음을 볼 수 있다. 이로부터 다시 30여 년 후인 1894년 갑오개혁에서 부녀의 개가가 법적으로 허용되었다. 개가가 제도와 법의 이름으로 금지 혹은 규제된 지 420년 만이다.

가부장제 가족에서 남자의 재혼은 대개 가계를 계승할 계후자(繼後子)를 얻는 것과 노부모의 봉양을 명분으로 내건다. 어린 자식들을 두고 아내가 죽었을 경우 그 아이들의 양육과 교육을 명분으로 재혼의 정당성이 주장되기도 한다. 그런데 이러한 이유가 없는 나이 든 남자들도 재혼을 당연하게 여긴 것은 명분으로 설명되지 않는 것이다. 이는 현실적인 생계 문제라는 확실한 명분이 있는 여자들의 재혼을 금지한 것과 비교된다. 여기서 여자의 재혼 즉 개가 문제의 핵심은 아내의 성적(性的) 성실성, 즉 정절임을 알 수 있다. 여자가 개가를 한다는 것은 전(前) 남편에 대한 의리를 저버린, 배신이자 훼절 행위로 해석되기 때문이다. 신기선은 말한다.

우리 조정이 예의 가르침을 크게 밝혀서 사대부 집안에서 두 번 초례를 올리는 부인이 없는 것은 삼대(三代)가 미치지 못하는 바이다. 여항 변두리의 백성들과 같은 경우에 있어서는 능히 그렇게 할 수 없으니, 이것이 진실로 인정의 상사요 성왕께서 금하지 않은 바이다. 이 가운데 능히 절개를 지켜서 옮기지 않고 백주(栢舟)의 뜻을 지켜서 한 마리 난새의 그림자를 짝한 사람이 있다면, 어찌 그 열(烈)이 진실로 우뚝하다 하지 않겠는가?[38]

삼대(三代)란 중국에서 왕도정치가 행해졌다고 일컫는 하(夏), 은(殷), 주(周)의 세 왕조를 가리킨다. 짝을 잃은 난새가 3년 동안 울지 않다가 거울에 비친 자기 모습을 보고 슬피 울면서 하늘로 튀어 올라 죽었다는 고사가 전한다.

최익현(1833-1907)은 삭녕 최씨의 행장을 썼는데, 그녀가 자신의 성을 단속하면서 한 발언을 소개한다; "내가 따라야 하는 자식이 아직 남아 있으니 원하는 대로 죽는 것은 잘못이다. 조상을 받들고 자식들을 돌보면서 집안을 보전하는 것이 또한 마땅하지 않은가." 남편을 따라 죽지 않고 살아남아야 하는 이유를 말한 것이다. 집안의 어떤 사람이 개가를 종용하는데도 여성은 마음을 움직이지 않는데, 이에 집안사람은 "과부의 개가를 허가하는 조령(朝令)이 있었다."고 부추긴다. 최씨 여성은 소리 질러 꾸짖는다; "사람이 짐승과 다른 것은 부부가 유별하기 때문이다. 이것을 삼가지 않으면 삼강이 사라지고 구법(九法)이 변하게 된다. 저 우매한 사람이여! 개도 남은 음식을 먹지 않는다."[39] 개가를 '짐승의 행위'에 비유하고, 개가한 여자를 "남긴 음식"에 비유한 저 최씨 여성의 언어는 어떻게 형성된 누구의 것인가.

2) 개가 허용의 논리와 성(性)

　홀로 된 부인의 개가는 개항기를 달군 사회 문제 중의 하나였다. 1894년 6월 군국기무처는 "부녀자의 재혼은 신분의 귀하고 천함을 따지지 말고 그의 자유에 맡긴다."[40]는 안건을 제출한다. 이 안건은 400년의 습속과 관념에 파문을 일으킬 만한 역사적 사건임에 분명하다. 물론 유학자 중에도 현실의 개가 금제가 예의 정신과 어긋난다는 비판적 의견이 없지는 않았다. 심대윤(1806-1872)은 "무릇 남편이 죽었을 때 놓여나 개가하는 것은 인정상 당연한 것이니 예에서도 금하지 않는 바이다."[41]라고 하였다.

　김윤식(1835-1922)은 과거급제로 문신의 길을 걸으며 국내외의 정치에 깊이 간여한 인물이다. 무엇보다 〈개가는 왕정에서 금지한 것이 아니다〉라는 글을 통해 현장의 정치가로서 개가 문제를 심도 있게 논하였다. 문답식으로 구성된 그의 주장을 보자.

　　문: 여자가 한 지아비를 따라 생을 마친다고 하니 무엇을 이르는 것인가?

　　답: 옛날 남자는 처첩을 둘 수 있었지만 여자는 오직 지아비 하나로 생을 마쳤다. 지아비를 감히 둘을 두지 않았기 때문에 한 지아비를 따라 생을 마친다고 한 것이다.

　　문: 지아비가 죽어도 개가하지 않는 것이 옛 도인가?

　　답: 공강(共姜)이나 하후영녀(夏候令女)는 절개를 지킨 특별한 행실 때문에 역사에 이름이 올랐다. 하지만 남편이 죽었는데, 나이가 젊고 자식이 없으면 삼 년 후에 개가할 수 있었으니 역시 한 지아비를 따르는 의를 지킨 것이다. 이는 왕정(王政)에서 금한 것이 아니다.

문: 어찌 그런 줄 아는가?

답: 맹자가 주나라 태왕의 덕을 기술하며 '안에는 원망하는 여인이 없고 밖에는 홀로된 지아비가 없었다.'라고 한 것에서 사람마다 모두 부부의 즐거움을 누렸다는 증거다. 또 옛날에 칠거지악이 있었던 것은 쫓아내도 개가할 길이 있었기 때문이다. 그리고 『예기』에 개가한 어머니[嫁母]와 내쳐진 어머니[出母]의 상복이 있는 것은 개가가 법적으로 금지되지 않았다는 증거다. 열녀는 두 번 시집가지 않는다고 한 왕촉은 이치에 밝은 선비가 아니다. 그가 한 말 또한 고전에서 상고한 것이 아니라 한때 격앙된 상태에서 나온 말일 뿐이다. 그의 말을 후세 사람들은 금석처럼 받들었으니 한심하다. 사람마다 부부의 즐거움을 지니게 하면 인도(人道)의 결핍을 보충할 수 있고 천지의 조화를 불러올 수 있으니 어찌 훌륭하지 않은가? 나는 그러므로 '어진 정사는 반드시 개가로부터 시작해야 한다.'라고 말하는 것이다.[42]

여성의 신분과 무관하게 재혼을 당사자의 자유에 맡긴다는 갑오년(1894)의 혼인 개혁이 선포되자 당시 계몽의 역할을 자임한 신문들은 개가 문제를 환기시키는 글을 자주 실었다. 《독립신문》(1896)은 조선 여성이 처한 삶의 환경을 비판하는, 격분에 찬 논설을 낸다. 그것은 "세상에 불쌍한 인생은 조선 여편네니 우리가 오늘날 이 불쌍한 여편네들을 위하여 조선 인민에게 말하노라"라고 시작하는 논설이다. 글의 논조는 여자가 남자보다 천한 대우를 받는 것은 문명개화가 안 된 탓이라는 것이다. 풍속과 제도를 남녀평등에 입각해서 새로 만들 필요가 있다는 취지에서 과부의 개가를 주장하고 있다.

아내가 죽으면 후취 하는 것은 저희들이 옳은 법으로 작정하였고 서방이 죽으면 개가하여 가는 것은 천히 여기니 그것은 무슨 도리인지 모를러라. 가난한 여편네가 소년에 과부가 되면 개가하여도 무방하고 사나이도 소년에 상처하면 후취하는 것이 마땅하니라. -《독립신문》1896.4.21

"가난한 여편네가 소년에 과부되면 개가해도 무방하다."라는《독립신문》의 논설은 물질적인 생존 문제가 걸린 나이 어린 과부인 경우에만 개가를 허용하자는 것으로 읽힌다. 그렇다면 2년 전 군국기무처가 발표한 '개가 여부는 귀천을 막론하고 본인의 자유의사에 따른다.'고 한 것보다 후퇴한 것이다. 그런데 과부 개가에 접근하는 방법에서 새로운 점이 없지 않은데, 여자의 개가나 남자의 개취를 성적 자유의 문제로 보고 있는 것이다.

조선 사나이들이 풍속 만들기를 저희는 음행하며 장가든 후 첩을 두어도 부끄러움이 없고 자기 아내는 음행이 있든지 간부가 있으면 큰 변고로 아니 그런 고르지 못한 일이 어찌 있으리오. 자기 행실이 옳고 정결한 후 자기 아내가 행실이 그르면 그때는 그 아내를 쫓는다든지 법률로 다스리는 것은 마땅하거니와 자기 행실이 그른즉 자기 아내 책망 하는 권력이 없는지라. 조선 사나이 중에 음행을 하든지 첩을 두는 자는 음행 있는 여편네 다스리는 법률로 다스리는 것이 마땅하니라.-《독립신문》1896.4.21

《독립신문》의 논설 요지는 여성에게 성적 순결을 요구하려면 남성 자신들도 같은 조건을 갖추라는 것이다. 또 여성의 음행을 다스리는 법률로 남성의 음행도 같은 기준으로 논죄하라는 것이다.

한편 과부 개가에 관한 본격적인 주장은 1899년의 《황성신문》과 《제국신문》 그리고 1900년의 『승정원일기』에서 다루어진다. 대한제국 시기인 1898년에 창간된 《황성신문》과 《제국신문》은 이후 10년 넘게 간행되는데, 각 신문의 독자층은 구분이 되었다. 국한문 혼용체인 《황성신문》은 한문에 익숙한 양반과 유생이 주요 독자였다면 순국문인 《제국신문》은 하층민과 부녀자가 주된 독자였다. 이들 글에 나타난 과부의 모습은 한결같이 외부와 단절된 존재, 후원 깊숙한 곳에 갇혀 울분과 우울로 세월을 보내는 젊은 여자들이다. 개가 문제를 다룬 세 편의 글은 근대적 문제제기라는 점에서 꼼꼼히 살펴볼 필요가 있다. 먼저 1899년 5월 12일 자 《황성신문》, 유생 및 양반이 주된 독자인 이 신문에 실린 과부개가론을 보자. 원문 번역문을 그대로 살피되 이해를 돕기 위해 4단락으로 나누었다.

① 천지가 갈라지자 남녀가 비로소 생겨났다. 성인(聖人)이 이들을 위해 혼인의 예를 만들어 부부의 도를 정하시니 인간과 만물이 번성해졌다. 이는 음양의 생생하는 이치인 까닭에 인간사 즐거움이 부부보다 더한 것이 없으니 시(詩)에서 말하지 않았겠는가. "금슬 좋은 벗이라 그대와 함께 해로하고 죽어서 한 무덤에 묻히리." 남녀의 화락하고 사랑스런 기상을 형용한 것이라.

② 남녀 나이 피어올라 혈기가 충만할 때 불행하게 짝을 잃을 경우 남자는 예에 의해 재취하게 된다. 여자도 정렬로 늙을 때까지 수절코자 한다면 그 뜻을 빼앗을 도리가 없지만 그렇지 않다면 자기 뜻대로 개가하도록 하여 금하지 말아야 한다. 옛날 (정치를 잘한) 주문왕 때는 밖에는 홀아비로 사는 남자가 없었고, 안에는 남편이 없어 원망하는 여자가 없었다. 범중엄(范

仲淹)과 위료옹(魏了翁)은 다른 아버지에 같은 어머니의 형제지만 송나라의 어진 신하가 되었고, 신숭겸·배극렴·복지겸은 어머니는 같으나 각각 성이 달랐는데, 그럼에도 우리 역사의 이름난 사람이 되었다.

③ 음양이 서로 교감하는 것은 하늘의 이치가 그러함이니 인력으로 억제할 바가 아니다. 그런데 우리 조선에서 개가한 여자의 자손에게 청환직을 허락하지 않은 금고법이 있은 후로 집안에 청상과부가 나오면 일가의 화기가 사라지고 없어질 일을 생각지 않고 청환의 앞날이 끊어질까 망령된 생각부터 하게 되었다. 이에 후원 깊숙한 곳에 숨겨 두고 문을 걸어 잠그며 깊이 조심하였으니, 홀로 그림자와 짝을 하며 세월을 수심으로 보낸다. 신혼 때의 녹의홍상은 장롱 속에 깊이 감추었으니 다시 입을 일이 이 생에는 영영 없을 것이다. 흰 분과 붉은 연지로 누굴 위해 꾸밀 것이며 거울에는 먼지가 쌓이는도다. 대장부의 일반론으론 삼생의 박명이라 하지만 아녀자의 치우친 성품이야 팔자의 기구함만 한탄하네. 봄바람이 불어오고 창밖에는 꽃이 만발하고, 나비 한 쌍 훨훨 날아들며 주인을 비웃는 듯 짐짓 머물며 떠나질 않으니 사물에서 느낀 정이 쌓인 한을 불러일으킨다. 녹음이 짙은 여름에는 쌍쌍이 날아든 저 새들이 벗을 부르는 소리, 과부의 수심을 누가 알 것인가. 가을밤 달 밝은 밤 후원 앞에 소리 들려 인적인가 창을 열고 보니 무정할 사 바람에 낙엽이라. 겨울에는 냉랭한 이부자리 밤도 깊은데 이웃 개가 갑자기 짖어대니 눈 날리는 밤에 귀가하는 사람인가보다. 이렇게 사시를 겪으며 한숨과 눈물로 점철되니 천지도 근심할 터 인정으로 차마 볼 수 있는가.

④ 종종 규문 안에 애정 행각이 일어나 추문이 낭자할뿐더러 음양이 교감하여 뱃속에 잉태하여 혹 출산 전에 독약을 먹고 낙태하기도 하고 혼자서 낳고

난 후에 강보로 싸서 야외에 버려두기도 하는 것은 자연의 이치로 나온 아무 잘못 없는 인명을 이같이 해치니 역시 천지의 화기를 크게 상함이라. 그러므로 율곡 선생께서 아이를 낳아 밤에 버려 흙속에 뒹구는 것을 깊이 탄식하시니라. 고어에 말하기를 여자가 원한을 품으면 오월에도 서리가 내린다 하니 하물며 나라 안에 원한 맺힌 부인이 천백을 셀 수 있음에야. 지금은 개가한 부인의 자손도 청한을 하니 구습을 고수하지 않음이 옳다 하노라.

① 유교 전통의 혼인은 이성지합(二姓之合), 즉 두 집안의 결합에 의미를 두었다면 여기《황성신문》은 부부의 성적 교감에서 혼인의 의미를 찾고 있다. 유교 경전에서 부부의 화락과 성애를 노래한 『시경』을 인용한 것은 혼인의 의미를 찾는 새 장을 연 것이다.

② 개가나 재혼을 정욕의 측면, 즉 자연스런 인정을 따라야 한다는 것은 전통적 유교와 구별되는 새로운 접근이다. 또 개가녀의 아들로 역사에 이름을 남긴 걸출한 인물을 열거함으로써 개가의 마땅함을 보이고자 하였다.

③ 남녀가 성적으로 교감하는 것은 자연적인 이치라고 한다. 그런데 조선의 개가금고법은 이러한 자연성을 무시한 것으로 인간사에 대한 이해가 잘못된 것이다. '봄바람' '나비 한 쌍' '쌍쌍이 날아들은 제비 떼' '달 밝은 가을 밤' 등의 주변 환경과 격리된 젊은 여성을 대비시키는 방식으로 과부의 성적 소외를 부각시킨다. 개가에 대한 전통적인 입장과 구별되는 근대적 문제제기라 할 수 있다.

④ 개가를 금지함으로써 발생한 사건 사고가 더 큰 사회적 문제를 불러온다는 것을 경고하는 것으로 끝맺고 있다.

부녀 개가에 대한 본격적인 논설이《황성신문》에 실리고 5개월이 지난 1899년 10월 14일,『제국신문』에 자칭 '대한광녀'라는 여성의 기고문이 실렸다. 이 글에서 그녀는 태서(泰西) 각국의 사정과 비교하는 방식으로 개가의 당연함을 주장한다.《제국신문》은 독자투고를 적극 권장했는데, 이를 통해 일반 사람들의 생각과 의견을 엿볼 수 있다. 부녀 개가와 관련된 부분을 정리하면 다음과 같다.

① 들은즉 태서 각국에는 혹 집안에 청춘과부가 있으면 예절을 갖추어 시집을 보내는데 그 예절이 처녀와 조금도 다를 것이 없다.

② 더욱이 차마 말하지 못할 것은 여자의 신세가 불행하여 청춘에 과부가 될 지경이면 그 참혹한 광경은 이루 말할 수가 없거니와, 적적한 빈 방에 베개를 의지하여 이 생각 저 생각에 심사를 둘 데 없어 절은 한숨 긴 탄식에 기구하다 내 팔자여. 봄바람 가을 달은 애를 끊는 풍경이요 겨울밤 여름날에 잠 못 들어 성화할 제 원한이 사무쳐서 작으면 한 집의 재앙이요 크면 나라의 재앙이니 계집이 한이 오월에도 서리 친다 하였으니 그 아니 지독한가.

③ 과부들도 본래 행실이 탁월하여 송죽같이 굳은 절개와 금석같이 단단한 마음으로 평생을 마치고자 하는 이는 그 뜻을 가히 빼앗지 못하려니와 그렇지 못하고 시부모와 동기간에게 압제를 받아 후원 깊은 방에 앵무새를 가둔 것같이 밤낮으로 홀로 앉아 무정한 세월은 꿈결같이 지나갈 제 생각하는 것은 남의 부부 해로하는 것이요 들리는 것은 남의 아들 딸 낳은 것이라.

④ 무릇 사람이란 힘들면 착한 마음이 나고 편하면 음란한 마음이 난다 하니 당초에 학문 없이 자라나서 직업 없이 홀로 앉은 저 청상들이 착한 마음

이 있을지 음란한 마음이 있을지. 만일 문호에 추루한 행실이 타인의 이목에 들려 문호의 욕이 되고 실세를 그르칠 지경이면 차라리 일찍 조처를 잘할 것만 같지 못하니 인정은 일반이라. 그 과부의 시부모나 동기간 되는 이가 어찌 그런 생각이 없으리오마는 개가한 사람의 자손은 좋은 벼슬을 주지 않는 까닭에 목전에 가화는 생각지 않고 다만 이후에 벼슬하기만 중히 여겨 이같이 남에게 죄악을 하더니 개화 이후에 성은이 하늘같으시어 과부 개가란 것을 허하셨건마는 지금 점잖은 집 과부 시집갔단 말을 듣지 못하였으니 무슨 까닭인지 알 수 없거니와 적선지가에 필유여경이라 하였으니 어찌 아니 좋으리오.

⑤ 우리는 바라건대 처음에 하늘과 땅이 음양 기운으로 차등 없이 내신 남녀들을 일체로 교육하여 국가에 개명진보와 부강기초도 발달케 하려니와, 또한 과부 있는 집들은 적선하기를 생각하여 이치를 거스르지 말면 나라가 흥왕할 듯 하도다. 주나라 태왕이 치국할 때 안으로는 원망하는 계집이 없고 밖으로는 홀아비가 없다 하고 당나라 태종은 후궁 삼천 명을 내보내 시집가게 하매 가물던 날이 비가 왔다 하니 과부에게 쌓인 원한이 국가 흥망에 관계가 없지 않을 듯 하더라.

본문의 주장을 요약하면 다음과 같다. ① 현재 우리의 습속을 반성하고 인식의 전환을 위해 과부 개가에 대한 서양의 풍속을 소개하고 있다. 즉 서양 각국은 청춘과부의 개가를 초혼처럼 치를 만큼 그 어떤 규제나 편견이 없다는 것이다. ② 청춘과부의 참혹한 실상을 열거하는데, 한마디로 극심한 외로움이다. 외로움이 쌓여 원한이 되면 한 집의 재앙이자 나라의 재앙이 된다는 것이다. ③ 과부 자신의 의지로 개가를 하지 않는 것이라면 모를까 시부모 등 타인의 강제로 홀로 지내는 것은 문제가 된다는 것이다. 즉 금슬 좋은 다른 부부들의 이야기나 자식을 낳은 여성들의 이야기는 청춘과부를 더 힘들게 하는 것이다. ④ 음란한 마음을 품어 가문에 낭패가 되는 행실을 하고 다니는 것보다는 그전에 미리 개가를 시키는 것이 오히려 이득이 될 것이라고 한다.

⑤ 과부 있는 집들은 적선하여 음양 남녀의 이치를 거스르지 않으면 나라가 흥왕할 것이라고 한다. 투고자 대한광녀는 "안으로는 원망하는 계집이 없고 밖으로는 홀아비가 없다."는 『맹자』를 인용하고, 후궁 3000명을 내보내 시집가게 하자 단비가 내렸다는 당태종의 고사를 소개하여 과부 문제와 국가 흥망은 깊이 관련되어 있다고 한다.

한편 회계원경(會計院卿) 민치헌(閔致憲, 1844-1902)은 과부 개가를 원하는 자 누구든 자연스럽게 선택할 수 있도록 국가가 나서서 추진해야 한다는 논지를 편다. 상소의 형태로 개진된 그의 주장은 『승정원일기』(고종 37(1900).10.9)에 실려 있다. 긴 분량의 글로 이루어진 상소를 내용별로 살펴보면 앞선 《황성신문》과 《제국신문》의 논설과 유사한 부분도 있는데, 이는 상소가 한 편의 완성된 글이 되기 위해서는 반드시 담아야 할 내용이라 할 수 있다.

그것은 혼인이란 인류의 대사이고, 여자의 혼인은 한 번에 그치는 게 좋다는 옛 말씀들을 소개하는 것으로 시작한다. 하지만 법과 도덕은 시대의 변화를 따라 바뀔 수 있다고 하고, 열녀를 바람직하게 보지만 사정에 따라 개가를 선택한 역사 인물로 중국 송나라의 정치가 범중엄의 어머니가 개가한 사실을 소개한다. 국내의 사례로 송시열이 권시(權諰)에게 보낸 편지에서 '주공(周公)의 예법에 개가한 어머니와 의붓아버지에 대한 상복 규정이 있다.'고 하여 성인의 법은 개가를 금지하지 않았음을 말하고자 했다. 민치헌은 과부 개가에 관한 법제도는 원칙을 고수하기보다 시대의 변화를 반영한 '권도(權道)'를 주장한다. 즉 개가금법의 핵심은 부녀자들에게 행실을 가르칠 목적이었지 규찰하고 벌주어 개가를 엄히 막자는 그 자체가 목적이 아니었다고 한다. 이어지는 내용은 과부 개가의 필요성과 정당성 그리고 개가의 방법 등을 제시한 것으로 세 단락으로 나누어 살펴보도록 하자.

① 애처롭게도 저들은 젊은 나이에 하늘같이 의지하던 남편을 갑자기 잃어버리고 한창 나이에 가련한 처지가 되었습니다. 낮에는 혼자서 우두커니 앉아 있고 밤에는 잠자리에 들어서도 근심하고 탄식을 하니, 그 모습을 본다면 간장이 찢어질 듯하고 그 소리를 듣는다면 뼛골이 서늘해질 것입니다. 새도 짝이 있고 짚신도 짝이 있는데 사람으로서 그만도 못해서야 되겠습니까. 억울한 생각이 쌓여 화기(和氣)를 손상시키는 것 중에 이보다 심한 것은 없을 것입니다. 늙어서 지아비가 없는 것도 왕도 정치에서 마땅히 먼저 돌보아야 하는 일인데, 더구나 젊은이에 대해서야 말해 무엇 하겠습니까.

② 갑오경장 이후로 해야 할 중요한 일은 개가하는 길을 소통하는 것으로 의논이 확정되었습니다. 그러나 체면을 중시하는 풍속이 굳어지고 옛 풍습에 얽매여서 애통하게 울부짖는 여인을 다시 아내로 데려갔다는 말은 듣지 못했습니다. 더러 데려가는 일을 행하는 이가 있더라도 사람들이 침 뱉고 욕하는 것이 두려워 예로 맞이하지 못하고 담을 넘어가 몰래 데리고 나오는 짓을 면치 못하니, 어찌 예의와 풍속에 어긋나는 것이 아니겠습니까.

③ 지금부터는 젊은 나이에 과부로 살아가는 이가 있다면 반드시 길한 날

을 택하고 납폐(納幣)하기를 한결같이 혼인 의식대로 해야 합니다. 그래서 15세에서 20세까지는 초초례(初醮禮)로 배우자를 맞이하고, 30세에서 40세까지는 재초례(再醮禮)나 삼초례(三醮禮)로 배우자를 맞이하며, 이런 나이를 넘긴 자는 때를 잃은 것으로 여겨 그대로 두고, 이것을 어기는 자는 이상한 풍속을 따르는 것으로 여겨 배척해야 할 것입니다.

민치헌의 상소가 있은 지 두 달 후 나라에서는 과부 개가에 대한 규례를 제정하여 반포하기에 이른다. 이에 의하면 과부가 개가할 때는 문벌에 맞게 선택하도록 하는데, 나이 15세에서 20세까지는 초취(初娶)에 준하고 21세에서 30세까지는 재취(再娶)에 준하도록 했다. 또 나이 31세부터 40세까지의 과부가 개가할 시 소생 자손이 벼슬하는 데 지장이 없도록 하고, 과부를 겁탈한 자는 법에 의해 처단한다는 것이다.[43] 과부의 나이에 따라 차별화된 혼인례를 제시하는데, 민치헌의 제안을 따른 것이다.

《황성신문》(1899)과 《제국신문》(1899), 그리고 『승정원일기』(1900)에서 비중 있게 논의된 세 편의 '과부개가론'은 개가를 규제하는 그 어떤 것으로부터 자유로워야 한다는 인식이 전제되어 있다. 다만 허용의 논리나 과부의 처지에 대한 이해에서는 약간의 차이를 보인다. 그것은 글쓴이나 발언자의 성별에 따른 차이일 수 있는데, 과연 남성이 쓴 《황성신문》 및 《승정원일기》이 원칙이나 당위성을 강조하는 바의 유사성을 보인다면 기고자가 청년 과부로 추정된 《제국신문》의 경우는 과부의 내외적 상황과 감정에 대한 묘사가 섬세한 것이 특징이다. 세 글의 공통성 내지 유사성의 측면을 보자.

먼저 세 편 모두 좋은 정치란 제도적으로 소외되는 사람이 없어야 하는데, 유교 경전의 왕도 정치를 자신들의 논거로 삼았다. 즉 "주문왕의 치세에 밖으로는 홀아비가 없고 안으로는 원망하는 여자가 없었다(周文世에 外無曠夫ᄒ고 內無怨女ᄒ얏고)"(《황성신문》)고 하고, "쥬나라 틱왕이 치국홀 째에 안으로는 원망ᄒᄂ 계집이 업고 밧그로 홀이비가 업다ᄒ얏다."(《제국신문》) 한다. 또 "늙어서 지아비가 없는 것도 왕도 정치에서 마땅히 먼저 돌보아야 하는 일인데, 더구나 젊은이는 말해 무엇 하겠습니까"(〈승정원일기〉)라고 한다. 이들이 논거로 삼은 것은 『맹자』에 나오는 "안으로는 원망하는 여자가 없고(內無怨女), 밖으로는 외로워하는 남자가 없다(外無曠夫)"는 것이다. 그런 점에서 개항기의 지식은 여전히 유교 경전의 권위에 기대고 있다.

다음은 과부의 성적인 외로움과 소외감을 부각시킨 것인데, 이는 과부에 대한 인식의 전환이다. 즉 과거의 과부가 남편에 대한 신의[信]를 지키려는 도덕성을 강요받았다면 개항기의 과부는 성적 주체자로 인식되고 있다는 점이다. 개항기 과부개가론에서 기술하는 과부의 상황은 어떤가. '큰 집의 뒤뜰에 유폐된 젊은이'라든가 '유폐된 후원의 외로운 과부'라는 관점이 전제되었다. "새도 짝이 있고 짚신도 짝이 있다."라든가 "봄바람 가을 달은 애를 끊는 풍경"이라는 표현에서 보이듯 과부란 성적·심리적 소외와 외로움에 처한 존재이다. 그런데 이러한 상황은 사실 절대다수의 과부가 처한 현실과는 거리가 있다. 과부들의 현실적인 문제는 짝을 잃은 자의 심리적 외로움이나 성적인 소외 보다는 물질적인 생존의 문제가 더 클 것이다. 생활고를 겪는 과부들의 삶에 대한 언급이 없다는 것은 세 글 모두 생존의 문제가 해결된 양반가 여성을 염두에 둔 것이다. 그럼에도 불구하고 개가 허용의 필요성으로 '젊은 여성의 외로움'을 부각시킨 것은 넓은 의미의 성(sexuality) 문제를 내포하고 있다. 즉 '음양의 일'에서 소외된 젊은 과부에게 그 '즐거움'을 찾아주자는 뜻을 담고 있다. 이는 분명 과부로서 실절(失節)의 가능성을 봉쇄하기 위해 재혼을 허락해야 한다는 논의보다 큰 진전을 보인 것이다.

마지막으로 개가는 당사자가 주체가 되어야 한다는 것이다. 즉 개가 여부를 결정하는 자는 당사자 여성 본인이다. 현실 정치에 몸담고 있는 민치헌이 과부를 가련하고 불쌍한 존재로 부각시키며 정치적인 손길을 기다리는 구제의 대상으로 보았다면, 자칭 대한광녀인 《제국신문》의 필자는 남녀를 평등한 존재로 놓고 태서(泰西) 각국의 사정과 비교하는 방식으로 개가의 당연함을 주장했다. 다만 민치헌의 상소는 과부 자신의 주체적 의지보다는 혼인과 개가의 결정권을 가진 가부장의 변화를 주문하는 방식이다. 이는 과부의 입장에서 인식의 전환을 주문한 '대한광녀'와 제도 개선의 일을 맡은 관료가 서 있는 지점의 차이에 기인한 것으로 보인다.

과부 개가에 관한 세 편의 비중 있는 글이 나온 후 언론 매체 곳곳에서 유사한 주장들이 이어졌다. "부모가 권하고 이웃이 좋다 해도 종시 맹세하고 개가하지 않겠다고 하는 자는 구태여 그 뜻을 빼앗지 말라."《제국신문》, 1900.12.5)고 한 것은 과부의 의사를 무시하고 강권으로 개가가 이루어지는 것을 염두에 둔 것이다. 실제로 강제 개가를 추진하는 바람에 과부가 자결하는 사건이 보고되었다. 따라서 개가를 하라 마라 하는 차원이 아니라 '당사자의 뜻대로 하라'는 것으로 논조가 바뀐다. "행세에 구애치 말고 천성대로 개가를 하든지 수절을 하든지 임의대로 하시오."《대한일보》, 1904.7.10)

그런데 개가가 법으로 허용된 지 10년이 지나도 "개가법 튼다튼다 하면서 왜 아니 트노"[44]라는 불만스런 목소리가 나온다. 한편 1912년 조선총독부에서 작성한 『관습조사보고서』에 의하면 개가를 선택하는 것이 계층에 따라 차이가 있었다.

> 지금은 금지가 해제되었지만 중류층 이상에서 과부의 재가는 사람의 지탄을 받아서 공연히 재가를 한 자는 없는 듯하다. 그러나 하류 사회에서는 생활상의 사정과 사람의 이목을 중시하는 중류층 이상의 사회와 같지 않아서 실제에서는 사망의 추정 후는 물론 그 전이라도 바로 새 남편에게 몸을 맡기는 자가 적지 않다.[45]

위 보고서에 의하면 과부가 개가를 결정하는 주된 요인은 경제적인 문제였다. 1924년에는 "경성 5만여 호에 과거(寡居) 부녀의 집이 1천호가 넘는다."[46]고 했고, 1935년에는 "과부수절(寡婦守節)의 시비(是非), 재가(再嫁)를 원칙(原則)으로 하라"[47]는 제목의 사설이 신문에 실렸다. 근대 초기 한국사회 여성문제는 여전히 개가로부터 자유롭지 못했음을 말해준다. 그런 점에서 개항기라는 시공간은 구습(舊習)에 도전한 첫 실험장이었다.

개가허용론이 그려낸 과부는 격리된 공간에 갇혀 외부와의 소통이 없어 외롭고 우울한 나날을 보내는 모습인데, 이것은 당시 유학자들이 남녀유별이나 내외공간의 분리를 강조하며 무질서한 '음양의 일'을 예방하고자 한 생각들과 사실상 연계되어 있다. 개가허용론이 과부의 성 문제를 과도하게 해석했다면 유학자들 또한 남녀의 과도한 성 분리를 강조하고 있다는 점에서 그렇다. 그런데 개가허용론이 '젊은 여성의 외로움'을 부각시킨 것은 넓은 의미의 성(sexuality) 문제이다. '음양의 일'에서 소외된 젊은 과부에게 그 '즐거움'을 찾아주자는 뜻을 담은 것이다. 이는 분명 과부로서 실절(失節)의 가능성을 봉쇄하기 위해 재혼을 허락해야 한다는 논의보다 과부를 성적인 주체로 인식한다는 점에서 발전적이다.

하지만 상배(喪配)한 부녀의 개가를 규제하는 법을 없애고, 당사자의 자율에 맡기자는 주장은 유업(儒業)을 일삼는 사람들에게는 받아들이기 어려운 것이었다. 따라서 개가 논의는 개화 지식인을 중심으로 신문이나 잡지 등 언론을 통해 전개되었다. 반면 보수 유학자들은 종사(從死)를 칭송하는 열녀 입전(立傳)의 글을 지속적으로 생산했다. 즉 개화 지식인들이 개가냐 수절이냐를 놓고 논의를 펼쳤다면, 보수 유학자들은 수절이냐 열절이냐를 놓고 주장을 펼친 것이다.

3. 열녀 담론으로 본 여성의 성(性)

1) 열녀의 지속과 정절 의식의 강화

열녀는 통상 죽음으로 의(義)를 지킨 여자를 가리키는데, 그 유형은 시대마다 차이가 난다. 넓은 의미에서 남편에 대해 의를 지킨 여자이고 좁게는 남편을 따라 죽은 여자를 말한다. 즉 열녀란 열행을 실천한 여자로 남편 사후 수절(守節)하거나 따라 죽은 여자를 가리킨다. 이로 볼 때 남편이 죽은 후 아내가 취할 수 있는 행위에는 개가나 수절, 자결(열행)의 크게 세 가지다. 그런데 개가 · 수절 · 열행이라고 하는, 죽은 남편에 대한 아내의 행위를 가리키는 이 용어들은 모두 여성의 성(性) 문제를 내포하고 있다는 점이다.

개항기에도 열녀를 찾아내어 정려하고 전기화(傳記化)하는 작업들이 행해졌다. 양반 여성 위주로 열녀 입전(立傳)이 이루어졌던 과거와는 달리 이 시기에는 최상층에서 최하층에 이르기까지, 대상 열녀의 신분층이 두터워진다. 다시 말해 기생이나 첩, 여종 등의 여성들도 열행(烈行)을 실천하거나 그 자취가 주목을 받는 등 열녀가 시대의 도덕으로 대중화되었다는 뜻이다. 변화하는 세상과 무관하게 열녀를 요구하는 이러한 현상을 놓고 '인간 정신의 승리'라고 보는 극단적 찬양에서 '집단적 병리 현상'이라는 극단적인 부정에 이르기까지 열녀를 보는 관점은 양극단으로 갈리었다. 신분을 막론한 모든 계층에서 열녀가 나오다 보니 열행의 유형 또한 다양해졌다.

유교사회에서 열녀는 신의 · 의리 · 절개라는 도덕 개념을 띠고 있지만 그 핵심은 여성의 성을 관리하기 위한 것이다. 즉 열녀는 가부장 권력이 여성의 성을 해석하는 하나의 방식인데, 어떤 행위가 열녀인가 하는 것은 시대에 따라 차이가 난다. 예컨대 조선 전기에는 남편 죽고 개가 않고 수절하는 것만으로도 열녀가 되었다면, 조선 건국으로부터 5백여 년이 지난 19세기에 이르면 개가 않고 수절하며 평생을 보내는 것이 당연한 일로 여겨졌다. 따라서 열행을 주장하고 열녀로 인정받으려면 수절만으로는 부족하고, 남편을 따라 죽는 종사형(從死型)이어야 했다.

열녀가 일종의 문화로 통용되다 보니 그것의 기원이나 의미에 대한 질문이 제기된다. 개항기에 활동한 이유원(李裕元, 1814-1888)에 의하면 중국은 정절녀를 위한 정문을 세울 때 '정절지문(貞節之門)'과 '정렬지문(貞烈之門)'을 구분했다. 즉 정절은 남편이 죽은 뒤 그 아내가 종신토록 절개를 지키다가 죽은 경우를 일컫고, 정렬은 남편의 죽음을 따라간 특이한 행실을 보인 경우를 일컫는다. 하지만 우리나라는 한결같이 '열녀모씨지문(烈女某氏之門)'만 있는데, 그것은 죽음을 동반한 열녀일 경우에만 정문을 세워주기 때문이다.[48] 이유원의 주장은 조선의 정절 의식이 종주국인 중국보다 더 이념적이고 더 엄격한 기준을 가졌다는 것이다. 동시대의 허전(1798-1886)도 이와 유사한 주장을 한다.

의지할 곳 없는 젊은 과부들은 죽는 것 외에 다른 것을 하지 않았다. 그래서 사람들은 죽지 않은 과부 보기를 '일 없는 사람[閒人]'으로 대하고, 남편을 따라 스스로 죽은 자라야 열녀라고 하니, 정려문을 집집마다 세울 수 있으니 어찌 이리 왕성한가!"[49]

이러한 현상에 대해 허전은 예의로서 백성을 교화한 결과라고 하며 시골구석의 평범한 부인도 곧음과 믿음으로 스스로를 지키는 것이 풍습이 되었다고 한다. 열녀 입전의 기록들은 따라 죽는 과부들을 비판하기보다 오히려 칭송하고 부추기는 방식이다.

조선은 건국과 함께 국가 차원에서 열녀와 절부를 발굴하여 정려(旌閭)하거나 복호(復戶)했는데, 그 정책은 19세기에도 여전히 실행되었다. 순조조(1800-1834)에는 34년 동안 355명의 열녀가 보고되었는데, 이 열녀들은 이전과는 달리 대부분 열행에 대한 서사 없이 이름만 열거되거나 숫자만 기록되어 있다. 이것은 열녀 발굴 또는 선발이 관행적으로 행해진다는 말이기도 하다. 헌종조(1834-1849) 15년 동안에는 1명의 열녀가 보고되었고, 고종조(1863-1907)의 44년 동안에는 14명의 열녀가 보고되었다.[50]

이 역사의 연장선상에서 열녀의 행렬이 줄을 이었다. 개항이 추진되던 1871년(고종 8)에는 정경부인인 두 여성이 남편 따라 자결하여 열녀로 정표되었다. 영의정 조두순(1796~1870)의 아내 서씨와 판서 서대순(1805-1870)의 아내 홍씨가 그들이다. 조두순은 천수를 다하고 75세에 죽었는데, 그 아내도 비슷한 연령이었을 것이다. 그녀의 행위는 "차분히 남편을 따라 자결했으니, 그의 일처리와 처신은 참으로 옛날 사람들에게 부끄럽지 않았다."라고 기록되었다.[51] 같은 해 11월에는 판서 서대순(1805-1871)이 67세의 나이로 죽자 아내 홍씨가 따라 죽었다. 이에 대해 좌의정 김병학은 "남편이 사망한 그날부터 쌀알을 전혀 입에 대지 않다가 한 달도 못 되어 떳떳이 남편을 따라서 자결했으니 그의 남달리 뛰어난 행실은 실로 공론에서 감탄할 일이다."[52]라고 하며 정문을 세워줄 것을 왕에게 청했다.

이에 앞서 국왕은 『소학』을 진강하는 자리에서 "충신은 두 임금을 섬기지 않고 열녀는 지아비를 다시 바꾸지 않는다."고 한 왕촉(王蠋)의 말을 인용하며, 개가하지 않고 절개를 지킨 여성들에 관한 이야기를 나누었다.[53] 여기서 왕은 "영녀(令女)가 그 집에서 개가를 시키고자 한다는 말을 듣고 머리를 자르고 귀를 자른 것은 과연 탁월한 절개이다."라고 한다. 이에 좌의정 김병국은 여자의 정렬(貞烈)은 신의(信義)에서 나오는 것인데, 한번 시집간 여자가 종신토록 개가하지 않는 것이 신(信)이고, 처음 시집간 사람을 지아비로 따르는 것이 의(義)라며 보완하여 설명한다.[54] 또 왕은 "효열(孝烈)을 표장(表章)하는 것은 태평성대에 가장 우선으로 해야 할 정사"라고 하고, 이조 참의 박신규의 처 이씨가 남편 따라 죽어 열녀의 정절을 빛냈으니 특별히 정려하여 풍습을 감화시키라고 한다.[55] 한편 군수 이호신의 아내 조씨가 따라죽었다는 보고가 올라오자 "열녀의 행동은 마땅히 표창해야 하니 정려하는 은전을 베풀라"고 한다.[56] 1878년(고종 15)에는 경상좌도 암행어사 이만직의 별단으로 대구 영리(營吏) 이도근의 아내 서씨의 열행이 보고되었다. 열녀 서씨의 서사를 따라가 보자.

대구 영리 이도근의 처 서씨는 가난한 집에서 성장하여 정렬(貞烈)에 찬 성품을 가졌는데, 나이 겨우 17세에 시집을 가서 3년 만에 남편의 병이 위독하자, 치료할 수 있는 방안을 다하고 밤낮으로 하늘에 빌어 자신으로 대신하게 해 주기를 소원하였고, 병이 극도로 위독한 날에는 따라서 죽을 마음을 먹었습니다. 남편이 죽은 지 얼마 후에 지는 꽃이 화사한 봄날을 거부하듯이 세상을 등지고 말았습니다. 열녀다운 기질이 가슴속에 가득 차 있지 않았다면 어찌 꽃다운 젊은 나이에 선뜻 목숨을 끊을 수 있었겠습니까. 성 안의 사녀(士女)들이 감탄하면서 경각심을 갖지 않는 자가 없었습니다. 신이 암행하던 날에 이러한 상황을 직접 목격하고 부물(賻物)을 제급해 주어서 먼저 가상하게 여기는 뜻을 보이기는 하였습니다만, 이는 도로에서 채방(採訪)한 것과는 아주 다른 점이 있습니다. 이와 같이 특이한 열녀에 대해서는 정려를 내려주는 은전을 실시하는 것이 합당합니다.[57]

서씨에 대한 열녀 서사는 4세기 전에 제작된 『삼강행실도』를 읽는 듯하다. 개항을 맞아 일대 변혁이 추진되고 있는 가운데 국왕의 조정에서는 여전히 열녀를 선양되고 표장하는 일을 임무로 삼고 있는 것이다. 20세기를 향해 가는 시점에서도 열녀 탄생은 이어진다. 1892년(고종 29)에는 "임실에 사는 선비 유각(柳珏)의 아내 홍씨가 남편이 병으로 죽자 의리를 지켜 약을 먹고 죽었고"[58] 1903년(고종 40)에는 "나용석의 처 임소사가 남편의 흉음을 듣고 젊은 나이로 열녀의 길을 따랐다."[59] 조정에서는 가상한 일이라며 이들 모두에게 정표했다. 절부나 열녀의 발굴은 국가의 주요 정책 중의 하나로 19세기를 넘기면서도 열녀 정려는 계속된 것이다. 조정의 관료들은 효열(孝烈)을 선양하는 것이 "법에 명시되어 있고", "선왕(先王)이 그렇게 해 왔기" 때문이라고 한다.

한편 열녀는 사랑이라는 영원한 주제를 완성한 인물로도 그려진다. 여기서 열녀는 그 사랑을 일방적으로 지키는 자이고, 이에 대한 상대 남성의 태도 따위는 중요하지 않다. 홍직필(洪直弼, 1776-1852)은 미모가 있었던 영월 기생 경춘의 전기를 썼다. 이에 의하면 경춘은 부사 이만회(李萬恢)의 사랑을 받았다. 경춘과 사랑을 나눈 부사는 임기를 마치고 떠났는데, 경춘은 절개를 지키며 변하지 않았다. 신임 부사 또한 경춘의 미모에 혹해 그 뜻을 빼앗고자 했으나 그녀는 응하지 않았다. 강권을 견디다 못한 경춘은 말미를 주면 응하겠다고 하고, 절벽에 올라가 몸을 날려 죽었다. 나이 16세였다. 물에 빠진 그녀를 건져내니 옷고름에서 이부사의 필적이 나왔다. 여기서 홍직필의 생각이 궁금하다.

> 아 장렬하다. 이는 이른바 여자가 자기를 예뻐하는 자를 위해 죽는다는 것이다. 경춘은 두 남편을 섬기지 않는다는 정렬을 스스로 알았을 리 만무하지만 큰 절개를 지킬 줄 알았던 것이다. 어찌 더 어렵다고 하지 않겠는가. 이는 진흙에서 나왔으나 물들지 않은 것이다.[60]

이건창(1852~1898)도 얼굴은 물론 혼인식도 올리지 못한 채 죽은 김정녀가 시부모를 봉양하다가 병들어 죽었는데, 그 여성의 행적을 서술하면서 남자를 사랑한 한 여성으로 그려낸다. 죽임에 임하여 정녀는 시아버지에게 이런 부탁을 한다.

> 제가 저고리와 치마를 한 벌 지었는데 모두 아름다운 색깔을 쓴 것입니다. 상자 속에 은밀하게 넣어 두었으니, 제가 죽으면 그것을 꺼내어서 염해 주

십시오. 그리고 얼굴에 연지를 조금 발라주세요. 남편이 처음으로 저를 보는데 혐오스럽고 추하게 보이지 않기를 바랍니다. 남편이 손수 쓴 작은 책자 하나를 비단주머니에 싸서 저의 양쪽 손에 쥐어 주세요. 남편과 제가 서로 얼굴을 모르니, 대면할 때 모름지기 징표가 필요할 것입니다.[61]

이건창은 또 기생 백상월(百祥月)의 행적을, 사랑의 의리를 지켰다는 점에서 기술하였다. 안주 기생 백상월이 어떤 남성과 사랑을 했는데, 그가 빚을 뒤집어쓰는 곤경에 처하자 자기 재산을 내어 그 빚을 갚고 노잣돈까지 챙겨서 집으로 떠나보낸다. 미안해하는 남자에게 백상월은 "저는 천한 사람으로 한 지아비만을 따를 수가 없습니다. 당신은 부디 저를 다시는 생각지 마세요."라고 하고, 다시 기생 생활을 이어갔다.[62] 그런데, 사실 백상월의 행위는 '한 남자만을 섬겨야 한다'는 열녀의 기본 조건에 맞지 않는다. 그런데도 이 여성이 열녀로 등극한 데는 이건창으로 대표된 남성들의 심리와 19세기라는 사회적 성격이 반영된 것으로 보인다.

개항기의 열녀 생산에는 각종 교육서도 한 몫을 한다. 19세기에도 효(孝)와 열(烈)을 여성의 핵심 가치로 보는 여훈서가 나왔다. 1882년에 나온 『여소학(女小學)』과 1889년에 나온 『여사수지(女士須知)』가 그것인데, 각 저자의 서론을 보면 시대가 요구하는 '바람직한 여성'에 대한 이상을 갖고 만들어진 교육서이다. 먼저 박문호(1846-1918)의 『여소학(女小學)』[63] 「고사(古事)」편은 옛 사적에서 발췌한 인물을 싣고 있다. 여기서 여성은 여섯 유형으로 나뉘는데, 대부분 『열녀전』이나 역사서에 등장하는 여성들이다. 박문호가 유형화한 여섯 부류는 효녀, 효부, 열녀, 현처, 현모, 현부(賢婦)이다. 열녀에 배치된 여성은 모두 44명이다. 그들은 남편의 시신을 찾아 장사지내고 물에 빠져 죽었다는 제(齊) 나라 기량의 처, 개가의 권유를 뿌리치기 위해 자신의 신체를 훼손한 양나라 과부 등 중국의 열녀가 39명이고 한국의 열녀가 5명이다. 한국의 경우는 신라 박제상의 아내와 세 딸, 백제 도미의 처, 왜적을 피해 강에 뛰어들어 죽은 고려 이동교의 처, 왜적에 항거하다 죽임을 당한 전주 사람 임씨, 남편이 사고로 죽자 수십 일을 굶다가 20세의 나이로 죽은 풍산 김씨가 그 다섯 인물이다. 이들은 극단적인 형태로 '열(烈)'을 실천한 사람들로 모두 『삼강행실도』에 실려 있다.

노상직(1855-1931)의 『여사수지』는 한 집의 성쇠는 부인에게 달려 있기에 여성에게도 교육을 시켜야 한다는 취지로 만들어진 책이다.[64] 저자는 "신(信)은 부인의 덕으로 한 번 혼인하면 종신토록 개가하지 않는다."는 말이나 "남녀의 구별이 없으면 금수"라는 등 여자의 정절을 내포하는 전통적인 언어를 개항기 교과서에 그대로 실었다. 교육가 노상직 역시 남녀를 보는 성적 시선에서 과도한 측면이 있는데, 임진왜란 때의 일화를 소개하는 부분에서 절정을 이룬다.

임진왜란에 여자들이 뱃나루에 몰려들어 다투어 배에 오르려 하였다. 여종을 데리고 나타난 한 부녀가 배에 오르지 못하자 뱃사공이 그 손을 잡아 올리려고 하니, 부인이 크게 울면서 '내 손이 너에게 욕을 당했으니 어찌 살리오!' 하면서 물에 떨어져 죽었다.[65]

이러한 이야기가 근대 초기 여자교육의 주제가 되었다는 사실에 주목할 필요가 있다. 과거에는 상층 여성들을 대상으로 행해지던 교육이 19세기 후반에는 일반 여성으로 확대된 것인데, 여기서 성에 대한 편견이 양산

될 수 있다. 즉 상층 부녀에게 요구된 정절 의식과는 달리 생계나 생존의 문제가 시급한 일반 여성에게 외간 남자에게 손을 잡혔다 하여 자결을 하는 위의 사례가 어떤 교육적 의미를 가지는가 하는 것이다. 한편 『여소학』이나 『여사수지』에서 중요하게 다룬 정절의식은 여전히 시행 중인 열녀 정려정책과 짝을 이루고 있다.

열녀·열부를 왜곡되고 기이한 성 풍습이라며 비판하는 분위기가 조성되고는 있었지만 보수 유학자들은 열녀를 선양하면서 적극적인 지지를 보냈다. 이진상(1818-1886)은 족형 이문상의 딸이 죽은 남편을 따라 자결하자 "옛날의 열녀는 의리를 지킬 뿐이었으나 지금의 열녀는 열(烈)을 실천하고자 목숨을 바치네"[66]라고 하여 형식으로 죽지 않고 신실한 뜻으로 순절한 것으로 해석한다. 허유(1833-1904)는 병사한 남편을 따라 스스로 목숨을 끊은 서흥김씨의 열행을 칭송하며 "한훤당의 가법(家法)을 여기서 볼 수 있다."[67]라고 한다. 서흥김씨가 곧 한훤당 김굉필의 후손이라는 뜻이다. 또한 허유는 최씨의 열행을 기록한 글에서 이렇게 말한다.

> 옛 부인의 열행은 남편이 죽은 뒤에 다시 시집가지 않으면 그만이었으니 『예경』과 『소학』에도 실려 있다. 그러나 우리 동방은 부녀자들의 타고난 성품이 곧고 신실하여 남편이 죽으면 재가하지 않을 뿐 아니라 반드시 따라서 죽어야 열을 이루게 되니 이 하나의 일만으로도 족히 천하에 노나라가 넓어졌다 하겠다.[68]

이에 의하면 남편이 죽으면 개가하지 않는 것은 기본이고 따라 죽기까지 하는 조선 부녀들의 이 행위는 노나라에서 발흥한 공맹(孔孟)의 도가 확대된 결과이다. 자기 목숨을 버린 행위를 '곧고 신실한' 성품으로 해석한 것이나 중국 부녀들도 감히 행하지 못하는 '남편 따라죽는' 조선의 열녀에서 '문화적 자긍심'을 갖는 형상이다.

이처럼 개항기 유학자들의 열녀 담론은 19세기라는 격변의 시대를 겪으며 여성의 열행을 통해 전통 사회 근간이었던 가치를 회복하려 한 상층 남성 지식인들의 도덕적 결단과 맞물린 것으로 볼 수 있다. 비교적 많은 수의 열녀 전기를 쓴 면암 최익현(1833-1907)을 통해 시대의 분위기를 엿볼 수 있을 것이다. 먼저 태인현 의성김씨 집안의 며느리 이씨는 시집가서 남편이 심한 병에 걸려 죽게 되자 단지(斷指)로 수명을 며칠 연장했고, 죽은 뒤에는 장례를 다 치른 후 순절했다. 이에 면암을 그 시동생의 부탁으로 정려기문을 쓰기에 이른다. 최익현은 말한다.

> 신하가 임금을 위하고 자식이 아비를 위하며 아내가 남편을 위하여 목숨을 바치는 것은 천지간의 영원한 도리이다. … 이제 짐승의 자취가 어지러이 침범하고 사람의 도리가 사라진 때를 당하여 임금께 아뢰어 감동하시도록 하고자 고을에서 상달했으니 백대에 걸쳐 모범이 되는 것이 어찌 우연이라 하겠는가.[69]

최익현은 또 풍양 조씨의 열행을 소개받고 그에 대한 묘표를 썼다. 남편이 죽은 지 여러 달이 지나 약을 마시고 따라 죽은 조씨는 열부이니 짧은 글이라도 묘지를 장식해 주기를 원한다는 지인의 부탁을 받은 것이다. 여기서 그는 '사람의 욕심이 안에서 문란해지고 서양의 물결이 밖에서 넘쳐흘러서 아내가 남편을 남편으로 여기지 않은 시대가 되었다.'고 한다. 이런 시대에 풍양조씨의 열행은 천도가 사라지지 않고 명맥을 유지하고 있음을 보여주는 증거라고 하였다.[70] 면암을 또 청주한씨의 열행에 대해서는 이렇게 말한다.

> 무릇 시무를 알고 공경의 지위에 있으면서 스스로 명문세가라고 인정하는 자도 능히 임금을 저버리고 부모를 뒤로 하고 오랑캐와 짐승에 빠지지 않을 수 있는 이가 거의 드문데 유인은 일개 젊은 여자로 부여받은 수명을 끊어서 강상을 붙들어 세우고 쇠퇴한 풍속을 진작시켰으니 하늘의 도리와 백성의 법도가 이에 의지하여 떨어지지 않게 되었다.[71]

최익현의 열녀 또는 열부 서사는 군신, 부자, 부부라는 삼강의 구도를 깔고 있다. 지금 현재의 정세를 강하게 인식하고 있는 것도 그의 열녀 서사에 나타나는 특징이다. 예컨대 짐승과 다른 사람의 의미를 부부유별에서 찾고, 이것이 이루어지 않으면 삼강이 사라진다거나 지금 나라는 금수의 횡행으로 위기에 처해 있다는 인식이다. 하씨에 대한 열부 서사를 보자.

> 아! 부인이란 한 남편을 섬기다가 죽는 자이므로 부위부강(夫爲婦綱)은 군위신강(君爲臣綱), 부위자강(父爲子綱)과 함께 삼강이 된다. 이것으로 우주를 떠받치는 기둥으로 삼고 고금의 표준으로 삼는 것이다. 이 의리가 하루라도 단절되면 인간은 금수를 벗어나지 못하여 마침내 엎어진 시체가 백만을 이루고 흐르는 피가 천 리를 가는 화가 있게 될 것이 분명하다. … 하씨는 나이 20도 안 되는 시골 아낙으로 한 남편을 섬기는 의를 지켜 삼강의 도를 밝혀 쇠퇴한 세상의 풍속을 도왔으니 비록 옛 충신과 효자로 그 임금

과 아비를 위해 순절한 자라 할지라도 이보다 낫지는 못할 것이다.[72]

최익현은 1876년 '왜양일체(倭洋一體)'를 주장하며 도끼를 들고 궁궐 앞에 엎드려 일본과의 통상조약 체결 교섭을 적극 반대한 인물이다. 즉 과거의 왜인은 이웃이었으나 오늘의 왜인은 양적(洋賊)과 같은 무리의 도적이라는 주장을 하였다.[73] 최익현이 제시한 일본과의 통상 불가론은 다섯 가지로 요약되는데, 그 다섯 번째로 재화(財貨)와 여색(女色)의 문제를 들었다. 즉 왜양(倭洋)은 재물과 여색만 아는 의리가 없는 짐승이라는 것이다. 이러한 맥락에서 그는 남편을 위해 죽은 부인의 열행을 높이 샀고, 누군가의 요청이 있는 한 그녀들의 행적을 널리 알리고 칭송하기에 이른 것이다. 다시 말해 최익현이 본 열부는 여색(女色) 또는 성(性)의 의미가 크다고 할 수 있다.

20세기 들어서도 열녀는 국가가 공식적으로 지지하는 여성 유형이었다. 여기서 봉상사 부제조 이필화(李苾和)는 열녀 정려를 둘러싼 중대한 문제를 제기했다. 1906년(고종 43)에 그는 시사(時事)를 진달하는 상소를 올렸다.

장례원(掌禮院)에서 정문(旌門)을 세워 포상하는 것과 관련하여 관례적으로 돈을 받는 일입니다. 충신, 효자, 열녀에 대해 정려하는 것은 곧 기강과 인륜을 세우고 풍속과 교화를 높이기 위한 국가의 큰 권한입니다. 그러한 사실이 있는 자에 대해서도 또한 정밀하게 택하고 상세하게 안 연후에야 작설(綽楔)의 은전을 시행하도록 허락할 수 있는 법인데, 더구나 그러한 사실이 없는 자에 있어서이겠습니까. 지금은 그렇지 아니하여 그 사적의 허실은 따지지 않고 오직 관례로 납부하는 돈 800원이 있는지 없는지만 보고 허락하니, 행적은 헛된 것이 되고 관례로 납부하는 돈이 사실을 만들어 냅니다. 설령 충신, 효자, 열녀의 실질적인 행적이 있더라도 반드시 천고(千古)에 묻혀 세상에 드러나지 못하게 되고 마니, 이 어찌 묘당(廟堂)에서 법을 세운 본뜻이겠습니까.[74]

이필화의 주장은 사실에 부합하는 '진정한' 열녀를 선발할 수 있는 시스템이 필요하다는 취지지만, 이를 통해 국가는 여전히 열녀를 인륜과 풍속의 교화에 필요한 인간 유형으로 인식하고 있음을 알 수 있다. 요컨대 열녀 5백년 역사의 마무리하는 시점에서 돈 800원이 있으면 열녀가 되고 없으면 될 수 없었던 현실은 무엇을 말해주는가. 이제 열녀는 더 이상 역사무대에 설 수 없다는 것이 아닐까.

2) 열녀 비판과 열녀 변형

열녀 칭송의 입장이건 열녀 비판의 입장이건 근대 초기에 활동한 이른바 지식인들은 열녀 현상으로부터 자유롭지 못했다. 변혁의 세기답게 열녀를 보는 시각 또한 일률적이지 않다. 한편 열녀라는 현상을 비판적으로 보는 시각은 늘 있어 왔지만 역사의 흐름을 주도할 정도는 아니었다. 열녀가 상식적이지 않다는 의견은 국왕이 주재하는 조정 회의에서도 개진되었다. 연산군 3년(1497)의 일이다.

열녀(烈女)와 절부(節婦)는 세상에 흔히 있는 것은 아니니 간혹 나오게 될 경우 국가에서 마땅히 포장(褒獎)함으로써 권장할 수 있습니다. 만약 모든 사람에게 백주(柏舟)[75]의 절행을 강요한다면, 신 등의 생각으로는 반드시 얻을 수 없을 뿐 아니라 그 폐단이 도리어 위에서 말한 바와 같이 되지 않을까 걱정됩니다. -『연산군일기』 3년 12월 12일

이는 『경국대전』의 '재가녀자손금고법'을 개정하자는 취지에서 나온 발언이다. 즉 효(孝)·열(烈)의 이념은 사회 질서를 위해 필요한 것이므로 그에 부합한 행위자를 포상하고 장려하는 것은 가능하나 모든 여성에게 특정 행위를 강조하는 것은 가능하지 않다는 것이다. 비교적 유연한 사고를 보였던 400년 전과는 달리 앞 절에서 본바, 19세기 유자(儒者)들의 열녀론은 심각한 인식론상의 퇴행이다.

19세기는 변혁의 시기인 만큼 기존 가치를 고수하려는 입장과 변혁을 모색하는 입장이 경합하는데, 열녀 비판의 입장에서도 다양한 스펙트럼을 가진다. 열녀의 왜곡된 현실을 비판한 지식인으로 다산 정약용(1762-1836)을 들 수 있다. 그는 남편 따라 죽은 여자를 열부(烈婦)라고 하며 마을에 정표하고 그 아들이나 손자들의 요역을 면제해 주는 것에 주목했다; "이 세상에서 죽기보다 더 어려운 것이 없는데 저 보잘것없는 일개 여인이 스스로 목숨을 끊었다. 그런데도 기필코 열부가 아니라고 하는 것은 무슨 까닭인가?"[76]

다산에 의하면 이런 여자의 행위는 의리나 명예를 위한 것이기 보다 좁은 소견에 울컥하여 저지른 단순 자살에 불과하다. 더구나 남편이 편안히 천수를 누리고 안방 아랫목에서 조용히 운명했는데 아내가 따라 죽는 것은 논의할 가치도 없다는 것이다. 그가 보기에 열부로 승인된 자들은 '의

로운 죽음'이 아니라 대개가 '흉한 죽음'인 단순 자살일 뿐인데, 국가가 이들을 선양하고 각종 이익을 주는 것은 가장 흉한 일을 서로 사모하도록 백성들에게 권면하는 것일 따름이다.[77] 다만 정약용은 열녀 자체를 부정하지는 않는다. 의로운 죽음으로서의 열(烈)은 인정한다. 그는 여자로서 추구해야 할 덕목에 열행만 있는 것이 아니라 자식으로서의 효와 어버이로서의 자애가 있다고 하여 열행에 몰입하는 세태를 비판적으로 보았다. 그는 남편이 죽는 것은 한 가정의 불행이지만 늙은 부모와 어린 자녀를 양육해야 할 임무가 죽은 남편의 아내 되는 사람에게 있다고 한다.

최한기(1803-1877)는 열녀를 유학의 근본에서 벗어난 말류의 폐단으로 본 대표적인 지식인이다. 그는 몸을 죽여 인(仁)을 이루는 것은 진실로 군자의 대절(大節)이지만, 한 사람이 죽음으로써 만백성을 살리는 도(道)를 체득한 경우는 드물다고 한다. 그는 말한다; "혹 죽지 않아도 되는데 죽음으로 나아가면서, 적을 꾸짖는 것으로 절의를 삼고 목숨을 재촉하는 것으로 사업을 삼아, 살신성인한 사람과 같이 일컬어지기를 바란다. 효자와 열녀의 경우에도 부당하게 기록된 경우가 많아서, 진짜 효자와 열녀로 하여금 혼동되게 만들고 있다."[78]

19세기는 열녀 비판의 흐름과 함께 한편에서는 열녀에 대한 재해석 또는 열녀 변형이 이루어진다. 정(貞)과 열(烈)을 교육적으로 해석하는데, 그것을 여성 자신을 바로 세우는 방법으로 활용하라는 것이다. 이원긍(1849-?)은 정과 열을 예부터 내려오는 여성들의 자기 관리 방법으로 여긴다. 그는 열(烈)을 "행실의 온전함"으로 해석한다. "여자라면 먼저 자신의 기반을 확립하는 법을 배워야 한다. 자신의 기반을 세우는 방법은 정(貞)과 열(烈)뿐이다. 정이란 뜻이 한결같다는 것이고 열이란 행실이 온전하다는 것이다."[79] 『초등여학독본』(1908)은 근대 초기 교육서라는 성격에 맞게 변화된 사회를 반영하여 '정절 자결'을 의미하는 열(烈)을 여성 자신을 만들고 관리하는 정신, 즉 수신(修身)의 개념으로 해석한 것이다.

열녀는 정절·절개를 상징하는 성적인 이미지가 강하지만, 개항기의 열녀는 그 반대로 성(性)을 탈각한 존재들로 그려지기도 한다. 개항기 유학자들이 서술하는 열녀는 몇 가지 패턴을 가진다.

첫째는 열녀는 윤리의 마지막 보루이다. 즉 열녀는 금수가 횡행하는 시대를 비춰줄 불빛 같은 존재이다. 김평묵(1819-1891)은 열부 이씨를 '천지간에 영원히 변치 않는 도리이자 사람으로서 늘 지켜야 하는 삼강오륜을 체현한 인물'이라고 썼다.[80] 이건창(1852~1898)은 부인이 남편을 위해 죽는 것은 다른 목적이 있기보다 본성의 발현으로 이른바 '살신성인(殺身成仁)'의 실현이라고 한다.

> 아아! 신하가 임금을 위해 죽고 아내가 남편을 위해 죽는 것은 모두 스스로를 다한 것이지, 임금과 남편에게 어떤 유익함이 있어서 죽는 것은 아니다. 만약에 임금과 남편에게 반드시 어떤 유익함이 있어야 죽는다고 한다면, 마땅히 죽어야 하는데도 죽지 않는 자가 필시 나올 것이다. 그러므로 "몸을 죽여서 인을 이룬다."고 말하였지, "몸을 죽여서 일을 성사시킨다."고 말하지 않는 것이다.[81]

여기서 열녀의 행위는 다른 사람을 위하거나 다른 것의 수단이 아니라 자신을 위한 것이고 그 자체 목적이자 도덕의 최고 단계이다. 신기선이 "충·효·열은 진실로 인성(人性)에 본래 갖추어져 있는 것이요 마땅히 해야 할 직분"[82]이라고 한 것과도 통하는데, 즉 열녀는 도덕적인 인간의 당연한 길이 된다.

두 번째 열녀는 집안을 일으킨 자이다. 기우만(1846-1916)은 열녀를 "자신의 마음으로 마음을 삼지 않고 죽은 남편의 마음으로 마음을 삼는 자"[83]로 정의한다. 즉 따라죽는 것만 열녀가 아니라 남편의 마음으로 사는 것도 열녀라는 말이다. 다시 말해 곧바로 따라 죽기보다 살아남아 집안을 건사해야 하는 것이다. 그녀를 기다리는 것은 시부모 봉양과 봉제사, 아이 양육, 집안일 등이다. "아들을 잃은 자식을 둔 시부모를 봉양하여 천수를 누리고 돌아가시게 하는 것이 죽은 남편의 마음이다. 제사를 지낼 자식을 세워 조상의 제사를 받들게 하는 것이 죽은 남편의 마음이다."[84]

여기서 열녀란 '자기(自己) 존재를 무화(無化)하고 몸과 마음을 남편의 것에 완전히 일치시켜 남편이 해야 할 일을 완수함'으로써 얻어진 이름이다. 기우만의 이러한 발상은 조부 기정진(1798-1879)으로부터 온 것 같다. 기정진의 열녀는 자신의 마음을 갖되 동시에 남편의 마음을 가지고 현실에 임한 여성이다.

자신의 마음으로 마음을 삼고 죽은 남편의 마음을 생각하지 않은 사람 가운데 열(烈)이 있다는 말을 들어보지 못했다. 배 속의 아이를 온전히 지키고 아들을 잃은 시어머니를 봉양하는 것이 죽은 남편의 마음이다. 마침내 목숨을 버려서 죽은 남편을 따른 것은 내 마음이다. 한 사람의 몸으로 두 마음을 다하여 유감이 없게 한 것은 나는 열부 윤씨에게서 보았다.[85]

한편 남편을 따라 죽은 부인을 칭송하고 권장하는 것은 예가 아니라고 한 심대윤(1806-1872)의 경우는 죽지 말아야 할 이유가 남편의 집안을 위한 데 있다. 그는 남편이 죽었는데 부인이 살면 남편의 문호를 유지하고 그 자녀를 길러낼 수 있다고 한다.

> 부부는 반쪽이 합한 것이니 남편이 죽었는데 부인이 살면 이는 남편의 반쪽 몸이 사는 것이다. 반쪽 몸이 살았는데 또 없애 버리면 이는 남편을 두 번 죽이는 것이다. 예에는 까닭 없이 죽은 자는 조문하지 않는데 부모에게 죄를 지었기 때문이다. 부모가 남겨주신 몸으로 마땅히 죽을 의(義)가 있는 것도 아닌데 까닭 없이 자살한다면 이는 그 부모를 상하게 하는 것이다. 남편의 반쪽 몸으로 마땅히 죽을 의가 있는 것도 아닌데 까닭 없이 자살한다면 이는 그 남편을 상하게 하는 것이다.[86]

신기선도 두 편의 정려기(旌閭記)를 통해 살아 남아 집안의 모든 일을 다한 여성을 열녀로 호명했다. 1893년에 쓴 글에 의하면, 남편은 죽고 혈육이 없는 순천의 장씨는 남편 장사 날부터 5-6년간 지속적으로 자살을 시도, 그때마다 집안사람들에 의해 구출된다. 그런 후 시동생의 아들을 키우게 되자 이로부터 살아야 할 의미를 찾고, 집안일과 남편 제사를 지내며 40세가 되기에 이른 것이다. 고을에서 그 행실을 조정에 알려 정려의 은전을 받게 되었다.[87] 장씨에 대해 신기선은 "옛날의 현명한 여자들도 이보다 나을 수 없다."고 극찬한다. 1906년에 쓴 '열녀 최씨'도 죽지 않고 남아 남편의 집안을 일으킨다. "처음에 남편을 따라 죽으려고 하였으나 마음을 돌려 생각하기를, '남편에게는 남은 혈육이 없고 가문에는 기년복 입을 친척도 없으니, 내가 만일 나란히 죽으면 선조의 향불은 끊어지고 무덤은 황

폐해져 남편의 집안이 민멸될 터이니 어찌 그럴 수 있으리오?' 하였다."[88]

육용정(1843-1917)의 어머니는 34세 때 아버지가 돌아가셨는데, 어린 자녀들을 두고 따라갈 수 없어 슬픔을 누르고 살기로 하여 40년을 보냈다; "어머니께서 만약 아버지께서 돌아가신 날 세상을 뜨셨다면 우리 집안은 없었을 것이다. 어머니는 빙설 같은 지조로 격한 감정을 너그럽게 하는 뜻을 두시고 매우 힘든 마음으로 규방 안에서 40여 년을 보내면서 춥지 않아도 조심스레 떠시면서 바야흐로 뜻을 세우고 겸하여 온화함으로 견뎌 집안을 보전하여 대대로 전하셨으니 열(烈)이라고 할 수 없겠는가?"[89]

세 번째 열녀는 충(忠)의 가치를 실현한다. 전우(1842-1921)는 국가에 대한 충절과 위기의 상황에서도 끝까지 의리를 죽음으로 지켜낸, 두 여성을 호출한다. 그는 이들을 통해 당대가 처한 국가와 충절의 문제를 보고자 했는데, 유향의 『열녀전』에 나오는 인물이다. 합(蓋) 나라 장수 구자(丘子)의 아내는 남편이 전쟁에서 패하고 살아서 돌아오자 임금이 죽고 나라가 망했는데 치욕스럽게 살아남았냐고 한다. 그리고 그녀는 "처자식을 사랑하여 임금의 원수를 잊은 의롭지 못한" 남편과 살 수 없다며 스스로 목숨을 끊었다. 또 하나는 빗발치듯 퍼붓는 화살을 피해 자신의 아이 대신 형(오라버니)의 아이를 안고 피신한 '의로운 고모'를 호출했다.

저 부인은 약한 여성인데도, 인과 의를 알았고, 삶을 버리고 의로움을 취할 줄 알았다. 큰 절의가 우뚝하여 변방의 오랑캐를 감동시켜 종사(宗社)를 지켰으니 누가 그 공을 함께 할 수 있겠는가? 절박한 우리 동방 너무 위태롭다고는 말하지 말라. 저 합 나라와 비교해 보면 도리어 보호하고 유지할 만하다. 헌헌장부가 거의 백만인데 어찌 한가하고 느긋하게 서로 일을 미루고 처리하지 못하며 무능함을 다투고 있는가? … 저 구장군의 아내를 생각하면 우리의 벼슬아치들이 부끄럽다.[90]

전우는 사적인 자기를 버리고 대의(大義)를 취함으로써 나라를 지킨 여성들을 통해 국가의 도덕적 위기를 타개하고자 했고, 무능하고 비겁한 권력자들을 공격했다. 그에게 열녀란 한 남자에게 신의를 다하는 것만이 아니다. 유사한 생각을 가진 기우만은 말한다.

지금이 어떤 날인가? 나라에서 요구하는 것은 충신과 의사(義士)가 격동하여 성취하는 것이다. 생각해 보니 충과 효와 열의 도달점은 하나이다. 열부가 효자가 되고 효자가 신하가 되니 열이 효가 될 수 있고 효와 열은 충이 될 수 있다.[91]

여기서 여성은 국가에 대한 충을 행할 주체로 설정되었다. 국가에 충성하는 애국하는 여성이란 부드럽고 순종적이기보다 용감하고 담대하며 의리를 준수하는 그런 사람이다. 그런데 나라를 지키는 이 여성들이 열부의 이름으로 호명되었다. 전우(1841-1922)는 청송 심씨의 효열을 통해 서양 오랑캐에게 복수하는 조선의 의사(義士)를 기다린다

아름다운 부인 청송 심씨는 효와 열의 지극한 행실이 옛날 여사와 같았다. 저 원수의 금 따위를 똥처럼 더럽게 여겨 핍박을 당해 스스로 목을 매어 죽으려고 했으니 어떠한가? … 아! 저 면류관 쓴 선비들 중에서 머리를 조아리고 금을 받은 사람은 부끄러워 땅 속으로 들어가야 할 것이다.[92]

만포 기생 전불관(田不關)의 전기를 쓴 전우는 한 남자에 대한 의리를 지킨 전불관을 조정에서 신하 노릇하는 사대부 남성들과 견준다. 그는 국가(임금)의 강약성쇠에 따라 따르거나 배반하는 것을 전불관이 본다면 "개나 돼지만도 못하게 여길 것"이라고 한다. 이어서 그는 "이제 천하의 군자는 불관을 목표로 삼아 그가 섬기는 바를 위해 모두 목숨을 버릴 수 있어야 하며 마음을 변치 말아야 한다."라고 하였다.[93] 육용정(1843-1917)은 한 군인의 처를 통해 '열(烈)'과 '충(忠)'이 갈등하는 모습을 그려낸다. 갑오년(1894)에, 이 여성은 동학교도의 난을 진압하러 호남으로 간 별기군 소속의 남편이 전사했다는 소식을 접하게 된다. 여자는 반장(返葬)하기 위해 십여 세 되는 아들을 데리고 장례에 필요한 것들을 챙겨서 서울에서 나주까지 천리 길을 갔다. 남편은 입던 옷 그대로 가매장되어 있었다.

옷을 갈아입히려고 시신을 자세히 살펴보니 허리에 길고 좁은 끈이 매어져 있었고 그 가운데 금은으로 장식한 가볍고 값나가는 물건들이 많이 들어 있었다. 소사가 말하기를 '아, 내가 전에는 그를 남편이라 여겼는데 이제는 아니다. 몸이 천해도 차라리 병졸이 되어 적의 칼날에 죽었다면 죽어도 또한 그 몸을 결백한 것이니 그것이 남자다. 군사가 되어 이 같은 재물을 지닐 수 있겠는가? 필시 비리로 취한 것이다.' 하고 탄식하다가 말하기를 '반장을 하는 것은 불가하다. 무슨 면목으로 고향 선산에 묻히겠는가?'라고 했다. 드디어 준비해 간 옷가지로 대략 염습을 다시 하여 그 자리에 도로 묻고 한 번 곡하고 다시 슬픔을 다하고 돌아섰다.[94]

육용정은 모(某) 소사가 행한 일을 의(義)의 맥락에서 해석하였다. 유교의 의(義)란 친한 이를 위해 그 잘못을 가려주어야 하는 뜻이 있다. 이에 소사가 그 남편의 잘못을 가려주었다면 아내로서의 의를 얻은 것이다. 그런데 그녀는 아내로서의 의를 얻지 못했다. 하지만 천리 길을 가서 남편에게 곡(哭)을 한 것은 열(烈)을 행한 것이다. 남편의 비리를 가려주는 의는 부인의 일반적인 의로 보통사람도 행하는 의(義)라고 한다면, 남편의 비리를 보고 결단한 소사의 의(義)는 평범하지 않은 수준 높은 것이다. 이에 육용정은 "부인으로서의 바른 도리는 얻지 못했지만 실은 그 도리보다 백배는 나은 것이다."라고 하고, 또 "이 소사는 처음에는 기량의 처와 비슷했다가 마지막에는 안영 마부의 처와 비슷했고, 그 처지를 바꿔본다면 섭정 누이의 일보다 또한 낫다고 할 수 있다."라고 했다.

네 번째 유형은 남편을 지켜주고 살려낸 열녀이다. 남편 대신 죽거나 남편의 원수를 갚는 등 남편을 보호한 여성 유형을 어렵지 않게 만날 수 있다. 한장석(1832-1894)은 억울하게 죽은 남편의 명예를 회복한 여성에 주목했다. 이른바 김열부(金烈婦)는 남편의 억울함을 관에 호소하여 5년 동안 장례를 지내지 않았고, 수천리 길의 서울에 가서 어가가 지나는 길에서 억울함을 호소하여 결국 조정의 관심을 받기에 이르렀다. 한장석은 이 여성의 정의로운 복수가 나라의 임금을 움직일 만큼 감동적이었다고 한다.[95] 이건창은 한씨의 열행을 기록했는데, 그녀는 남편이 병상에서 죽음을 다투자 아내는 남편 대신 자신을 죽게 해달라고 빌었다. 아내가 원하는 대로 되었다. 즉 병상에서 죽음을 기다리던 남편은 살아나고, 남편 대신 죽기를 원했던 한씨는 죽었다. 아래 시는 한씨 부인의 열행(烈行)을 읊은 것이다.

남편이 병상에서 죽으려 하자 아내는 그릇에다 독주를 마셨네.

또한 어찌 요행을 바랐겠는가, 차마 가만히 앉아 볼 수 없기 때문이었네.

산 자가 죽으려 하자, 죽은 자가 갑자기 살아났네.

비록 천명이라고는 하지만, 누가 정성이 아니라고 하겠는가.

정성은 이미 하늘을 감동시켰는데, 어찌 두 사람 모두 살려내지 않았는가.

그 자신을 죽이지 아니하면, 어찌 절개를 드러냈겠는가.[96]

.

기우만도 남편을 구해 낸 송씨 부인에 주목했다. 임진란 때, 송씨는 남편이 적들에게 포위되었다는 소식을 듣고 달려가 몸으로 남편을 가리며 보호하자 적이 부인의 소매를 잡았다. 이에 부인은 "개 같은 무리가 감히 나를 더럽히는구나"라고 하며 돌을 가져다 적의 팔뚝을 때리고 남편이 차고 있던 칼을 꺼내 자신의 목을 찔러 죽었다. 이에 적이 '진실로 열부이구나'라고 칭찬하며 그 남편을 놓아주었다. 그 사건이 있은 5년 후인 1598년(무술년)에 송씨 부인은 정려되는데, 기우만은 그 5주기 무술년(1898)을 기념하여 정려기를 썼다.[97]

유인석은 남편이 병을 앓은 지 6개월 동안 온갖 약을 써보고 귀신과 해와 달과 별에 빈 정씨를 소환했다. 그녀는 점쟁이가 '남편이 아내를 잃게 되면 나을 수 있다.'는 말을 듣고 자결하였다. 그녀에 대해 유인석은 이렇게 평한다. 군신과 부부는 의리의 관계이고 열절은 의리의 관계를 실천한 것이다. 신하가 임금 따라 죽은 경우는 한나라의 기신(紀信)과 고려의 김덕령, 신숭겸 정도이지만 아내가 남편을 따라 죽은 경우는 조선에만도 '거의 천명'이다. 이것은 곧 소중화의 실상으로 위대하다. 이에 대해 유인석은 "어찌 사람으로서 감동하지 않겠는가? 비록 망국의 오랑캐도 어찌 이에 공경하고 두려워하지 않겠는가. 동국을 존경할 만하는 것임을 알 것이다."[98]라고 한다.

기정진(1798-1879)이 주목한 또 다른 송씨 부인이 있다. 그녀는 밤에 흉기를 들고 남편을 해치려고 침입한 적들에 맞서 남편 대신 죽음을 맞이한다. 죽어 가면서 송씨는 남편에게 이렇게 말한다. "백년 된 오랜 집안이 하루아침에 망하게 되었는데, 부인의 도리상 죽는 것을 아까워할 수 없었습니다. 장부는 부인과 달리 아직 앞날이 있으니 남은 정신을 수습하여 몸을 상하지 않게 하시고, 슬픔을 그만 두시기 바랍니다." 이 여성에 대해 기정진은 "지아비를 위해 한 번 죽으니 어찌 그리 열렬한가."[99]라고 한다. 김평묵이 입전(立傳)한 한 여성 이씨는 남편 원수를 갚고 자결했는데, 이 여성을 통해 그는 '서양 오랑캐'에 복수하는 의로운 애국자의 모습을 연상한다. 김평묵은 말한다.

> 삼강의 종요로운 윤리는 하늘이 땅을 경영하는 의리로, 이른바 사람이 지켜야 하는 떳떳한 법도인 것이다. 그러므로 『예경(禮經)』에서 임금과 아비의 원수에 대해 쓰면서 반드시 이르길, '더불어 하늘을 이고 살 수 없다.' 고 했다. … 부부에게 해당하는 의리가 어찌 다르겠는가? 이제 서양 오랑캐가 복수를 잊고 원수를 사랑하라고 가르치니 세상이 바야흐로 휩쓸려서 그에 경도되고 있다. 그러니 하늘의 이치와 백성의 떳떳한 법도가 어찌 쓸려가지 않겠으며 화란이 장차 어느 곳에서 그치겠는가? [100]

여기서 열부(烈婦)는 정절을 지켰다는 의미보다 의리나 복수, 용기를 체현한 여성이다. 『진벌휘고속편』에는 경상도 상주 은척(銀尺)의 한 여성의 열행을 실었다. 그녀는 남편을 도둑에게 잃고 인질로 끌려갔는데, 거기서 도둑의 아이까지 낳는다. 하지만 남편을 위한 복수의 마음을 놓지 않고 있다가 기회를 엿보아 그 소굴에 불을 질러 도둑과 아이까지 모두 없앴다는 내용이다.[101]

한편 개항기에는 살아서 남편을 보호하고 남편이 죽으면 장사지낸 행위를 부각시켜 그것을 '열행(烈行)'으로 칭송했다. 즉 열녀의 입을 빌려 남성 지식인들은 "살아서 남편 봉양 죽어서 장례 치르는 것이 모두 나의 일"이라고 말한다. 밖에서 죽은 남편을 고향으로 그 시신을 옮겨와 장사지내는 여성 또한 열녀로 호명되는데, 19세기에는 이러한 유형을 어렵지 않게 만날 수 있다. 성해응의 「청성효열전(靑城孝烈傳)」에는 여종이 남편의 죽음을 맞자 가산을 팔아 시신을 고향으로 데려와 묻었다.[102] 유인석은 "머리에 남편의 시신을 이고, 등에는 어린 아이를 업고 5백리 길을 걸식하면서 수개월이 지나서야 고향에 이르러 장사지낸 유씨 부인을 열부(烈婦)로 호명했다.[103] 또 육용정(1843-1917)의 모(某) 소사도 남편의 반장을 자신의 임무로 여겼다.[104] 남편의 죽음을 잘 마무리하는 이러한 열녀는 다양한 유형 중의 하나로 유향의 『열녀전』에서 제시된 '제나라 기량(杞梁)의 처'가 기원이 된다.

남편의 시신을 그 고향으로 옮겨와서 장사지내는 열녀가 개항기 열녀 입전(立傳)에 자주 등장하는 것은 그 시대의 상황과 관련 있는 것으로 보인다. 이동이 보편적인 형태가 된 이 시대에 고향을 향한 염원을 담은 것일 수 있다. 물론 자기 존재와 삶의 뿌리를 확인할 수 있는 존재의 근원지로서의 고향은 남성의 고향이고, 다름 아닌 유교적 가치가 보존되는 남성 지배의 영토이다.[105] 남성의 삶에 드리운 외로움이나 불안감을 '완벽한 여성' 열녀를 통해 해소하고자 한 것으로 보인다. 그런데 성과 무관한 '완벽한 여성'을 성의 문제를 내포한 열녀와 결부시킨 것은 열녀라는 존재가 이미 여성을 지칭하는 최고의 표상이 되었기 때문이다.

열녀는 구체적인 역사 속에서 만들어진 여성 유형이다. 조선은 건국기부터 왕조가 끝나는 20세기 초까지, 5백여 년간 지속적으로 열녀 및 열녀 담론을 생산해 왔다. 그 생산은 국가 및 남성 지식인들이 주도해 왔다. 즉 여성 자신의 목소리나 의지로 열행의 경험을 말한 것이 아니라 기록자 또는 생산자의 시선에서 죽은 여성의 심정과 뜻을 대변하는 방식이다. 여성의 삶과 행적이 여성 자신의 언어가 아닌 국가 및 남성의 언어로 서술되었다는 점에서 열녀를 여성의 경험으로 볼 수 없는 한계가 있다. 그런 점에서 열녀는 정절의 문제와 연동되면서 가부장제 사회를 유지하기 위한 여성 관리의 개념이다. 이 열녀 또한 다른 개념들과 마찬가지로 시대의 변화를 반영하면서 변주를 보여 왔다.

성(sexuality)과 관련할 때 이 시기의 열녀는 정절을 극단적으로 해석한 종사형(從死型)과 성(性)을 탈각한 '완벽한' 여성 유형이 있다. 즉 열녀로 호명된 여성들은 성적 순결이 강조되거나 반대로 성적 이미지가 제거된 방식이었다. 특히 '완벽한' 유형의 열녀는 윤리의 수호자, 집안을 일으키고 지킨 자, 국가를 위해 충(忠)을 행한 주체, 남편을 보호하는 아내로 호명되었다. 성적 순결이라는 열녀의 본질과 무관한, 다양한 유형의 여성이 열녀의 이름으로 등장한 것은 개항기 가부장들의 불안한 정체성과 관련이 있어 보인다. 안으로는 사회적 모순이 극에 달하고, 밖으로는 외세의 침입으로 정체성의 위기에 처한 유교 가부장들이 여자들에게 구원의 손길을 기대한 것은 아닐까.

제4장

혼인과 가족의 담론

1. 혼인의 전통과 근대

1) 유교 혼인의 계승과 변형

혼인이란 무엇인가. 『주역』은 천지가 열리자 만물이 생겨나고 이어서 남녀와 부부가 차례대로 생겨났다고 한다. 부부가 있고 난 후 부자와 군신, 상하, 예의가 차례대로 나왔다며 인간과 문명의 등장을 발생론적으로 설명하였다.[1] 즉 남녀에서 부부가 되는 과정이 바로 혼인이다. 1899년《황성신문》은 혼인이 무엇인가를 설명하며 『주역』의 생각과 언어를 그대로 인용하는데, 당시 어감을 살리는 의미에서 원문과 번역문을 나란히 소개한다.

> 天地가 肇判함의 男女가 始生이라 聖人이 此를 則ᄒᆞ샤 婚嫁의 禮를 作ᄒᆞ야 夫婦의 道를 定ᄒᆞ시니 人物의 林蔥함이다 陰陽의 生生ᄒᆞᄂᆞᆫ 理致라 故로 人間의 樂事ᄂᆞᆫ 夫婦에 過할 者ㅣ 無ᄒᆞᄂᆞ니 詩에 不云乎아 琴瑟友之라 與子偕老라 死則同穴이라 한 것이다.
>
> 천지가 처음 나뉨에 남녀가 비로소 생겨났다. 성인이 이에 혼인의 예를 만

들어 부부의 도를 정하시니 인간과 만물이 번성해졌다. 이는 음양의 생생하는 이치인 까닭에 인간사 즐거움이 부부보다 더한 것이 없으니 시에도 말하지 않았는가. 서로 사랑하며 그대와 해로하여 죽어서는 같은 무덤이라고.[2]

혼인의 역사는 통상 보편적 가치의 부분과 시대에 따라 변하는 형식으로 이어져 왔다. 1900년 고종의 조정에서도 혼인에는 바꿀 수 없는 것과 바뀔 수 있는 것이 있다고 한다. 무엇이 혼인의 보편 가치이고 무엇은 변할 수 있는 것인가. "혼인은 인류의 대사(大事)로 남편과 한평생 함께 늙고 두 번 시집가지 않는 것은 만세토록 바꿀 수 없는 법이다. 그러나 실정의 변화에 맞게 방편을 따르는 것도 선왕의 법이다."[3] 원로대신 민치헌(1844-1902)의 발언으로 『승정원일기』에 실려 있다. 즉 한번 혼인하면 그 남편과 평생을 함께하고 죽어도 함께 하는 것이 상법(常法)이지만 이것도 시대의 변화에 따라 변법(變法)이 가능하다는 것이다. 그렇다면 개항기 혼인에서 바꿀 수 없는 상법과 바뀔 수 있는 변법은 무엇인가. 상법은 어떻게 변용되고 어디까지 허용되는가.

먼저 유교사상의 체계에서 혼인은 어떤 의미와 어떤 위상을 가지는가를 보자. 중국 고대 유교 경전에서는 혼례(昏禮)를 "만세의 시작(萬世之始)"이라고 하고 "예의 근본(禮之本)"이라고 한다. 또 혼인을 "화복(禍福)의 실마리"[4]라고 한다. 이는 혼인을 인생의 열쇠로 보아 혼인으로 인해 인생이 성공할 수도 있고 실패할 수도 있다는 것이다. 이처럼 유교적 사유에서는 혼인에 부여하는 의미가 그 무엇보다 컸다. 따라서 혼인례 만큼 신중하게 취급하는 예도 없다. "혼인이란 두 성(姓)의 좋은 것을 합하여 위로는 종묘를 받들고 아래로는 후세를 잇는 것이므로 군자가 귀중하게 여긴다."[5] 혼인에 대한 이러한 생각은 조선 500년을 거쳐 20세기에 이르러서도 그대로 이어진다.

> 대개 혼인은 인류의 대스라 사름이 이 셰샹에서 셔로 혼인 ᄒᆞᄂᆞᆫ 법이 업스면 싱싱 ᄒᆞᄂᆞᆫ 리치가 어듸로 좃차 나리오. 그런 고로 유셔에 ᄀᆞᆯㅇ되 군ᄌᆞ의 도는 부부에 ᄆᆞᆺ을 짓는다 ᄒᆞ엿스니 이 글 쓴은 동양 션빅가 익히 아는 빅라 혼인 ᄒᆞᄂᆞᆫ 레를 맛당히 삼가고 죠심 ᄒᆞ야 부부 간에 셔로 百년을 긔약홀 것이어늘. -《독립신문》 논설, 1899년 7월 20일

다시 말해 혼인은 인류의 가장 중요한 시작으로 군자의 도(道)가 이 부부에서 완성된다는 것이다. 지식의 권위를 유서(儒書)나 '동양의 선배'에 둔 것은 유교의 혼인 이념을 그대로 이어가겠다는 말이다. 여기서 유서는 『중용(中庸)』을 가리키는데, "군자의 도는 부부에서 시작된다(君子之道 造端乎夫婦)"는 문구를 두고 한 말이다. 이처럼 혼인을 서술하는 개항기의 언어는 전통과 크게 다르지 않다. 그렇다고 전통시대의 혼인관을 그대로 고수한다고 볼 수도 없다. 이에 전통의 연속과 변용의 구체적인 내용을 따져 볼 필요가 있다. 편의상 과거를 전통이라고 하고 지금의 개항기를 근대라고 하자.

먼저, 혼인을 하는 이유 또는 혼인을 통해 추구하는 목적은 무엇인가 하는 것이다. 전통과 근대는 모두 생물학적 생산에 일차적인 의미를 두었다. 즉 『주역』은 "낳고 낳는 것을 역(易)"이라 하고, '여자의 혼인은 낳고 기름 즉 사람의 시작'이라고 한다.[6] 즉 유교 전통에서 본 혼인의 목적은 '사람

을 낳고 기름' 즉 생육(生育)에 있다고 본 것이다. 수천 년을 이어져 온 이 『주역』의 혼인 사상은《제국신문》1900년 5월 11일 자 논설에서 그대로 인용된다.

> 혼인이란 사람에게 제일 크고 중요한 일이다. 만일 혼인법이 없어 남녀 배
> 합이 되지 못하면 집안 살림이 안 되는 것은 물론 자손이 어디서 생기며 자
> 손이 없으면 가세를 어떻게 전해 가겠는가. 그런 까닭에 혼인을 인류의 제
> 일이고 백복(百福)의 근원이라 한다.[7]

여기서 남녀 배합, 자손 생산, 가족의 영속성 등은 혼인을 통해 구현되어야 할 가치들이다. 생물학적 생산, 즉 '생생지리(生生之理)'의 구현을 의미한다. 이른바 근대적 혼인을 구상하는 이들도 이성지합(二姓之合), 생생지리, 만복지원(萬福之源) 등과 같은 유교적 세계관과 결부된 가치들을 그대로 사용하고 있다. 즉 '혼인은 두 성(姓)의 결합, 모든 복의 원천'이라는 표현은 근대에 들어서도 혼인과 함께 늘 따라 나오는 표현들이다.

> 혼인이란 인류의 시작이고 낳고 낳은 것의 근본이다. 두 집안이 결합하여
> 한 몸을 이루고 한 몸이 이루어 수많은 자손을 생산하고, 천백의 자손[百子
> 千孫]을 낳아 억만 백성을 이루었으니, 어찌 중대하지 않으며 신중하게 살
> 피지 않을 수 있는가.[8]

15세기의 『성종실록』에는 "혼인의 예(禮)는 만복(萬福)의 시초이니, 아들을 낳으면 장가들게 하고[男子生而願爲之有室] 딸을 낳으면 시집보내려는

것[女子生而願爲之有家]은 모든 부모의 마음"[9]이라고 한다. 유사한 표현이
1907년의《황성신문》에도 나온다.

> 혼인이란 두 성이 합하는 것이요 만복의 근원이라. 인간 세상에서 아들이
> 있으면 반드시 어진 며느리를 구해 장가들게 하고[必求賢婦而娶之], 딸이 있
> 으면 어진 사위를 택하여 시집보내어[必擇賢婿而嫁之] 한번 인연을 맺어 백
> 세를 해로하고 서로 의지하여 온 집안이 화목하기를 바란다. 인간의 큰 일
> 중에서 무엇이 이보다 중하며 세상의 큰 경사 중에 무엇이 이보다 크리오.
> 그러므로 옛사람이 말하기를 '부부의 도는 크도다. 부부의 즐거움이 아름
> 답다.'고 하니 고금왕래에 예가 혹 다름이 있으나 그 중대함은 만고 천금에
> 매 일반이라.[10]

그러니까 20세기에 들어선 현재(1907)에도 혼인의 목적은 중국 고대 유
교 경전이나 조선시대 사람들의 그것과 같거나 유사하다. 왜 혼인을 하는
가. 다시 말해 전통과 근대는 혼인의 중요한 의미를 후손을 얻는 것, 즉 생
물학적 생산에 두었다. 참고로 혼인의 목적을 생물학적 생산이 아니라 사
랑에 두기도 하는데, 이는 1920년대 가서야 나온다. 거기서 사랑은 지적
인 것과 육적(肉的)인 것을 포함하는 것으로 이해되었다.[11]

생물학적 생산을 혼인의 목적으로 삼은 것은 전통과 근대가 다르지 않
다. 그런데 혼인을 주관하는 자나 혼인이 이루어지는 과정에 있어서는 서
로 다르다. 전통의 혼인법에는 혼인 결정과 혼인 주관을 양가의 가부장이
한다. 그런데 개항기에는 혼인 결정을 당사자에게 맡길 것을 제안한다.
1894년(갑오년) 개혁의안(改革議案)으로 제출된 혼인 관습으로는 "남녀 조

혼을 엄금하여 남자 20세 여자 16세 이후라야 혼인을 허락한다."는 것이고, "과부의 개가를 귀천을 불문하고 당사자의 자유의사에 맡긴다."는 것이다.[12] 즉 혼인 연령의 문제와 혼인 성립의 주체를 말한 것이다. 이는 개가의 결정권에 국한된 것 같지만 혼인 문제 전반으로 확대하면 혼인을 결정하는 주체가 달라지는 일이다. 지금까지는 양가의 가부장에게 혼인 결정권이 있었다면 새로운 시대는 혼인 남녀 당사자에게 결정권이 있게 되었다.

혼인 결정권을 혼인 당사자가 갖는다는 것은 오랜 습속에 젖어 온 일반 사람들은 쉽게 인정할 수 없는 일이었다. 개항기 여훈서 『여소학』(1882)은 혼례(婚禮) 편 첫 절에서 이렇게 말한다. ; "여자는 나이 스물에 시집가는데 부모상을 당한 경우는 23세에 시집간다." 이어서 말한다. "남녀는 중매를 통해야 하고, 혼인이 결정되면 일월(日月)로서 임금께 고하고 재계하여 조상에게 고한 후 술과 음식으로 마을 사람들에게 베풂으로써 혼인의 예를 후하게 한다."[13] 2000년 전의 고대 경전 『예기』를 인용하며 혼인론을 펼친 것은 혼인을 당사자의 자유의사에 따라 정한다는 당시 여론을 받아들일 단계가 아님을 보여준 것이다. 개항기 지식인들과 동시대인 중국의 사상가 양계초(1873-1929)는 혼인은 당사자의 자유의사에 맡겨야 한다는 글을 발표했다. 이에 대한 조선 지식인 전우(1841-1922)의 반응이 흥미롭다.

부부 사이에서 자유롭게 혼인하고 자유롭게 이혼할 수 있는 것을 가장 중요하게 여기는 것은 예(禮)가 없고 의(義)가 없는 정도가 심각한 것이다. 강유위가 공자를 끌어다 이러한 주장에 쓰는 것은 공교를 파괴하여 회복시킬 수 없는 경지로 끌어내리는 것이다.[14]

1903년부터 출간되기 시작한 양계초의 문집을 읽고 전우가 비판한 것으로 「양집제설변(梁集諸說辨)」(1907)에 나온다. 조선의 유학자에게 '혼인의 자유'가 어떻게 이해되고 있는가를 보여주는 동시에 공자의 유교가 개혁과 보수 어디에나 끌어다 쓸 수 있음을 보여준다. 다시 말해 기준은 공자에 있고, 차이는 공자를 어떻게 해석하는가에 있는 것이다.

두 남녀가 결합하여 자손을 생산하고 가족을 만드는 것이 혼인의 일차적인 목적이라면 그것의 사회적 의미는 무엇일까. 남녀 혼인에 국가가 개입하여 혼인 제도와 혼인법을 마련한 것은 혼인이 갖는 사회적 의미가 크기 때문이다. 과거나 현재 또는 전통과 근대 어느 시기도 혼인에 대한 사회적 설계나 전망이 없던 적은 없었다. 각 시대 혼인에 부여하는 사회적 의미가 크지만 그 내용에서는 차이가 있다. 근대 이전 전통 사회가 혼인의 의미를 가족 · 가문의 번영에 두었다면 근대는 국가 · 민족의 번영에 두었다는 점에서 크게 다르다. 즉 가족 · 가문의 기획 하에 주도되던 혼인이 국가를 우선하는 혼인으로 그 의미가 변한 것이다. 《독립신문》(1898)은 혼인을 인종의 흥망이 달린 문제라고 보았고 혼인의 법이 어떠냐에 따라 강한 인종이 되거나 자주 독립이 가능할 수도 있고 가능하지 않을 수도 있다고 보았다.

> 남녀 간에 혼인이라 ᄒᆞᄂᆞᆫ것은 평싱에 큰 관계가 잇ᄂᆞ 일이요. 다ᄆᆞᆫ 혼인
> ᄒᆞᄂᆞ 당ᄌᆞ의게ᄆᆞᆫ 관계가 잇ᄂᆞᆫ것이 아니라 전국에 미우 쇼즁ᄒᆞᆫ 일이 혼인
> 으로 ᄒᆞ야 싱기며 후싱에 리히가 잇ᄂᆞ 일이며 그 인종에 흥망이 ᄃᆞᆯ닌 일이
> 라. 그런 고로 나라ᄆᆞ다 혼인을 법률노 ᄆᆞᆫ련 ᄒᆞ야 전국 인민이 혼인을 ᄒᆞ
> 랴면 정부와 교즁 허락을 밧아야 남녀 간에 부부가 되ᄂᆞ것인즉 세계 각국

들이 오날늘 빅셩들이 주쥬 독립흔 ᄆᆞ음이 잇고 인죵이 강셩 ᄒᆞ며 신톄 골격이 츙실 흔 것은 얼ᄆᆞ큼 혼인 ᄒᆞᄂᆞᆫ 법률이 엄히 션 ᄭᆞᆰ이라.[15]

위 논설 내용을 요약하면, 혼인은 남녀 당사자의 개인적 차원을 넘어서 국가를 위해서도 매우 소중한 일이다. 혼인에는 후세의 이해(利害)가 걸려 있고, 인종이 흥하느냐 망하느냐가 달려 있다. 나라마다 혼인의 법을 마련하여 정부의 허락을 받게 한 것은 혼인에 관련된 사회적 문제가 크기 때문이다. 근대의 시각에서 볼 때 가족은 국가를 위해 희생될 수도 있다. 같은 맥락의 다음 논설은 가족과 국가의 관계를 웅변적으로 말해준다; "세계 각 민족이 눈을 부릅뜨고 국가주의를 주장하며, 팔을 벌리고 국가 세력을 자랑하거늘 이렇게 제 몸만 알고 나라를 모르는 자들은 어찌 나라를 멸망하는 주의가 아닌가."[16] 가족과 가문의 번성을 위하던 전통시대의 혼인이 국가의 부강을 위해 그 의미를 다시 따지게 된 것이다. 이에 유일선(1879-1937)은 자식을 자신의 소유로 여기는 부모들을 향해 그 자식을 국가로 돌려줄 것을 호소한다.

대저 하늘이 사람의 자녀를 만드실 제 천륜만 소중할 뿐 아니라 허다한 의무와 허다한 사업으로 그 부모에게 부탁하여 가르쳐서 세상에 쓰이게 함이요, 결단코 한 사람에게 매임이 아니니, 우리나라 아들 둔 동포여 여러분이 아들을 사랑하여 기를 때에 아들에게 덕을 보고자 바라지 마시오. 삯을 받고자 바라지 마시오. 아들 보기를 내 것으로 보지 마시고 이 세상에 일하러 온 일꾼으로 아시고 진실하고 용맹스러운 일꾼을 만들기를 힘쓰시오.[17]

여기서 혼인은 이성지합이라든가 대대손손 가문의 영속이라는 말 대신 '온 나라의 운명'과 '인종의 흥망'을 결정짓는 '나라의 큰 사업'으로 이해된다. 이에 나라를 위해 개인의 일을 뒤로 한 전통 속의 사례가 소환되었다. 예컨대 수신교과서(1906)는 역사 인물 이순신(1545-1598)의 혼인관을 '본받을 일'로 소개한다.

> 이 충무공이 어렸을 때에 당시 병조판서가 공이 큰 인물이 될 것을 미리 알고 사위 삼기를 청하니 공이 대답하되 '대장부가 세상에 태어나 큰 과업을 이루는 것이 떳떳한 일인데 어찌 세도하는 집에 의지하여 불쌍하게 살기를 구하겠습니까?' 하고 듣지 아니하였다 한다. 시집가고 장가가면 집안의 여러 가지 번거로운 일에 매어 큰 과업은 이루기가 과연 어려워진다. 생각이 고상하고 천하를 위하는 사람은 집안일을 돌아보지 못한다는 말이 예로부터 있었다.[18]

이에 의하면 이순신은 혼인을 출세의 수단으로 삼지 않았고, 혼인과 별개로 큰 과업을 이루는 것을 인생의 목표로 삼았다. 이것은 청년들에게 사회적 의무를 부각시키고자 인용된 것인데, 사례와 논증이 딱 들어맞지는 않는다. 책의 저자 노병선(1871-1951)은 혼인 생활과 '큰 과업'을 선택 사항으로 놓고 사회적 과업을 선택할 것을 유도하고 있다.

다시 정리해보면 근대 초기 혼인에 부여하는 사회적 의미는 전통의 그것과 어떻게 같고 어떻게 다른가. 개항기 혼인은 당사자 개인의 행복보다 보국(保國)과 보종(保種)의 수단으로 여겨졌다. 혼인이 '온 나라의 운명'과 '인종의 흥망'을 결정짓는 '나라의 큰 사업'으로 이해되었다. 이들 근대론자들에 의하면 혼인의 전통적 의미는 가족이나 집안을 유지하고 확장하기 위한 수단에 불과한 것이었다. 실제로 유교에 기반한 전통 혼인은 가족의 영속성과 효의 실현이라는 맥락에서 그 의미가 찾아졌다. 맹자가 "불효(不孝)에 세 가지가 있는데, 후사가 없는 것이 가장 크다."[19]고 한 이래 혼인은 단순히 나의 생물학적 연장을 위한 것이 아니라 부모를 위하고 더 넓게는 가족의 역사를 만드는 것이다.

이에 비해 근대론자들은 혼인에는 이성지합이나 가계 계승보다 시대정신이 반영되어야 한다고 본다. 윤치호(1865-1945)는 자강회가 주관한 대중연설에서 혼인 관습을 국가의 이익에 부합하는 방향으로 개혁해야 한다고 주장한다. 그에 의하면, 과거의 혼인이 일찍 후손을 얻고자 한 가족노인의 요구에 초점을 둔 것이었다면 지금의 혼인은 국가에 초점을 두어야 하는 것이다.[20]

개항기 혼인론을 정리해 보자. 우선 전래하는 혼인 전통 모든 것을 부정하기 보다 전통의 혼인 이념을 그대로 계승하되 혼인 형식의 변화를 주장한다. 다시 말해 '생생지리(生生之理)'나 '이성지합(二姓之合)'과 같은 전통적인 혼인 문법이 신문 사설에서 그대로 인용되고, 후손을 낳아 가계(家系)를 이어야 한다는 전통 혼인관을 그대로 유지하고 있다. 한편 개항기 혼인론은 가족·가문의 번영에 의미를 둔 전통 혼인관을 국가·민족의 번영에 의미를 두는 것으로의 변화를 추진하였다. 강한 국가, 강한 민족의 요구가 혼인의 사회적 의미를 변모시키는 쪽으로 전개된 것이다. 그것은 전통 혼인의 부정이기보다 전통 혼인 이념을 국가주의의 목적에 맞게 변형시키는 것이다.

2) 구습 혼인 비판

혼인 관습에 대한 문제제기는 1890년대 후반 언론 매체를 통해 몇 차례 비중 있게 다루어진다. 20세기에 든 특히 을사조약(1905) 이후에는 구습(舊習)이니 악습(惡習)이니 하면서 그 비판이 더욱 격렬해진다. 신채호의 말처럼 "가정의 혁신은 정치 · 법률 · 산업의 영역만큼이나 대단히 중대한 일"[21]이었다. 무엇보다 일본의 침략이 가속화되자 보국(保國) · 보종(保種)이 요청되면서 조혼(早婚)이 집중적인 조명을 받게 되었다. 즉 일본 제국주의의 압박에 대항할 강한 국가와 강한 민족에 대한 요구가 조혼 비판으로 향한 것이다. 여러 혼인 습속 중에서 조혼에 관한 논의가 압도적으로 많은 것은 나라를 지킬 주체인 청년 남녀 모두에 해당되는 사안이기 때문이다.

조혼의 문제는 갑오개혁(1894)의 주요 사안이기도 했다. 당시 개혁법은 혼인 연령의 하한선을 법령으로 정했는데, "남녀 조혼을 즉시 엄금하며, 남자 20세, 여자 16세 이상이 되어야 혼인을 허가한다."[22]는 것이다. 그런데 반포만 있었을 뿐 그 시행은 지지부진했는지 언론에서는 이 문제를 지속적으로 제기하게 된다. 즉《독립신문》은 1896년 논설에서 이 문제를 본격적으로 거론하면서 지속적으로 비판의 강도를 더해 갔다.[23] 당시 문제가 된 혼속은 남자의 재취(再娶)는 허용하면서 여자의 개가는 금지한 남녀 불평등한 혼인 관습과, 혼인이 무엇인지를 모르는 어린아이들을 부모의 압제로 성사시키는 조혼에 대한 비판이다.[24] 그런데 이들 논의를 보면 전래하는 모든 것을 부정하는 것은 아니었다. 조혼과 같은 혼인 형태가 전통(유교)의 혼인 이념을 제대로 구현하지 못한 것을 문제 삼는 것이다.

슬프다 대한 사룸들은 다몬 허문만 슝샹ᄒ고 실샹으로 힝치아니ᄒ야 남
녀 간에 십여세만 될것 ᄀᆺᄒ면 그 부모 된이가 ᄌᆞ미 본다 칭ᄒ고 남혼 녀
가ᄒ니 그 죠혼ᄒᄂᆞ 악습이 사룸의게 극히 ᄒᆡ로온것은 이로 말 ᄒᆞᆯ슈 업거
니와….[25]

여기서 "허문(虛文)만 숭상하고 실상은 행하지 않는다."고 한 것은 말
로는 혼인을 인륜의 대사(大事)라고 하면서, 자녀 혼인을 자신들의 재미
에 따라 행한다는 뜻이다. 특히 조혼은 그 비판의 논리가 계속 보강되면
서 1900년 이후에는 혼인 담론을 주도하는 등 '구습(舊習)'의 핵심 주제가
된다. 1906년 윤치호(1865-1945)는 자강회가 주관한 대중 연설에서 인도와
중국, 조선의 동양 3국은 공통적으로 국력이 약하다고 하고, 그 원인은 조
혼(早婚)에 있다고 한다. 이것은 혼인 관습을 국가의 이익에 부합하는 방
향으로 개혁해야 한다는 주장을 하기 위한 것이다. 그에 의하면, 과거의
혼인이 일찍 후손을 얻고자 한 가족 노인의 요구에 초점을 둔 것이었다면
지금의 혼인은 국가에 초점을 두어야 하는 것이다. 다시 말해 "칠십오륙
세에 오대(五代) 자손이 당내에 가득한 것이 우리나라 사람들의 제일 큰
희망"이었다면 새로운 시대를 맞아 노인의 1-20년 환락은 자녀의 6-70년
인생과 국민의 천년만년 대계(大計)를 위해 포기되어야 함을 역설한다.[26]
　그러면 조혼 비판이 본격적으로 전개된 1900년대의 주장들을 모아 주
제별로 정리하고 각 주장이 갖는 문제를 논해 보자. 1906년에 나온 것으
로 앞에서 잠시 소개한 윤치호와 주시경이 있고, 1907년에 나온 김규진과
탄히싱(정운복), 1908년에 나온 문상우 등의 조혼 비판 글과 1909년《황성
신문》의 논설 등이 있다.[27] 대체로 앞서 나온 주장을 토대로 자신의 생각

을 덧붙이는 방식인데, 유사하지만 작은 차이가 없잖아 있다. 이들이 파악한 조혼의 문제는 크게 네 가지인데, 체육(體育), 지육(智育), 덕육(德育)과 경제상의 폐해가 그것이다.

첫째, 조혼으로 인한 가장 큰 문제는 생육(生育) 및 신체적 발육과 관련된 인종(人種)의 나약함으로 보았다. 윤치호는 음양조통(陰陽早通), 즉 어린 나이에 성관계를 하여 얻은 자식은 과반수가 요절하게 된다는 주장을 한다. 또 혼인과 함께 바깥출입이 제한되면서 신체 발달이 원활하지 못하며, 어른 대접으로 술 담배가 허용되면서 건강에 치명적인 문제를 일으킨다는 점을 들었다.[28] 같은 시기 주시경도 "성장하기 전에 열매를 맺는 식이어서 인민의 원기를 줄어들게 하고, 부실한 자식을 낳게 되어 인종이 줄어든다."[29]고 한다. 조혼과 인종의 문제를 연결시킨 이러한 주장은 이른바 과학적인 사실로 굳어진다.

> 조혼으로 낳은 아이는 요절하는 경우가 많다. 여자가 장성하고 남자가 어려서 낳은 아이는 양혈이 부족하고 남자가 장성하고 여자가 어린 상태에서 낳은 아이는 음혈이 부족하여 음양이 고르지 못한 사람이 되니 어찌 충실할 수 있는가.[30]

계몽기 지식인들은 국력은 인종에서 나오고 인종의 강약은 혼인 시기에 달려 있다고 한다. 즉 "인종의 강약수요(强弱壽夭)와 국가의 성쇠흥망은 혼인조만(婚姻早晚)에 있고", 한국인이 나약한 인종이 된 것은 조혼의 풍속 때문이라고 한다.[31] 인종과 조혼의 상관성을 대중의 눈높이에 맞춰

'인간 종자'를 곡물 종자에 비유하여 설명하기도 한다.[32] 이러한 과정을 거치며 인종과 조혼의 관계는 일종의 전문적인 정설로 정착되어 간다.《제국신문》(1907)의 사설에서는 장성치 못한 어린아이들이 남녀 간 정욕을 먼저 쓰는 까닭에 혈기가 활발치 못해 수명도 자연히 짧고 그 속에서 난 자녀들 또한 충실하고 장수하기를 기대할 수 없다고 주장한다.[33] 유학적 기반의 양반 지식인을 독자층으로 한《황성신문》에서도 "일전에 모 신보에서 조혼을 고질병이라고 한 것은 진리다. 조혼으로 낳은 아이는 반드시 일찍 죽는다는 것은 맞다."[34]라고 한다.

혼인이 가져올, 알 수 없는 미래를 담보로 질병이나 부실(不實), 요사(夭死)와 같은 불길함과 연결시키는 것은 금지의 논리로서 효과를 낼 것으로 보인다. 고대 경전의 시대에도 이와 유사한 비유들이 활용되었는데, 동성(同姓) 간의 혼인을 금지시키기 위해 "부부의 성(姓)이 같을 경우 번식력이 약하다."[35]는 '이론'이 있었다. 그런데 당시의 동성혼(同姓婚) 금지는 혈통의 우수성을 확보하기 위한 것이라기보다 동성 부계 친속의 연대와 이성혼(異姓婚)을 통한 사회적 네트워크 확장을 위한 정치적 담론이었다. 동종교배를 피하고자 한 것이라면 모계 혈통도 배제되어야 하는데, 부계만 대상으로 삼고 있기 때문이다.[36] 조혼을 문제 삼으면서 "인종이 번성치 못ᄒᆞ고 엇지 국가와 강토와 생명을 보존홀 실력이 유(有)ᄒᆞ리오"[37]라고 하는 것은 과학적 언어에 기댄 계몽의 논리다.

둘째, 조혼은 지육(智育) 즉 지적 발달을 저해하는 것으로 인식되었다. 이에 의하면 이른 나이의 혼인으로 사우(師友)가 없어 공부에 무심해지고, 여자는 시집살이 남자는 어른 노릇에 학문할 겨를이 없게 된다고 한다.[38] 또 조혼으로 청년의 지기(志氣)가 박약해지는데, 성인이나 현인을 기약하고 영웅이나 호걸을 기약해야 하는데, 자신을 실험하는 청년기에 처자를 거느리게 됨으로써 지적 성장이 멈추게 된다는 것이다.[39] 주시경 또한 "일 즉 혼인하는 것은 살림하기와 자녀 기르기에 아무 법도가 없게 되어 큰 고 생"[40]이라고 한다. 《매일신보》는 조혼 폐해에 관한 사설을 실었다.

조선 아동의 성장을 보면 유치한 때에는 가장 총명하다가 17, 8세에서 20 세에 이르면 전일의 명민한 품성을 완전히 잃고 어리석은 상태가 되어 사 람을 실소케 하는 일이 종종 있다. … 왕년의 신동이 오늘의 둔아(鈍兒)로 변한 것은 13세에 그 부(父)가 결혼을 단행했기 때문이다. 조혼으로 신동의 맹아를 꺾어 버렸으니 애석하다.[41]

『서북학회월보』는 여자의 경우도 학교의 우등반에 있던 처녀가 혼인 후에 열등반으로 내려가는 자들이 많다는 사례를 소개했다. "작일(昨日) 의 성동처녀(成童處女)로 학교(學校)의 우등반(優等班)에 거(居)ᄒ던 자(者) 가 금일(今日) 성혼(成婚) 후(後) 열등석(劣等席)에 퇴락(退落)ᄒᄂ 자(者)가 비비개연(比比皆然)ᄒ니 심재(甚哉)라."[42] 그런데 이러한 사례가 실제를 반 영한 것인지, 어떤 특수한 경우인지는 따져볼 필요가 있다. 아무튼 남녀 청년들에게 급선무는 혼인보다 교육을 통한 지적 성장임을 강조한 것이 다. 교육과 조혼의 관계를 모든 가정에 일률적으로 적용하여 공식화하거 나 조혼으로 인한 문제를 모든 계층에 동일하게 적용한 것은 문제가 있어 보인다. 조선후기 혼인 연령을 보면 일반 농민의 남녀 초혼 연령은 평균 17-18세이고 상층 가족의 장자인 경우 이보다 1-2세 낮은 연령이었다.[43] 그 렇다면 여기서 제시된 조혼의 사례는 과장되었거나 특이한 사례일 수 있고, 가족의 생계를 책임지느라 교육에서 배제된다는 주장 또한 계층에 대한 고려가 없는 추상적인 주장에 불과하다.

셋째, 조혼이 덕육(德育) 즉 도덕상의 폐단을 야기한다는 것이다. 담론을 주도한 윤치호는 조혼으로 인해 소녀 과부가 양산된다는 점, 어린 나이에 노동과 구박 속에서 며느리의 역할을 해내는 상황에 처하게 된다는 점을 들었다. 그리고 부부로서의 의미나 책임이 학습되지 않아 아내가 천시되고, 남편은 밖으로 겉돌면서 가정이 문란하게 된다는 것이다.[44] 이러한 주장이 논리적으로 어떤 문제가 있는지 따져볼 필요가 있다. 질병에 대한 저항력이 약한 어린 사람들의 혼인에서 현실적으로 배우자를 잃을 가능성이 높은 것은 사실이다. 하지만 이 문제는 조혼 폐지만으로 해결되기보다 질병에 대한 대응력과 개가 금법의 폐기 등 종합적인 대책이 마련되어야 하는 것이다. 또 조혼을 가정불화나 가정문란의 원인으로 본 것은 결과론적인 해석일 수 있다. 즉 가정불화나 문란한 가정생활은 조혼이 아닌 다른 원인에서도 충분히 찾을 수 있기 때문이다.

한편 《황성신문》은 배필을 구할 때 덕성이나 품행이 어떠한가를 상세히 살핀 후에 결정해야 하는데, 불과 10세 정도의 남녀는 덕성과 품행이 아직 드러나지 않아 경박한 남편이나 사나운 아내를 얻을 수도 있다는 것이다. 또 청년에게 과중한 책임을 지우게 된다는 점을 지적하였다. 즉 자신의 성장에 투자하고 집중할 스무 살 이전의 사람에게 어른의 자격을 부여하여 그에 걸맞은 기대를 요구함으로써 조발선위(早發先萎)의 결점이 있다는 것이다.[45] 그런데 여기서 예로 든 조혼 연령 10세는 당시의 실정과 부합하지 않고 일반화할 수 없는 사례이다. 앞에서도 언급한바 조선후기 초혼 연령의 평균이 16-18세였다는 점을 참고할 필요가 있다.

조혼의 도덕적 문제는 당사자의 의견이 배제된, 부모에 의한 압제 혼인 이라는 점에서도 부각되었다. 즉 조혼은 양가 부모나 당내 친속이 주관하게 되어 혼인 당사자는 일면식도 없던 사람들이라 피차 심성의 선악을 알기 어렵다는 것이다. 생면부지로 만나 백년 동거와 부모 봉양, 형제 화목의 임무를 요구받게 된다는 것이다.[46] 따라서 조혼에 의한 혼인은 평생 서로 모르는 사람처럼 살며 불평과 불화로 점철된 가족이 될 수밖에 없다고 한다. 탄히싱은 「풍속기량론」에서 이렇게 말한다.

> 그 신랑 신부되는 쟈의 마암에는 아모리불합ᄒ고 원슈로 싱각ᄒ야도 부모가 뎡ᄒ야쥰 부부라 엇지ᄒᆯ슈 업다ᄒ야 부부간 평싱에 한집에서도 얼골을 되ᄒ지 안코 언어슈작이 업나니 사름의 근본되고 집안에 흥망이달닌 부부 ᄉ이에 그럿케 불화ᄒ고야 엇지 그 집안이 잘되기를 바라며, 나라 사름의 집일이 그러ᄒᆫ즉 그나라 일이 잘되기를 바라리오.[47]

신랑 신부가 서로를 원수로 여겨도 부모가 정한 부부가 어쩔 수 없이 평생을 살아야 한다는 것인데, 이것은 중매혼의 문제이지 조혼에 국한된 문제라고 할 수 없다. 조혼이 가정불화의 원인이라는 주장 또한 설득력이 떨어진다. 전통사회 혼인에서 파생할 수 있는 모든 문제를 조혼으로 집약시킨 것에 불과하다. 당시 언론의 주목을 받던 조혼 비판이 혼인의 실상을 제대로 반영한 것인지는 의문스럽다. 혼인의 형태가 어떠한 것이든 부부나 가정의 불화는 가족이라는 제도에 내재한 피할 수 없는 문제들이다. 즉 가정의 화목을 가훈으로 삼은 수많은 역사 속 가족을 볼 때 가정불화는 가족의 본질을 이루는 한 요소라 할 수 있다. 따라서 가정불화의 원인을 조혼에 두는 것은 결과론적인 해석일 수 있다.

넷째, 경제상의 막대한 폐해를 불러 온다는 것이다. 즉 자신마저 건사하기도 힘든 어린아이가 유처유자(有妻有子)함으로써 천근같은 막중한 책임을 가지게 되어 부(富)를 만들어 낼 상황이 아니라고 한다.[48] 또 인간은 남녀를 막론하고 직업을 갖고 생활을 도모하면서 남에게 의존하지 않아야 산업이 풍족하게 되는데, 조혼은 이것을 저해한다는 것이다. 그리고 조혼으로 인해 젊은 나이에 부모가 됨으로써 일찍 노동 일선에서 물러나게 되어 산업을 일으킬 의지나 노력이 없게 된다고도 한다.[49] 이 역시 조혼 가정의 신분이나 계층에 대한 구분 없이 동일한 집단의 동일한 문제의식으로 설정한 것은 현실 가족과는 거리가 있다. 그리고 경제적 능력을 혼인의 조건으로 제시한 것은 어느 정도 산업화가 이루어진 서구 근대를 기준으로 한 것이지, 농업을 주 산업으로 한 조선사회의 현실과는 큰 관련이 없어 보인다.

여기서 조선의 조혼을 문제 삼는 것의 기준이나 근거는 무엇인가 하는 것이다. 전통과 관습에 접근하는 지식의 성격을 보려는 것이다. 대체로 서구의 혼인 풍속을 문명의 기준으로 삼고 있다.

먼저 혼인 성립의 과정에 대한 것인데, 어린나이에 부모가 정해 준 배필과 평생을 함께 살아야 하는 것의 폐해를 지적하였다. 집안 어른들이 정하는 혼인은 문명국의 혼인 방식과 다르다는 논리다. "문명국의 청춘 남녀가 미리 공원 같은 데서 서로 만나 안면을 살피고 심법(心法)을 헤아려 맞지 않으면 그만두고 맞으면 혼인한다."[50] 다시 말해 조혼의 실상을 한국 사회의 맥락에서 살피기보다 외부의 시선으로 대상화하고 있는 것이다. 그런데 당시의 신문에는 "조선은 조혼으로 걱정, 서양은 불혼으로 걱정"

이라며 영국의 인구 감소 대비책을 소개하였다.[51] 영국에서는 대학을 남녀 공학으로 하고 남녀가 함께하는 행사들을 많이 개발한다는 것이다. 그렇다면 조선의 계몽기 인사들이 모델로 삼고 있는 연애나 혼인의 자유라는 것도 사실은 국가의 기획과 부합하는 것이 아닌가. 문화와 관습에 대한 인식이란 그 사회가 직면한 문제에서 출발하는 것이다. 다시 말해 조혼 비판이 인종을 문제 삼는 방식으로 과장된 논리를 보이는 것은 1900년대 계몽기의 사회적 맥락과 무관하지 않은 것이다. 즉 국권 유지의 방법으로 한국인의 분발이 촉구되고, 사회진화론 등 서구 근대를 논거로 한 생존경쟁이나 우승열패와 같은 용어가 자주 등장하는 사회적 배경[52]을 참조할 필요가 있다.

다섯째, 음란 풍속을 조장한다는 주장이다. 선교사 메리 스크랜튼 (1832-1909)은 "조혼은 가정불화와 음란 풍속의 원인으로 다른 민족의 무시와 하느님의 미움으로 민족 멸망이라는 사태에 이른다."[53]고 한다. 그녀의 언어에서 선교를 목적으로 한 인종적 편견과 계몽을 목적으로 한 타문화에 대한 폄하를 볼 수 있다. 선교와 계몽을 위해서는 대상을 미개의 수준으로 설정할 필요가 있었을 것이다. 문제는 이러한 시각을 소위 지식인들이 자기 문화를 평가하는 잣대로 삼는다는 점이다. 주시경은 이런 주장을 한다.

지금 왼 텬하를 돌아보아도 문명ᄒ 나라일스록 혼인ᄒ기를 혈긔가 확실이 츙장ᄒ기를 기ᄃ릴 쑨이 안이라 남녀간 다 공부를 넉넉이 ᄒ고 쏘 혼인ᄒ면 살림홀 것과 ᄌ녀 교양홀 도리ᄭ지 미리 쥬션ᄒ고 경영흔 후에야 비로소 혼인을 힝ᄒ며 만매흔 나라일스록 혼인이 인싱에 뎨일 큰 일인 줄을 몰

으고 덕당호 째를 기드리지 안이 호며 졍즁호 쥬션은 한아도 업시 음욕이 싹만 날만호면 즘싱 フ티 혼인을 힝호며…[54]

주시경에 의하면 문명한 나라일수록 지식과 경제적 조건을 다 갖춘 성인이 되었을 때 혼인하고, 미개한 나라일수록 혼인의 중요성도 알지 못한 채 음욕이 싹틀 나이만 되면 짐승처럼 혼인을 한다. 조혼이 당시 시대정신에 맞지 않아 폐기나 수정이 불가피할지언정 이런 식의 폄훼는 시각의 문제일 뿐 아니라 혼인 관습의 실상을 왜곡하는 것이다. 대중들의 전통 인식에 영향력을 미치는 지식인의 발언이라는 점을 환기시킬 필요가 있다.

조혼 담론에서 전제되어야 할 문제 중의 하나는 조혼 개념에 관한 것이다. 조혼의 '이르다'거나 '늦다'는 판단은 그 사회의 평균 연령과 그 밖의 복합적이고 다양한 환경에 의해 정해질 수 있다. 한국의 혼인 연령을 조혼으로 규정하는 것은 평균 수명이 훨씬 늘어나 있는 서구 사회의 기준에 의한 것이다.[55] 그리고 혼인 연령에 대한 통계 없이 인종의 허약함과 조혼을 연계시킨 것은 서구인의 인종적 우월성이 작용한 것이다.[56] 사실 질병이나 의료 수준 등의 이유로 평균수명이 낮기 때문에 종의 번식을 위한 방법으로 조혼이 행해졌다는 점에 주목할 필요가 있다. 조혼으로 번식력이 약한 게 아니라 번식력이 약했기에 조혼이 선호된 것이다. 특히 조상의 대를 이을 자손을 반드시 얻어야 하는 문화 전통 또한 혼인 시기를 당긴 중요한 이유라 할 수 있다. 그런 점에서 1900년대 조혼 폐해론은 국가주의에 의한 혼인의 재구성이 요청되던 시대 상황에서, 이른바 문명의 잣대로 풍속의 개량을 목적으로 한 대중 설득의 논리라 할 수 있다.

19세기 말 20세기 초 활발하게 전개된 조혼 폐해론은 계몽기의 주요 인사와 언론을 통해 주장되었는데, 앞선 주장을 잇고 보완하는 방식으로 만들어지고 대중에게 유포되었다. 전통과 관습에 대한 인식은 그 사회가 직면한 현재 문제와 연계될 수밖에 없다. 예컨대 지금 서 있는 현재가 위기 상황일 경우 과거의 유산은 모든 문제의 진원지가 되는 것이다. 이에 조혼의 폐해로 적시된 내용들이 얼마나 실제를 반영한 것인지, 개량의 대상이 된 관습들이 과거로부터 온 것인지 아니면 근대가 만들어낸 것인지, 묻지 않을 수 없다.

　요컨대 20세기 초의 조혼은 인종의 강약(强弱)과 국가의 흥망(興亡)을 좌우하는 것처럼 묘사되는 등 과도하게 해석된 측면이 있다. 조혼의 관습만 제거한다면 모든 문제가 해결될 것처럼 보인 이러한 주장은 사실에 기반한 것이라기보다 일종의 담론이다. 그럼에도 불구하고 조혼 담론이 남긴 의의가 없을 수 없다. 어떤 담론이든 완전한 오류나 완전한 진실만 있는 것은 아니기 때문이다.

　첫째, 조혼에 대한 비판으로 여성 성(性)의 문제에 주목하게 되었다. 여자의 나이가 남자보다 5, 6세 많은 부부의 경우를 들고 있는데, 이에 의하면 아내가 남편의 유년기를 목격함으로써 남편을 무시하게 된다는 것이다. 성적 대상으로 여기지 않게 된다는 뜻이다. 장성한 후에도 그 시각과 태도가 그대로 이어져 남편 또한 아내를 기피하게 된다고 한다.[57] 다음의 예문도 이와 유사한 문제를 드러낸다.

　우리나라 혼인하는 법이 남자는 십이삼 세요 여자는 십칠팔 세면 혼인하는 보통시기라. 아내가 남편보다 삼사 세 혹은 사오 세를 더함은 예상사다. 이래서 여자는 쾌락이 무엇인지 행복이 무엇인지 모르고 살게 된다. 아내라고 하지만 크고 엉설시러워 보기 싫고 미워서 항상 눈에는 바늘을 겨누고 이마에는 주름을 잡는다. 가정에는 따뜻한 봄기운은 한 점도 없고 신산한 찬 기운이 가득하다. 집이라고 들어가면 머리가 아프고 고통이 심할 뿐이다.[58]

남편의 나이가 어린 것을 한탄한 어느 사대부가의 자부가 다른 남자와 달아났다는 기사[59]도 이러한 분위기를 반영한다. 조혼을 향한 당시의 시선에 다분히 악의적인 측면이 있지만 부부관계에서 아내의 성에 주목한 것은 부부 문제를 다각도로 보게 한다는 점에서 소득이라고 할 수 있다.

둘째, 혼인을 매개로 한 여성 착취가 고발되었다. 《제국신문》(1900)과 《황성신문》(1907)은 딸의 나이 12, 3세만 되면 적게는 수백 냥 많게는 천여 냥씩 받고 시집보내는, 사실상의 매매혼이 서북지방을 중심으로 만연해 있음을 고발한다. "재물에 취해 신랑의 자격을 보지 않고"[60] "신랑이 누구인지 묻지도 않고 돈에만 눈이 멀어 희희낙락하며 허락하는 상황"[61]이라고 한다. 주로 부모가 주도한 딸 매매이다. 1900년대 매매혼과는 그 성격이 다르지만 혼인이 금전과 권력의 수단이 된 것은 과거에도 만연한 사회 문제의 하나였다. 15세기 세종 대에는 "세상의 풍속에 혼인 시 노비의 많고 적은 것을 가지고 가풍(家風)의 높낮이를 평가하니 집집마다 노비를 얻고자 혈안이 된"[62] 상황을 우려하였고, 성종 대에는 "모두 부잣집[富家]을 취(取)하려고 하며, 혼인에서 세계(世系)가 아닌 재물을 따지는 것이 풍속이 되었음"[63]을 걱정하였다.

혼인의 이러한 현상에 대해 18세기에는 "혼인에 재물을 논하는 것은 오랑캐의 도(道)"[64]라 하였고, 20세기에는 "혼인을 두고 재물을 따지는 것은 오랑캐 풍속"[65]이라고 하였다. 혼인에 재물을 결부시키는 것에 대해 전통과 근대는 모두 '오랑캐 습속'으로 폄하하고 있다. 다만 어떤 계층을 표본으로 한 것인가에 따라 재물이 개입한 혼인 문제의 시대별 차이는 분명하다. 전통사회의 사례는 권력과 부를 얻는 수단으로 혼인을 활용한 상층 신분의 경우로 양쪽 집안의 가부장이 각각의 이해관계에 의한 것이다. 여기서 혼인 당사자의 성별에 따른 차이는 없다. 반면에 1900년대에 제기된 매매혼은 하층 집단의 사례로 혼인을 매개로 여자를 사고파는 경우로 '구습' 비판과 함께 재조명된 것이다.

셋째, 조혼에 대한 문제제기는 가족 구성원을 관계의 측면에서 보게 했다는 점이다. 이른바 구습의 가족 구조는 남녀의 위치와 역할이 위계적으로 이루어져 있고, 특히 며느리의 위치는 전통의 악습을 드러내기에 충분할 만큼 문제적이었다. 윤치호는 구습 혼인의 문제로 며느리 학대를 드는데, 노복을 학대하면 속량이라도 기대해 볼 수 있지만 며느리는 얇은 옷으로 추위를 견디고 거친 음식은 굶주림도 해결하지 못하는, 세계에서 가장 불쌍한 노예 중의 노예임을 주장한다.[66] 이 또한 일반화할 수는 없으나 시집 문화가 파생한 문제를 가시화했다는 점에서는 의미가 있다. 사실 가족 갈등이 가시화되는 것은 변화의 지표이기도 하다. 완고한 가부장제 구조에서는 가족은 갈등 없는 질서 정연함으로만 설명되기 때문이다. 이러한 분위기에서 신문이나 잡지에 비해 시의성이나 현장성이 떨어지는 교과서에서도 가족 관계의 위계성과 폭력성을 지적한다. 예컨대 수신교과서는 '늙은 부인들에게 다시 말한다.'는 표현으로 가족 갈등의 책임을 연장자에게 돌리고 있다. 내용을 보면, 시어머니란 권리보다 의무가 더 무거운 자리라는 맥락에서 "늙은이가 하는 잔소리는 젊은이들 누구라도 좋아하지 않는다. 효자도 드물거니 효부는 더욱 어렵지 않겠는가?"라고 한다.[67] 구습의 가족이 '불순부모(不順父母)'의 책임을 며느리에게 묻는 방식이었다면 비판 이후는 시부모에게 '학대받는' 며느리로 시선이 이동하고 있는 것이다.

넷째, 조혼 혹은 조혼 비판으로 인한 여성 문제의 가시화는 조혼의 역사적 맥락에 대한 질문을 열어주었다. 큰 비중은 아니지만 비판을 주도한 당시의 지식인 중에는 경전이나 역사 속의 조혼을 언급하고 있다. 사실 조혼이 조선 사회의 관습이 된 데에는 사상과 역사가 결부된 복합적인 맥락이 없을 수 없다. 가장 중요한 문제는 평균 수명이 낮은 상황에서 대를 이을 자식 생산에 명운을 건 상황이라는 점이다. 여기에 상중(喪中) 금혼 등의 예제가 작동하고 있어 자칫 혼인 시기를 놓칠 수 있다는 우려를 안고 있는 사회였다. 앞서 조혼 비판에 앞장섰던 김규진은 『예기』의 30세 규정은 당시 중고인(中古人)의 수명이 평균 100세였기에 혼인 연령 또한 생애 주기에 맞게 높게 잡혔던 것으로 해석한다.[68] 중고 시대의 수명의 사실에 대한 이해와는 별개로 혼인 관습이 평균 수명과 연관된 것임을 말한 것이다. 인간의 생존 조건이나 금혼 규정 등의 문화적 조건이 결합하여 조혼의 전통을 가능하게 한 것이라면 이것은 남녀 모두에 적용되는 조건이다. 여기서 여자의 경우는 공녀 선발이나 왕실혼의 간택을 피하기 위한 방법으로 조혼이 선택되었다. 물론 상층 집단에 국한된 것이지만, 유형원(1622-1673)이 지적한바 왕실이 주도하고 부귀한 자들이 모방함으로써 풍속이 되었다.[69] 일반적으로 문화는 상층에서 시작되어 아래로 내려가면서 풍속이 되는데, 조선 초기의 공녀 차출이나 조선 후기까지 지속된 간택

문화의 영향이 컸다. 한편 조혼의 풍습은 개가 금지의 법제와 맞물리면서 심각한 사회적 문제가 되기도 했다. 18세기 정조 대에는 사회 개혁안의 하나로 조혼 금지가 제기되는데, 12, 3세에 과부가 되는 이 상황을 개혁의 신법(新法)을 만들어 해결해야 한다는 것이다.[70] 이는 조혼이 과부를 양산하고 있다고 한 윤치호의 비판과 통한다.

나아가 혼인 풍속을 개량하는 것은 강한 국가, 강한 민족 만들기라는 목적을 가진 만큼 여성도 국가와 민족의 일원으로 파악되었다. 즉 인종 경쟁의 시대에 인구 2천만의 절반인 여자에 대한 교육이 없으면 인종의 생존을 도모할 수 없다는 것이다.[71] 또 "지금 보국(保國), 보종(保種)에 뜻을 둔 자들은 모두 부강하는 방도를 따르고자 급급하지만 이보다 더 급한 것은 여자교육"[72]이라고 한다. 조혼에서 자유로워진 여성들에게 독립자존(獨立自存)의 자세로 세상에 임할 것과 내가 벌어 내가 먹는 자로자활(自勞自活)을 주문한다.[73] 이것을 토대로 여성 담론이 형성되는데, 주체적인 혼인을 주제로 계몽기 시대정신에 부합하는 여성인물이 발굴되는 것을 볼 수 있다.

『여자독본』(1908)을 통해 장지연(1864-1921)은 프랑스 혁명에 관여한 라란부인(1754-1793)을 소개하는데, 자신의 이상에 맞는 배우자를 직접 선택했다는 점에서 주목되었다. 이에 의하면 부인은 부모가 제안한 혼처가 자신에게 맞지 않다는 판단하에 '부모의 영을 거절하고' 지적 수준과 삶의 지향이 비슷한 20세 연상의 롤랑 씨를 스스로 선택한다.[74] 또 영국 사람 루지(Lucy Hutchinson, 1620-1681)도 상호 공감과 상호 인정을 통해 혼인에 이른 사례로 소개되었다. 서로의 문학 세계를 통해 싹튼 사랑과 존경심을 바탕으로 혼인에 이르고, 서로가 지은 작품을 읽고 조언하는 가운데 구주에서 제일 애정 있는 부부로 일컬어졌다는 것이다.[75] 저자 장지연은 전통적인 열전(列傳)의 체제를 활용하고 역사인물을 재구성하는 방법으로, 전통적인 관습혼을 대체할 혼인의 모델을 소개하고자 한 것이다. 이 두 사례는 혼인 시기와 혼인 대상은 혼인 당사자의 판단하에 스스로 결정해야 한다는 메시지를 담고 있다.

하지만 근대 계몽기 조혼 비판의 담론에서 버릴 것과 취할 것이 있듯이 조혼 비판을 통해 조성된 여성 담론도 일방향적인 것은 아니다. 대부분의 지식인들이 여자교육을 강조하지만 교육의 내용과 교육이 지향하는 바의 여성상은 동일하지 않았고, 정반대의 방향을 가리키기도 한다. 신구(新舊) 가치가 착종되어 있는 그 시대의 성격이 그대로 드러난 것인데, 근대 교과서라고 하지만 그 내용은 가족 내 여성 역할을 가르치는 전통 여훈서를 그대로 답습하는 현실이었다. 심지어는 열녀를 칭송하는 열전이나 부덕(婦德)을 강조하는 글쓰기도 지속되었다.[76]

이런 가운데 전통적 가치를 근대와 교차시키며 조화 내지 협상을 시도하기도 한다. 『초등여학독본』은 여전히 성별에 따라 교육의 강조점이 달라야 한다는 전제로 "교육은 지육(智育)과 체육(體育)을 용(用)으로 삼고 덕육(德育)을 토대로 삼지만, 여학생에게는 덕을 가르치는 것이 더욱 중요하다."[77]고 한다. 여기서 덕이란 다른 사람과의 관계에서 요청되는 도덕 개념으로 여자의 경우 주체로서 자신을 드러내기보다 겸손과 양보로서 주변을 배려하고 남을 돕는 성격의 것이다. 반면에 "덕교(德敎)란 인문의 진보를 따라 변화하는 것"[78]이라고 한다. 전통 지식에 기반한 여성 도덕을 강조하는 한편 그 도덕의 내용을 묻는 질문들이 교차하는 이러한 상황은 여성 담론의 새 장을 만드는 하나의 과정일 것이다.

가정의 성별 역할에 대한 담론도 전통적인 것과 근대적인 것이 혼재된 모습을 보인다. 즉 개량된 가정이란, "세상의 새 문명을 잘 아는 주인이 풍부한 지식을 가지고 그 가족을 위생적으로 교육적으로 도덕적으로 완전히 거느리는 것"[79]으로 상정된다. 글쓴이의 의도를 풀어본다면, '새 문명' '위생' 등의 지식을 장악한 '주인(남성)'이 가족을 '거느리는' 방식, 즉 전통적 가장의 역할을 그대로 부여하고 있다. 다양한 방식과 주제 그리고 다양한 주체에 의해 전통과 근대의 담론이 구성될 수 있음을 보여주고 있다. 전통적인 성 역할을 지키려는 방향과 그에 대한 문제가 제기되기도 하면서, 원론적이긴 하지만 여성 존재에 대한 인식과 새로운 여성 도덕에의 요구가 시대정신의 한 부분이 되고 있음을 확인할 수 있다.

2. 가족의 전통과 근대

1) 유교 가족의 지속과 근대 비판

역사상 존재했던 대부분의 사회는 가족에 대한 일정한 의미 체계를 만들어 왔다. 여기에는 현실인 가족을 좀 더 가치있고 좀 더 이상적인 공동체로 만들고자 하는 오래된 욕망이 작용하였다. 그래서인지 어느 시대든 그 시대의 가장 왕성한 주제는 가족을 둘러싼 논의였다. 가족이란 무엇이며 가족은 어떠해야 하는가. 가족 구성원이 행해야 할 의무와 도덕은 무엇이며 가족으로서 누릴 수 있는 권리는 무엇인가. 누가 가족을 대표하며 누가 가족을 계승하는가. 이러한 질문을 전제로 가족 사상이 도출되고 가족 제도가 만들어졌다. 여기서 가족은 인간의 보편적인 욕구를 만족시키는 기능론적인 측면이 부각되기도 하고, 가족이란 도덕적 함의를 갖는 이데올로기적 구성체라는 점에서 조명되기도 한다.

무엇보다 유교 가족은 개체적 생명의 유한성을 극복하기 위한 대안이었다. 영혼불멸에 대한 관념 장치가 마련되어 있지 않는 유교에서 생명의 유한성은 가족을 통해 보완된다. 즉 유한한 존재인 나는 가족을 통해 대대손손 이어지고, 그 기억의 장치를 통해 영원히 살아가는 것이다. 천지 만물의 원리를 설명하는 역(易)의 세계가 그 핵심을 '낳고 또 낳음(生生之謂 易)'이라고 한 것이나 '천지의 위대한 덕을 생으로 규정한 것(天地之大德曰 生)'은 곧 인간 욕망을 해석한 유교적 언어이다. 나의 생물학적인 한계는 내 자식을 통해 보완될 수 있고, 조상을 숭배하는 제사의식을 통해 나는 후손들에게 관념적으로 계속 존재할 수 있는 것이다. 다만 유교가 구상한 가족 속의 '나'는 남성이고 아버지이고 아들이다. 여기서 여성은 이 가족 의 역사를 영속시켜 줄 필수적인 파트너로 존재한다. 그래서 부계를 이을 아들이 있느냐 없느냐에 따라 가족 속 여성의 지위가 달라졌다.

이러한 구도 속에서 도출된 가족 윤리는 "아버지는 아버지답고 자식은 자식다우며 형은 형답고 동생은 동생다우며, 남편은 남편답고 아내는 아 내다움으로써 가도(家道)를 바루는"것이다.[80] 유교 가족 이념은 유교의 권 위가 축소되는 19세기 말 개항기에도 그대로 지속되었다. 즉 가족이 무엇 인가를 고대 경전 자료를 통해 확인하였고 가족관계는 삼강오륜의 구도 에서 파악되었다. 『여소학』(1882)은 말한다.

> 백호통에서 말하기를 삼강이란 아버지는 자식의 벼리이고 임금은 신하의 벼리이며 남편은 아내의 벼리가 됨을 말한다. 『사기』의 주석에 의하면 부 모와 형제와 처자를 삼족이라 하고 부족과 모족과 처족을 역시 삼족이라 한다. -『여소학』

또 부부의 의리는 군신과 부자의 의리와 같다고 한다. "삼강(군신·부 부·부자)의 종요로운 윤리는 하늘이 땅을 경영하는 의리로, 이른바 사람이 지켜야 하는 떳떳한 법도인 것이다."[81] 개항기 초등윤리학 교과서에 서술된 가족도 『주역』과 『예기』의 가족 사상을 그대로 옮겨놓은 것이다.

> 부부는 한 가정의 근본이니 『역경(易經)』에 이르기를 "부부가 있은 연후에 부자가 있고 부자가 있은 연후에 형제가 있다." 하였으며, 『예기』에 이르기를, "부부의 화합은 가정을 풍요롭게 한다."라고 했다. 부부는 인도(人道)의 큰 윤리라 삼가지 않을 수 없으니, 시집가고 장가드는 것을 너무 일찍 해서는 안 되며, 배우자를 가리지 않아서도 안 된다. 남편은 바깥일에 나아가 그 가정을 맡게 하며, 아내는 안살림을 맡아 남편을 돕는 것이 부부의 바름을 얻는 것이다.[82]

이에 의하면 아내는 자신의 세계가 따로 있는 것이 아니라 남편을 보조하고 돕는 것이 곧 자신의 일이다. 이러한 부부 역할은 자연의 원리로 설명되었다. 개항기 대표적인 유학자 전우(1841-1922)에 의하면 가족이란 음양 상성(相成)의 원리로 이루어지므로 어진 아내의 도움을 받아야 한다. 『여사서』 편찬을 축하하는 글에서 그는 이렇게 말한다.

> 천지의 조화를 살펴보니 음(陰)만으로 이루어질 수 없고 양(陽)만으로 이루어질 수 없다. 그렇기에 제왕으로부터 일반 백성에 이르기까지 반드시 어진 아내를 얻어서 돕도록 하여 천하의 국가가 비로소 편안하고 공고하게 되도록 하였다.[83]

'상호 이루어 줌'이라는 상성을 전우는 남성의 입장에서만 받아들인 것이다. 그러면 아내는 남편으로부터 어떤 도움을 받아 무엇을 이루는가.
19세기 말, 개화의 정도를 불문하고 여성 존재를 설명하는 방식은 가족 내
역할을 기본으로 한다. 즉 여성은 딸에서 며느리로 아내로 어머니로, 크게
네 역할을 거치는 존재로 설명되었다. 1890년대 한장석(1832-1894)이 쓴
홍씨 부인 묘지명에는 여성의 삶에 대한 당시 유학인들의 인식이 그대로
드러난다.

> 시집가기 전에는 효성스럽다 칭송받았고
> 시집가서는 며느리의 도리 다하여 사랑받았네.
> 어머니로서 의로운 자세로 자식을 가르치니
> 세 가지 덕이 모두 맞아 규문의 법도 갖추어졌네.
> 술과 장 담그고 옷감 짜면서도
> 오히려 별일 아니라고 하시네.[84]

유교 지식인들의 시선에 잡힌 가족 속 여성의 삶은 어느 가정이든 유
사한 모습이다. 유중교(1821-1893)는 황씨 부인의 묘지명에서 그녀가 임
종 시 또렷한 정신으로 집안 식구들에게 한 말을 전했다; "나는 늙도록 돌
아가신 시아버님의 유명(遺命)을 받들기 위해 새벽부터 밤까지 마음을 졸
였고, 어미로서의 도를 잃어서 우리 아이에게 누가 될까봐 크게 두려워했
다. 이제는 내가 벗어나게 되었음을 알겠다."[85]

황씨가 죽으면서 한 말인 '이제야 벗어나게 되었구나(而今而後, 吾知免
夫)'라는 것은 공자의 제자 증자(曾子)가 임종 시에 한 말이다. 증자는 "하
루에 세 번 나를 살펴본다"는 삼성오신(三省吾身)의 고사 주인공이다. 그는

"벌벌 떨고 조심조심하여 깊은 연못에 임한 듯이 하고, 엷은 얼음을 밟는 듯이 한다."는 『시경』의 구절처럼 일생을 자기 완성을 위해 최선을 다했다. 유중교는 가족을 위해 최선을 다하고 죽음을 기다리는 황씨 부인에게서 『논어』 속의 증자를 본 것이다.

개항기에 나온 여성 교훈서는 사부모(事父母)·사구고(事舅姑)·사부(事夫)를 필수 항목으로 편성했고, 『여자소학수신서』와 같은 근대 교과서도 "시부모 모시고 며느리로서의 도리를 행할 것"을 가르쳤다. 시부모를 모시는 일이란 어느 정도의 일을 두고 말하는가. 김평묵(1819-1891)이 쓴 최효부의 행적을 보자.

> 정석주에게 시집간 최정진의 딸 최씨는 시어머니가 오직 떡만을 좋아하는 식성에 맞추어 백방으로 다니며 떡을 구해 왔다. 흉년이 든 해에는 온 지방에 흩어져 있는 지인들에게 애걸하여 곡식을 실어와 떡을 만들었고, 바느질로 충당하여 항상 작은 떡을 준비해 두었다. 거친 음식과 허름한 옷도 허락하지 않는 가난 속에서 오로지 시어머니의 떡만을 반드시 마련했다.[86]

19세기 개항기에 며느리가 시어머니의 음식 타령에 전적으로 매달리는 이 가족의 모습은 지나친 감이 없잖아 있다. 며느리가 시어머니의 기호를 만족시키기 위해 몸과 영혼의 모든 것을 쏟아 붓는 것은 상호성이 전제된 관계라기보다 기울어진 일방적 희생이다. 다만 고부 사이가 주인과 종에 상응하는 형태를 보이는 것에는 그들만의 특수한 사정이 있을 수 있다. 다시 말해 일반화하기에는 매우 특수한 사례에 불과하다는 것이다. 문제는 당대의 이름난 유학자 김평묵이 '효부'의 행적을 칭송하는 방식으로 공론화된 인물이기에 주목할 필요가 있다. 이 효부의 행적이 사실인지 서사에 불과한 것인지, 이 여성의 행위가 내면의 발로인지 아니면 외부로부터 계몽된 것인지를 따져보는 것도 의미가 있다. 더 중요한 것은 이 효부의 모델이 근대를 향해 나아갈 수 있다고 보는 건지, 지식인의 글쓰기가 갖는 의미를 묻지 않을 수 없다. 이 역시 19세기 유학자의 가족 인식을 보여주는 사례로 참고가 된다

여자는 나라 백성의 어머니가 될 몸이니 어머니 될 사람이 무식하고 학문이 없으면 그 나라 백성의 미래가 없다는 논리는 여성 교육을 주장하는 개항기의 일반적인 논리이다. 여성 교육은 사회로 나갈 자식을 가르치는 가정교육의 용도로 인식되었다.

> 한나라의 근본은 백성에게 있고 한 집안의 근본은 여자에게 있으니, 여자
> 가 배우지 못하면 집에 어진 아내가 없고 어진 아내가 없으면 또한 어진 어
> 미가 없어 가정교육을 받을 곳이 없다. 그러므로 여자의 배움이 남자의 배
> 우보다 급하다고 하는 것이다."[87]

여성의 존재론적 위치나 여성에 대한 기억도 여전히 가부장적인 계보 속에서 의미가 있는 것으로 보았다. 임헌회가 쓴 아내 윤씨의 제문에는 '여자란 아들을 통해 그 존망이 결정된다.'는 전제가 깔려 있다. 그에 의하면 아들은 어머니로 인해 어질게 되고, 어머니는 아들로 인해 드러난다. 임헌회는 원배(元配) 윤씨가 세상을 뜨고 곧 아들 만교가 죽었는데, 아들을 잃은 슬픔에 더하여 가족의 기억에서 사라질 아내 윤씨를 슬퍼한다. 다음은 임헌회가 아내를 위해 쓴 두 번째 제문이다.

부인의 혈속으로 만교 하나가 있어서 만교로 하여금 아내를 얻고 자식을 낳게 한다면 만교의 자취가 끝없이 전해질 수 있을 것이고 만교의 자취가 끝없이 전해질 수 있다면 부인의 자취도 끝없이 전해지게 되는 것인데, 이제 만교가 죽어서 자취가 없어졌으니 부인도 따라서 자취가 없어지게 되었소.[88]

아들로 인해 영원히 기억될 수 있는 윤씨가 아들의 죽음으로 그 자취가 없어지게 되었다는 것이다. 개항기는 새로운 가족 개념이 유입되고 가족 역할의 변화가 추진되지만, 앞에서 본바 유교 전통의 가족 가치를 여전히 고수하고 있다. 오히려 관계의 원칙이나 원리를 풀어서 좀 더 구체적인 실천 규칙을 제시하기도 한다. 고종의 조정에서 고급관료를 지낸 신기선은 가족 속의 다양한 관계에 주목하는데, 시집 온 며느리들 사이의 행위 규범까지 『가훈』에서 거론한다.

> 동서지간의 도리는 형제지간과 같다. 맏며느리는 작은며느리를 엄하면서도 은혜하는 마음으로 거느리고, 작은며느리는 맏며느리를 공경하고 사랑하는 마음으로 섬겨야 한다.(아침저녁으로 인사하고 출입할 때 일어나야 하지만, 나이가 그렇게 높지 않으면 꼭 그렇게 할 필요는 없다. 곁에 있을 때 감히 삐딱하게 서서는 안 된다.) 동서지간은 서로를 마치 자기 한 몸과 같이 여기고, 내 것 네 것을 따짐이 없어야 한다.[89]

유교인의 가족은 수평적인 관계에 기초한 상호 배려를 행하는 곳이라기보다 세대나 나이, 남녀로 위계화하고 윗사람은 아랫사람을 엄하고 은

혜로운 마음으로 거느리고, 아랫사람은 윗사람에게 무조건 순응하는 모델이다. 기정진(1789-1879)은 "리(理)의 존귀함은 상대가 없는 것인데 기(氣)가 어찌하여 리와 대적할 수 있으리오?"[90]라고 한다. 그는 리(理)가 이 세계를 주재한다고 보아 리와 맞서거나 리와 대적할 그 무엇은 가능하지 않다는 것이다. 그러면 기정진에게 리(理)로 표상된 절대적으로 존귀한 자는 누구인가. 바로 가족에서는 남편이고, 나라에서는 임금이고, 세계에서는 중화(中華)다. 그리고 말한다; "아내가 남편의 위치를 빼앗고, 신하가 임금의 자리를 빼앗으며, 이적(夷狄)이 중화(中華)의 자리를 빼앗는, 이 세 가지는 천하의 큰 변고이다."[91] 이에 의하면 가족과 국가, 세계에는 각 영역을 주재하는 절대적 권위가 존재하는데, 그 자리는 넘보거나 나눠 가질 성격이 아니다.

이러한 맥락에서 19세기 말 다수의 유교 지식인은 가족의 지존(至尊)인 아버지와 남편의 권위에 도전하는 철학이나 종교를 이단시하며 거부하였다. 간재 전우(1841-1922)는 부모의 위상에 대해 새로운 해석을 낸 중국 근대사상가 양계초(1873-1929)와 강유위(1858-1927)를 윤리를 훼손한 패륜자로 취급한다. 양계초의 저작을 논변한 「양집제설변(梁集諸說辨)」에서 전우는 이렇게 말한다.

(양계초는) 부모의 은혜는 낳아준 데 있지 않고 길러준 데 있다고 한다. 즉 품안에서 양육되어 3년이 지나 품에서 벗어난다. 이에 먹이고 가르치니 도리상 갚지 않을 수 없는데, 불효자의 죄를 용서할 수 없다고 한다. … (그런데) '부모의 은혜는 낳아준 데 있지 않다.'고 한 이 한 구절은 천지생물의 마음[仁]을 가장 해치는 것으로 그 죄는 천지간에 용서될 수 없는 것이다. 화

지안(花之安, 독일인 선교사 에른스트 파베르(1839-1899)의 중국명)은 삼년상에서 아버지는 가볍게 하고 어머니는 무겁게 해야 한다는 주장을 하는데, 이것이야 말로 서양 오랑캐의 견해다. 그런데 지금 강유위 씨의 주장이 이와 같으니 어찌 패륜이 심하지 않은가. 또 효를 행하지 않아도 꾸짖지 않은 자이니 천하를 가볍게 여기고 자애와 효심을 해치는 것이 이보다 더 심할 수 있는가. 왕자(王者)가 일어나면 반드시 그를 주벌할 것이다.[92]

전우는 부모 형제의 존재는 천리이고 천륜이라 그 어떤 절대자로도 대신할 수 없다고 한다. 그는 "예수는 상제를 믿는 자가 나의 부모, 형제라고 했는데, 만약 부모형제가 상제를 섬기지 않는다면 나의 부모형제가 아닌가."라고 한다. 나아가 부자 상호 불간섭의 법률과 군부(君父)를 경배하는 예(禮)가 없는 문화, 부모가 관여하지 않은 혼인 예법 등의 서양의 가족 문화는 모두 무례하고 무도하다는 것이다.[93]

19세기 중후반에 활동한 보수 성향의 유학자들은 근대를 몰고온 이른바 양이(洋夷)에 대한 경계심을 풀지 않았고 적대적이기까지 했다. 유학자들이 보기에 서양 또는 근대는 우리와 공존할 수 있는 성격이 아니었다. 이항로는 "천하에 상대가 없는 사물은 없다. 그러나 머리를 나란히 하고 동시에 나오는 상대도 없다."[94]고 한다. 그가 보기에 남녀(男女), 군신(君臣), 선악(善惡)이 있는 것처럼 이 세상의 모든 사물은 대립 쌍으로 구성된다. 그런데 이 대립쌍은 대칭적이거나 등가적인 것이 아닌 위계적으로 구성된다고 보았다. 다시 말해 존재하는 모든 것은 위계적인 서열 구조로 이루어져 있는데, "하늘에는 음과 양이 있고, 땅에는 강(剛)과 유(柔)가 있으며, 사람에게는 남과 여가 있고, 계통에는 이적과 중화가 있다."[95]고 한다.

이항로의 서양은 무언가 많은 것이 있는 듯 하지만 무군무부(無君無父)를 핵심으로 삼고, 통화(通貨:재물의 교역)와 통색(通色:남녀의 교제)을 방법으로 하는데[96] 그것은 형기인 이욕을 주로 한 것이다. 김평묵도 비슷한 생각을 한다. 그에 의하면 군자와 장부(丈夫)는 성명(性命)의 공정함에 근거한 도심(道心)의 일을 관장하고, 서민과 부녀는 형기(形氣)의 사사로움에서 나오는 인심(人心)의 일을 관장한다. 이에 상응하여 화하(華夏)에 대한 이적(夷狄)의 개념과 인간에 대한 금수(禽獸)의 개념이 나온다고 보았다. 따라서 이적과 금수는 형기의 욕망을 추구한다는 점에서 공통된 존재이다.[97] 보수 계열 유학자들이 서양 문화의 유입을 가장 두려워한 것 중의 하나가 가족질서의 붕괴였다. 그들의 가족질서는 가부장의 권위가 유지되면서 각 사람들이 자신의 위치를 지키는 것이다. 이른바 부부자자(父父子子) 부부부부(夫夫婦婦)다.

2) 구 가족 비판과 근대적 재구성

가족에 대한 유교적 구상은 공자 이후 2500년 이상의 긴 역사를 통해 구성되고 재구성되어 왔다. 유교 가족의 정체성이라 할 수 있는 가족 원리가 시대를 따라 변용이 이루어지는 형태였다. 유교 가족의 변하지 않은 원리라 함은 부계(父系)로 이어지는 집단이라는 점, 가족 또는 가정을 수신제가치국평천하(修身齊家治國平天下)의 구도 속에 위치시킨다는 점 등이다. 다시 말해 가족의 계보가 남성으로 이어지며 가족 사회와 국가의 질서와 연동되어 있다는 것이다. 여기서 여성의 역할과 의무가 주어지는데 며느리로서, 아내로서, 어머니로서의 자격이다. 부부관계의 질서에 대해

"군자의 도는 부부에서 시작되고, 왕자(王者)의 교화는 규문(閨門)에서 출발한다."[98]라고 한 것은 부계 가족에서 여성 관리가 쉽지 않음을 말하고 있는 것이다.

이로써 유교 사회 여성에게 부과된 도덕 규범들은 가부장적 유교 가족을 유지시킬 남성 측 필요에서 나온 것이다. 그런 점에서 유교의 여성 윤리는 전부 가족에 관한 윤리라 해도 과언이 아니다. 이에 여성은 가족을 통할 수밖에 없고 가족을 우주로 삼도록 설정되었는데, 그런 가족 여성이 19세기 말에 이르러 변화를 맞게 되었다.

유교적 가족 원리가 추구하는 것은 구성원 모두 각자의 역할에 따라 질서 정연하게 움직이는 의리와 도덕의 공동체이다. 이에 의하면 아버지는 아버지답고 어머니는 어머니답고, 형은 형답고 아우는 아우답고, 남편은 남편답고 아내는 아내다운 것이 잘 구현될 때 의리와 도덕이 이루어진다. 그렇다면 아버지다움이란 무엇이며 어머니다움이란 무엇인가, 또 남편다움이란 무엇이며 아내다움이란 무엇인가. 부자 관계는 어떠해야 하고 부부 관계는 어떠해야 하는가. 그 구체적인 방법은 시대를 따라, 사회의 성격에 따라 달라진다. 19세기 말에서 20세기 초 개항기의 가족에서는 무엇보다 여성이 중요한 존재로 담론화된다. 그것은 구습(舊習)이나 구 가족(舊家族)의 문제가 곧 여성 문제와 연동되어 있기 때문이다.

먼저 부부관계에 대한 새로운 관점과 실천의 방법들이 각종 교육서와 언론 매체를 통해 나오기 시작한다. 《독립신문》(1896)은 부부를 동고동락하는 파트너로 명시하고 '서로 공경' '서로 사랑'을 주문한다. 상대가 무슨 일을 하는지 알아야 하고 서로 돕고 서로 의견을 주고받아야 한다는 것이다.

남편과 아내란 것은 평생에 쓰고 단 것을 함께 견디고 만사를 서로 의논하여 집안일을 하며 서로 믿고 서로 공경 하고 서로 사랑 하여 아내는 남편이 무슨 일을 하는지 알고 남편은 아내가 무슨 일을 하는지 알아 서로 돕고 서로 훈수하여 세상에 제일 좋은 친구 같이 지내야 한다.[99]

유교에서 부부는 서로 소통하는 관계이기보다 내외(內外) 개념으로 엄격하게 분리되었다. 『예기』「내칙」에서 제시한 "남자는 안을 말하지 않고 여자는 바깥을 말하지 않는다(男不言內, 女不言外)"는 것은 부부는 각자 상대방의 영역에 관여하지 않아야 한다는 뜻이다. 그런 점에서 부부라면 남편이 또는 아내가 무엇을 하고 있는지 알아야 하고, 서로 상의하며 조언을 해야 한다는《독립신문》의 주장은 부부 혁명이라 할 만큼 선진적이다. 그런데 대부분의 새로운 주장들은 전통적인 부부관과 결별한, 전혀 새로운 것이라기보다 유교의 가족 개념이나 유교적 언어를 현실적 요구에 따라 재구성하는 방식이다. 개항기 교과서 『초등여학독본』의 '남편 섬김[事夫]'의 항목에서 부부를 어떻게 설명하는지 보자.

남편에게 하나의 아내만 있고, 아내에게 하나의 남편만 있는 것은 하느님이 명하신 바이다. 여자가 남편을 따르는 것은 나의 주인으로 그 의리는 군신과 같다. 아내는 남편을 위해 복상 삼년을 행하니 그 가까움이 부자 관계와 같다. 부모를 함께 섬기니 그 정은 형제와 같다. 이성으로 서로 합한 것인지 의리는 벗과 비슷하다. 그러므로 오륜은 부부에 다 갖추어져 있다고 할 것이다.[100]

부부 한 몸에 유교의 오륜(五倫)이 다 갖추어져 있다는 주장이다. 오륜은 군신·부자·부부·형제·붕우의 다섯 관계에서 요청된 도덕을 말한다. 일부일처(一夫一妻)를 하느님의 명령으로 명시한 것은 첩을 용인해 온 유교적 부부의 한계를 정리하는 효과가 있다. 그런데 가족의 출발이 되는 부부에 절대적인 힘을 싣는 것을 기도하면서 아내와 남편을 군신관계에 비유하고, 부자관계에 비유한 것은 어불성설이다. 부부를 형제와 같은 정이라든가 벗과 같이 신의를 나누는 사이로 본 것까지는 진일보한 감이 없잖아 있다. 그런데 아내는 남편을 주인으로 섬기고 남편을 위해 3년 복상을 행하던 전통 규범을 그대로 인정한 것이다. 이런 부분들이 전통과 근대가 충돌하고 협상하는 과정으로서 개항기, 그 시대적 성격을 말해준다.

그러면 부부를 부부답게 하는 것은 무엇인가. 『윤리학교과서』(1906)는 부부를 움직이게 하는 근본 원리는 애정이라 하고, "애정은 부부를 일체가 되게 하는 쇠사슬"이라고 한다. 따라서 부부 각자는 사사로운 이익과 욕심을 버리고, 남편은 아내를 위하여 아내는 남편을 위하여 충분한 애정을 쏟고 서로 영원한 행복을 희망할 것을 주문한다.[101] 여기서 주목할 점은 부부에게서 '애정'을 발견한 대목이다. 이제까지의 부부, 즉 유교적 부부는 '위로 조상을 받들고 아래로 후손을 생산하는' 의무의 결사체와도 같았다. 특히 아내는 감정이나 욕망이 없는 존재로, 남편에 대한 무조건적인 복종과 일방적인 내조를 임무로 삼아 온 존재였다. 그렇기에 부부의 근본 원리를 애정으로 본 것은 의미 있는 출발이다. 그렇다면 부부의 애정은 일상 속에서 어떻게 구현되는가. 부부의 '서로 사랑'은 근대적 남녀 역할론과 어떻게 만나는가. 『윤리학교과서』는 부부의 역할을 상세하게 제시한다.

세상 사람들이 말하기를 여자도 남자와 같은 사람이라서 남편과 아내는 마땅히 동등한 지위에 서서 같은 등등한 직권(職權)을 행하는 것이 옳다고 한다. 이것은 매우 이치에 맞지 않다고 할 수 있다. 남녀는 본래 성질과 능력을 서로 달리 하였는데, 그 차별은 다만 신체구조상으로 보아도 명확하다. 남자는 골격이 강대하여 힘을 쓸 수 있으나 여자는 그렇지 않다. 남자는 논리력이 장점이고, 여자는 지각력이 장점이다. 남자는 지력(智力)이 풍부하고, 여자는 감정이 풍부하며, 남자는 진취적 성질이고, 여자는 보수적 성질이라. 따라서 보호·용감·노동은 남자의 직무요, 보좌·겸양·손순(巽順)은 여자의 직무다. 음양이 서로 조화하고 강유(剛柔)가 서로 따르는 이치가 여기에 있는 것이다. 남자와 여자는 사람됨에 있어서는 본래 동일한 것이나 그 자질에 있어서 서로 다른 것이니 타고난 능력에 각각 응하여 서로 마땅한 업무를 집행하는 것이 남녀동권의 진정한 의미이다.[102]

이에 의하면 아내는 집안에 자리하며 바깥일을 하는 남편을 내조하는 것, 그것이 곧 남녀평등이다. "남편의 직무는 바깥에서 사업에 종사하여 그 가족을 거두어 기름에 있다. 아내의 직무는 안에 있어서 집안의 일을 정리하여 이로써 남편을 돕는 데 있다. 남녀 동권의 이치도 이 가운데 존재한다." 근대적 교육을 위한 『윤리학교과서』가 유교의 남녀역할론인 '남외여내(男外女內)'를 그대로 견지하는 양상이다. 즉 남녀 동권(同權)을 주장하지만 그 내용은 전통적인 언어를 사용하는데, 즉 남자는 양강(陽剛)으로 여자는 음유(陰柔)로 이원화하였다. 다시 말해 강하고 용감한 특성을 남성의 것으로, 부드럽고 유순한 특성을 여자의 것으로 이해하고 있다. 다만 남자의 논리력과 여자의 지각력, 남자의 지력(智力)과 여자의 감정, 남자의 진취 여자의 보수라는 이원적 대비는 근대의 세례를 받은 표현들이다. 이렇게 남녀를 본질론으로 구분한 것은 유교의 남녀관을 그대로 계승한 것이다.

한편 남녀는 각기 능한 영역이 있고 무능한 영역이 있다는 주장에 동의할 때 남편이 모든 것에 무능한 모습을 보인다면 어떻게 할 것인가. 근대 교과서는 무능한 남편을 대하는 방법을 제시하는데, 아내는 무조건 순종할 것, 남편을 무시하지 말 것, 남편에게 충고하는 방법을 찾으라고 한다. 『초등여학독본』은 남편을 업신여긴다는 뜻의 '모부(侮夫)'에서 이렇게 말한다.

> 남편을 무시하는 일을 그치지 않으면 꾸짖고 책망하는 일이 반드시 생길 것이요, 분이 치밀고 성내는 것을 그치지 않으면 때리고 욕하는 일이 반드시 생길 것이다. 꾸짖고 책망하는 데 무슨 의가 있겠으며, 때리고 욕하는데 무슨 사랑이 있겠는가. 공경하지 않고 순종하지 않으면 마침내 불화해서 부모님께 불효하면 하나님께 죄를 얻게 된다.[103]

교과서가 사례로 채택한 것은 현실 가족의 실상에 가까운 것으로 보인다. 이상형의 가족은 우리가 추구하는 모델인 것이지 가족의 현실 그 자체는 아니다. 그런 점에서 유교의 가족은 가부장의 권위와 능력에 그 어떤 회의를 품을 수 없는 지극히 이상화된 형태이다. 유교 경전과 교훈서 그리고 유교 지식인이 그리는 '질서 정연한' 가족이 현실 속에서 그대로 실현될 수는 없는 일이다. 여기에 남녀동권이라는 근대적 이상이 가족 속으로 들어올 경우를 상상해 보자. 게다가 각종 매체는 이제까지 성역이었던 가부장의 폭력과 무능을 드러내기 시작한다.《독립신문》의 1896년과 1898년의 논설은 말한다.

> 나라가 잘 되려면 백성의 집들이 화목 하여야 할 터인데 조선 서울은 암만 보더라도 여편네들이 은근히 눈물을 흘리는 이가 많이 있으니, 열 번에 여 덟 번은 남편이 박대를 한다든지 남편이 다른 계집을 상관하는 까닭이라. 집 안에 우는 여편네가 있고는 집안일도 잘 안되는 법이요, 그 사나이는 필 경 하늘 재앙을 입을 터이라. 그른 일 하고 끝내 잘 되는 일은 세계에 없으 니, 집안을 다스리는 데 그른 일을 행하는 사람은 다른 일을 맡겨도 또 그 른 일을 할 터이요⋯. -《독립신문》1896년 6월 16일

> 내외 불합한 까닭에 음행이 성하며, 손톱과 발톱이 닳도록 일하여 돈푼 벌 어 아무것도 아니하고 가만히 자빠져 있는 서방을 먹여 살리는 여인이 한 둘이 아니며, 개와 도야지 같이 천하여 이 다음에 지옥 불에 타 죽을 못된 사나이 놈들이 제 계집을 무단히 때려 종같이 부리는 놈이 한 둘이 아니 라⋯. -《독립신문》1898년 2월 12일

위의 예문은 가정이 불행해지는 원인의 8할은 폭력적이고 무책임한 남 편에 있다는 것이다. 또 가정의 불행은 나라의 불행이고, 집안을 잘 건사 하지 못한 인간은 집 밖의 일도 잘 해내지 못한다는 주장이다. 서울 안 백 성들의 부부 생활의 실상을 폭로한 것으로 보인다.

아래의 예문에서 꼽은 남편의 자격은 경제력이다. '처자를 벌어 먹일 수 있는 사람만이 남편 될 자격이 있다.'고 하였고, "재물이 없으면 학문과 지

식이 있거나, 재주와 힘이 있어야 한다."는 것이다. 그리고 조선의 남편과
외국의 남편을 비교한다; "외국은 사나이 쳐 놓고 장가 든 이후에 처자를
능히 벌어 먹이지 못할 사람이 남의 처녀를 데려다가 같이 살자고 하는 법
은 없다."[104] 신문의 독자는 물질적으로 정신적으로 당시 백성의 평균치에
해당하는 사람들일 것이다. 이들은 유교 지식인 박공진(1807-1877)이 노래
한 가족생활과 다른 차원에 서 있는 사람들이다.

> 가정에서 일을 처리하는 것과 조정의 일은 다름이 없다. 남편이 있고 아내
> 가 있고 아랫사람이 있고 부리는 사람이 있고 곳간이 있다. 이것이 그 도
> 를 다하면 가정이 다스려진다. 경전을 공부하는 것을 임금의 명령을 받들
> 듯이 하고, 사기를 읽는 것은 공문서를 대하는 것처럼 하며, 의리로 마음이
> 기쁜 것은 거친 음식을 맛있게 여기는 것처럼 하며 덕이 몸을 윤택하게 하
> 는 것을 화려한 옷이 몸을 감싸는 것처럼 여긴다면 더 이상 밖에서 기대할
> 것 없이 집안에 이미 맑은 복이 갖춰진 것이리라.[105]

가정 안에서 벼슬살이 하는 것의 즐거움과 성취를 누릴 수 있다는 유교
인의 가족은 변화하는 시대의 보편 가족으로 보기 어렵다. 언론이나 여론
은 조선의 '구 가족'을 문제시하고 공격하는 형상이다. "사나이가 무슨 벌
이를 하든지 아내의 의복과 음식을 댈 수 있어야지 그렇지 않으면서 여자
를 데려온 것은 몰염치한 것임을 만국이 다 생각하더라."[106] 한국을 방문
한 조르주 뒤크로(1874-1927)는 1901년 12월 2일부터 약 2주간 서울을 방
문하여 여성의 일상을 관찰하였다.

새벽같이 일어나 아직도 달이 뜬 시간에 밥을 준비하고 개장국 혹은 호박국 등을 끓어야 하며 떡도 하고 특히 밤낮없이 남편의 의복을 반질거릴 때까지 다듬이질해야 한다. 이것이 그들의 운명인 것이다. 그래도 이웃으로 마실을 가게 하며 글방에라도 다니게 하는 충실하고 성실한 남편을 만난 여인은 복이 많은 편이다. 조선 여인네들은 말없이 할 일을 하며 음성을 절대로 높여서는 안 되는 온순한 몸종 같다. 그래서 조선 남정네들은 시끄럽게 구는 성마른 여자를 보면 기가 막혀하며 '암탉이 운다.'고 한다. 어쨌든 조선 여인네들은 여성스럽고 사랑스러우며 소설의 애독자이며 감수성이 예민한데 이 모든 것이 자신의 주인인 남성만을 위한 것이다.[107]

외국인의 눈에 비친 아내의 일상은 평균치 가정의 실상을 잘 묘사한 것으로 보인다. 반면에 상층이나 하층의 가정은 이와는 다른 모습일 것이다.

절대적 권위를 가졌던 시어머니에 대해 그 역할과 태도가 담론화되었다. 며느리를 학대하는 시어머니에 대한 문제는 개항기 각종 언론에 심심찮게 올라왔고 여학생 학습교재에서도 다루어졌다. 시어머니의 권위가 추락하기 시작한 것이다.

세상에 시어미들 가운데 며느리를 학대하는 사람이 많다. 말 한마디나 사소한 일에도 꼬투리 잡고 흠을 찾으니 이런 시어머니를 어떻게 섬길 것인가? 며느리는 오직 참고 견딜 뿐이다. 학대할수록 더욱 공순하여 지성으로 섬겨야 한다. 오늘의 며느리가 훗날 시어머니가 되니 이로써 거울삼아 앞을 경계하고 뒤를 삼가야 한다.[108]

즉 여학생을 대상으로 한 수신서에서 시어머니의 교만과 폭력을 고발한 것이다. 교육의 대상이 청소년인 점을 감안한다면 아래의 늙은 부인에 대한 경고'와 같은 글은 교육서에 들어가기엔 적절하지 않다. 다만 당시 나오기 시작한 전통 가족의 문제가 무엇인가를 살피는 데 자료가 될 수 있다.

늙은 부인들에게 다시 말한다. 남의 시어머니 되기란 더욱 괴롭고 어려운 일이다. 며느리를 얻는 것은 아들을 위함이니 먼저 지극히 사랑하면 후에 대우 받기가 쉬울 것이다. 그릇된 점이 있거든 마땅히 너그럽게 용서하고 등 뒤에서 하는 말은 이로운 말이라 할 수 없으니 스스로 깨달아 그 마음을 뉘우치게 해야 한다. 늙은이가 하는 잔소리는 젊은이들이라면 누구라도 다 좋아하지 않는다. 집에 있는 어린 딸보다는 어리석은 며느리를 먼저 생각하라. 효자도 드물거든 효부는 더욱 어렵지 않겠는가. 시어머니 노릇을 잘 하려면 어리석고 귀먹은 체 해야 한다. 며느리가 곁에 있는 것만도 기쁘게 여길 일이다. 가난하거나 부자거나 어질거나 어리석거나 내 며느리요 내 자식이니 부귀를 바라는 것은 악인의 마음이다. 며느리의 효도를 바란다면 먼저 자기부터 살피고 마음을 바르게 해야 한다.[109]

전통 시대도 시어머니와 며느리가 화목한 것이 집안의 자랑이 될 만큼 그 관계는 쉽지 않았다. 임헌회(1811-187)는 말한다; "시어머니와 며느리가 서로 반목하는 것은 근래에 흔한 근심인데 어머니는 며느리를 친딸처럼 여기시고 비록 잘못이 있어도 한결같은 마음으로 감싸 주시어 은혜가 도리보다 앞섰으므로 집안이 늘 화목하였다."[110] 이와 함께 무례한 며느리의 사례도 소개되었다. "버릇없는 며느리는 행동이 방자하고 꺼리는 일이 없어 시부모 앞에서 옳으니 그르니 지껄이면서 시부모의 말을 들은 체도 아니 하고, 시부모가 춥거나 배고픈 것을 전혀 아는 체하지 않고 제 서방만 먹이고 입히니 이런 며느리를 경계해야 한다."[111]

전통 가족관계에서 신성불가침의 영역이었던 시어머니의 태도를 놓고 시시비비를 가리기 시작한 것인데, 이는 가족 구성원 각자의 자리에서 목소리를 내기 시작한 것으로 읽을 수 있다.

한편 이제까지 남자 형제만 대상으로 한 우애 덕목이 여자들의 자매애에도 주목하기 시작했다. 박정동(? -1919)의 『초등수신서』는 자매가 어떤 존재인가를 설명한다.

자매는 형제와 같이 부모의 뼈와 살을 받은 여형제이다. 나보다 나이가 많은 자를 자(姊)라 이르고 나보다 나이가 어린 자를 매(妹)라고 부른다. 대개 부모에게 생명을 받음도 같으며 부모가 보살피고 키움도 다름이 없으나 남자형제에 비해 경중에 차이가 있다고 하는 것은 여형제가 일차적으로 남에게 시집을 가면 부모와 형제를 멀리하기 때문이다.[112]

개항기 가족 변화의 두드러진 양상은 '딸'의 등장이다. "부모 받들어 모시기에는 딸이 아들보다 낫다."(『초등여학독본』)고 한다. 이 책은 개항기 법부협판 등을 지낸 관료 이원긍(1848-?)이 1907년에 저술한 여학 교재로, 언어는 주로 한문이다. 8장 51과로 이루어진 책은 '윤리를 밝힘(明倫)' '남편 섬김(事夫)' '시부모 섬김(事舅姑)' '친척과 화목(和叔妹)' 등 전통적인 여훈서의 표제를 달고 있다.[113] 여기서 전통적인 교훈서와 다른 새로운 표제가 있다면 '부모 섬김(事父母)'이다. 여학교재인 만큼 딸의 부모 섬김을 말한 것이다. 〈사부모(事父母)〉 장에 편성된 '독녀(獨女)', '교감(驕憨)' 등을 보자.

> 외동딸로 다른 형제가 없다면 부모가 의지하는 바는 오직 딸 하나뿐이니 더욱 힘을 다해서 부모를 섬겨야 한다. 옛적에 딸이 늙도록 시집가지 않고 부모를 섬기는 일이 있었지만 이런 일을 반듯이 본받아야 하는 것은 아니다. 다만 집에 있으면서 딸 노릇할 날은 적고 출가해서 며느리 노릇할 해는 많다는 것을 잊지 말 것이다.[114]

딸의 역할을 강조하는 항목을 개항기 교육서에서 비로소 나오는데, 기존의 유교 교훈서에는 거의 찾아볼 수 없었던 항목이다. 유교의 여성교육은 며느리로서, 아내로서, 그리고 어머니로서의 역할에 충실할 것을 주문했고, 그 가운데 탁월하거나 특이한 행적을 보인 자는 입전(立傳)의 대상이 되었다. 효부(孝婦)나 열부(烈婦) 그리고 모의(母儀)로 입전된 여성들의 이야기는 그 자체 교훈서의 역할을 했다. 개항기 교육서가 딸에 주목한 것은 새로운 가족 역할의 등장이자, 효녀를 주문하는 사회로의 변화를 보여주는 것이다

> 귀하게 기른 딸은 교만하거나 응석부리기가 쉽다. 부모의 말씀을 듣지 않고 그대로 따르지 않으며 어쩌다가 꾸지람이라도 하게 되면 울며 말대답하기 일쑤이다. 설날이 되면 옷감을 끊어달라고 해서 시가 식구들의 옷만 장만하고 사사롭게 재물을 모아놓고 부모는 돌아보지 않으니 이런 여자를 절대로 본받아서는 안 된다.[115]

역사 속의 여성인물을 교육적인 의미에서 싣고 있는 『녀자소학슈신서』(1909)의 '어진부인들'에도 효녀 장이 따로 마련되었다. 다시 말해 역사 속 효녀의 대명사 조아(曹娥),[116] 목란(木蘭),[117] 제영(緹縈)[118]이 소환되었다. 그녀들은 아버지가 물에 빠지자 구하기 위해 물에 뛰어들었고(조아), 남자로 변장하여 아버지를 대신하여 수자리를 섰으며(목란), 아버지가 죄를 받자 황제에게 형벌을 감해주도록 요청하여 체형(體刑)을 없앤 결과 역사에 기록되었다.(제영) 이들은 『열녀전』 등의 여성열전에 나오지만 사실은 유교적 규범에 부합하는 유형은 아니다. 개항기에는 이러한 딸들의 행적을 소환하여 딸의 위상을 강조하는 근거로 활용하는 등 가족 관계의 재편성을 시도한 것이다.

효녀의 등장은 개항기를 대표하는 유교 여훈서 『여소학』에서 예고된 바 있다. 1882년에 나온 박문호의 『여소학』은 역사 속의 효녀 31명을 소환했다. 〈효녀〉 편에 소개된 딸의 유형은 대략 5가지다.

① 사진(死地)에서 부모를 구해 낸 딸들이다. 31명 중 7명이 이 유형에 속한다. 잘못된 법 규정으로부터 아버지를 구출해 낸 순우공의 딸 제영(緹縈), 범을 때려잡아 아버지를 구해낸 딸, 조모를 구해낸 손녀 등의 이야기이다.

② 부모의 주검을 찾은 딸들이다. 중국 한나라 때 물에 빠져 죽은 아버지의 시신을 찾아 나온 조아(曹娥)가 대표적이고 그 외 5-6명의 효녀가 이 유형에 속한다. 유교적인 사생관에서는 부모의 시신을 거두는 것이 자식 된 자의 주요 임무 중의 하나이기에 부모의 시신을 거둔 자식의 이야기가 설득력을 얻었다.

③ 아버지의 원수를 갚은 딸들이다. 관가에 고소하거나 자신이 직접 복

수한 경우로 6명이 이에 해당한다. 중국 수나라 효녀 왕순(王舜)의 이야기를 보자. 7세 때 아버지가 살해되는 장면을 본 왕순은 커서 두 여동생과 함께 아비를 죽인 장흔(萇忻) 부부를 칼로 직접 죽인다. 그리고 부친의 무덤에 고한 후에 관청에 들어가 죄를 청하며 자매가 서로 정범이라 한다. 이에 수문제(隋文帝)가 딸들의 죄를 특별히 용서했다는 이야기다.

④ 부모 봉양이 극진했던 딸들이다. 6명이 이에 속하는데, 병든 부모를 위해 할고(割股)에다 죽음까지 마다하지 않은 극렬 효녀들의 계보가 소개되었다.

⑤ 부모를 돌보기 위해 시집가기를 포기한 딸들이다. 명나라 여양(汝陽) 사람 류씨는 아들은 없고 딸만 7명 두었는데, '딸만 있어 늙어도 쟁기를 놓지 못한다.'고 늘 신세를 한탄했다. 이에 넷째 딸과 여섯째 딸이 서로 맹세하며 시집가지 않고 아버지 대신 농사를 짓기로 했다. 60이 넘어서까지 부모를 모셨고 돌아가시자 집에 묘를 쓰며 평생 그 곁에서 떠나지 않았다는 이야기다. 『명사(明史)』「열전(列傳)」에서 인용하고 있다.

『여소학』은 정통 유교 교훈서의 체제와 내용을 지향하지만 시대적 변화를 느끼지 않을 수 없었을 것이다. 저자 박문호는 현실 가족 속의 딸의 역할에 주목하면서 역사상의 이름난 딸들의 행적을 나름의 관점에서 정리한 것이다. 그가 주목한 딸은 위기에 처한 부모를 구해내고 부모의 원수의 갚는 등의 용기와, 살아서는 봉양하고 죽어서는 제사를 지내는 등 부모에게 자식의 도리를 다한 유형이다.

효를 실현한 딸의 등장은 19세기 들어 여러 저작에서 보이는 현상이다. 이빙허각(1759-1824)의 『규합총서』 열전에도 효녀 7명이 실렸는데, 전체 여성의 수가 300여 명인 것을 감안하면 많은 수는 아니다. 이 효녀로는 아버지의 시신을 끌어안은 채 주검으로 발견된 조아(曹娥), 아버지 죄를 대신하겠다며 황제에게 상소를 올린 제영, 아버지를 대신하여 전쟁터에 나간 목란 등이 소개되었다. 이 3명의 딸은 앞에서 소개한 『녀자소학슈신서』(1909)와 『여소학』(1882)에도 인용된 만큼 역사적으로 대표성을 가진 딸들이다.

한편 유재건(1793-1880)의 『이향견문록』에도 효녀 4명이 입전되었다. 참고로 책에 실린 전체 인물 수는 308명이고 그 가운데 여성은 30명이다. 이들은 유교적 가치를 구현한 여항의 기층여성이거나 노비나 기생 등의 하층 여성들이다. 평양사람 이효녀전의 경우 먼저 효행의 구체적 사실들을 기록한 후 당시 사회(19세기 전기)에 효녀로 사는 것의 의미를 논하고 있다는 점에서 주목된다. 이효녀는 억울하게 옥에 갇힌 아버지를 8년 동안 뒷바라지하면서 네 차례나 구명 운동을 한다. 딸의 노력으로 아버지는 살아서 옥을 나와 귀양을 가게 된다. 효녀는 북쪽 변경까지 천릿길을 따라 가며 아버지를 위로하고 귀양지에서는 지극정성으로 봉양한다. 효녀는 혼기를 놓쳐 나이 서른 둘이 되었는데, 그녀의 수준 높은 덕행을 듣고 여기저기서 혼처가 나타나지만 모두 거절한다. 거절의 변은 이러하다.

> 혼인을 하여 지아비를 따르면 효를 손상하게 되고 아버지를 따르면 부인의 도를 어기게 됩니다. 둘 다 하고자 한다면 하나도 제대로 못할 것입니다. 어찌 천하에 아내의 아비 보기를 자기 아비 보듯 하는 남자가 있겠습니까.[119]

시집가기를 거부하는 이효녀의 행위를 놓고 지식 있는 사람들이 왈가왈

부한다. 어떤 사람이 "그녀의 행실은 제영(緹縈)에 비교해도 부끄럽지 않겠지만 시집을 가지 않는 것은 지나친 것이 아닌가?" 하였다. 즉 진정한 효란 혼인을 하여 부모의 걱정을 덜어드리는 것이기 때문이다. 이에 대해 유재건은 말한다. "사람이란 누구든 자신의 뜻을 행할 따름이다." 이어서 그는 이효녀가 혼기를 놓친 것은 보통 사람의 경우와는 다를 뿐 아니라 그녀의 말과 뜻은 충분히 생각한 후에 나온 것으로 진정성이 느껴진다고 한다.

효녀의 등장은 개항기에 갑자기 이루어진 것이라기보다 19세기 초부터 형성된 딸들의 입전(立傳)이 바탕이 되었다. 개항기 저술의 방식이 역사적 효녀들을 과거의 문헌 속에서 소환하는 것이니만큼 축적된 작업들이 자료가 된 것이다. 전통적인 가족 문화에서는 딸의 시집에서의 태도와 역할을 교육적 주제로 삼았을 뿐 친정 가족에 대한 고려가 없었던 것이 사실이다. 개항기 교육서는 가족 안에서 딸의 위상이나 딸로서의 한계도 담론의 주제로 삼는데, 종법적인 유교 가족에서 배제된 효녀가 가족 도덕의 주체로 논의되기 시작한 것이다.

맺음말

이 책은 젠더(gender), 성(sexuality), 혼인·가족이라는 세 범주를 통해 개항기 여성 담론의 이념과 실상을 규명하고자 했다. 밝혀진 바 세 범주의 여성 담론은 다음과 같다.

첫 번째 범주가 여성 젠더에 관한 논의다. 여성 규범과 여성 역할에 대한 개항기의 논의는 복합적이고 중층적인 양상을 띠며 전개되었다. 여성 규범의 중심 내용은 남녀유별의 개념에서 도출된 것인데, 유교적 사유에서 남녀유별은 천지개벽이 오더라도 절대로 바뀔 수 없는 대원칙이다. 남녀유별, 즉 '남녀가 다르다'는 전제는 동아시아 유교 문화 2천년의 역사 모든 영역을 관통하며 성별 제도와 성별 문화의 재료가 되었다. 그러면 이 남녀유별이 개항기라는 변혁의 공간에서는 어떻게 전개되었고, 개항기의 유교인들은 전통의 남녀유별을 어떻게 인식하고 어떻게 해석했을까. 남녀유별론은 크게 계승과 변형이라는 두 방향으로 전개되었다.

계승의 입장은 남성과 여성은 대체될 수 없는 각각의 본질이 존재한다고 보고 남강여유(男剛女柔)의 모델을 고수한다. 본질적으로 남자는 강하고 단단하며 여자는 부드럽고 약하다는 것이다. 남녀 성품이 자연의 속성으로 이해될 때 이 '자연스런' 틀에서 벗어나는 남자 혹은 여자는 비정상으로 취급된다. 굳셈와 부드러움으로 갈라지는 남녀는 각 성품에 맞는 역할과 일을 받게 되었다. 다시 말해 남녀의 속성[품성]이 다르다는 전제로부터 각각의 태도와 역할이 도출되는데, 바로 남녀유별의 역할론이다.

유학을 업으로 삼거나 유학적 지식 배경을 가진 학자 및 정치가들은 유교 경전이나 교훈서의 원론적 규범을 활용하며 '새로울 것이 없는' 내용의 글들을 계속 제작해 내었다. 그들의 여성 인식은 학맥을 타고 대물림되기도 하고 개인성에 의해 더 확고해진 경우도 있다. 다시 말해 개항 이후 유교의 위상에 변화가 오지만 보수 유학자들이 보는 여성 존재나 여성 역할은 한마디로 절대불변의 영역이었다. 변화에 대한 감각을 가지기보다 기존 규범을 강화시키는 경향을 보이기도 하는데, 이는 변화하는 사회에 대응하는 한 양식일 수도 있다. 당시 사회는 이양선의 잦은 출몰과 이교(異教)의 상륙으로 유교의 정체성에 변화가 오기 시작하면서 유교 보수화의 흐름이 형성된 것이다.

다른 한편에서는 남녀유별의 변형, 즉 도덕의 재구성이 이루어지고, 남녀관계에 대한 새로운 해석이 형성되기 시작한다. 먼저 여성 인물 서술에서 상층에 쏠려 있던 기존의 관행이 다양한 계층으로 확대되었다. 유교적 가치를 구현한 주인공으로 여항의 기층여성이거나 노비나 기생 등의 하층 여성에 주목한 것이다. 일견 행위 주체의 신분이 다를 뿐 전통 여성관과 별반 차이가 없어 보이기도 하지만, 도덕 실천의 방법이나 양식이 다르다는 점에서 변화는 변화다. 또 도덕적 존재로만 부각된 여성이 개항기에는 용기나 복수, 치산(治産)의 능력으로 소환되었다. 이처럼 여성의 위치와 시선의 다변화는 규범과 도덕에 집중하던 기존의 프레임을 전환시키는 계기가 되었을 것이다. 한편에서는 유교적 젠더 규범의 산실이라 할 수 있는 유교 경전의 권위에 균열을 내는 일련의 움직임이 나타나기도 한다.

두 번째 범주는 여성 섹슈얼리티에 관한 논의다. 여성의 성(性)에 대한 인식에서 개항기는 한편에서는 중세의 성(性) 인식이 지속되면서 더욱 보수화되고, 한편에서는 사회적 변동과 맞물려 근대적 성 인식에 접근해 가는 이중적인 양상을 띤다. 다시 말해 성적(性的)인 이미지나 성(性) 관련 태도에 있어서 기존의 성규범을 더 강화시키려는 경향과 과도한 성규범을 견제하려는 일련의 흐름으로 나뉜다.

기존의 성 규범을 더 강화해야 한다는 입장은 부녀들의 정절이 훼손되면 나라의 정신이 무너진다는 사고에 근거한다. 그 연장선상에서 모든 관계를 성적 잣대로 바라보는데, 부녀와 모자, 숙질(叔姪) 등의 혈연 가족도 성적인 시선으로부터 자유롭지 못하다. 그들에게 가족 도덕이란 성적인 개입을 미연에 방지하는 것이고, 교육의 주요 내용은 바로 남녀 분리를 구현하는 것이다. 정절과 결부된 전통적인 성 인식이 개항의 '위기'를 맞아 더 강화된 것으로 보인다. 이에 의하면 서양과 일본이 조선과 통상을 요구하는 것은 조선 여성의 성을 탈취하려는 속셈에 불과하다.

반면에 성(性)을 다른 각도에서 보려는 움직임이 포착되는데, 이는 해외 각국의 독특한 성문화가 알려지는 등 성 담론의 활성화 흐름과 무관하지 않다. 도덕적이고 규범적인 틀에 한정된 성 인식에서 벗어나 성의 중요한 목적이자 기능인 욕망과 쾌락에 주목하기 시작한 것이다. 다만 쾌락과 욕망을 성적 일탈이나 음란과 연결시키고 그것을 여성의 책임으로 돌리는 것은 기존의 성 인식과 별반 다르지 않다. 하지만 여성을 성적 욕망을 가진 존재로 본다는 것은 자기 성(性)의 주인으로서의 여성을 인정한 것이다. 이를 지지하듯 근대 지향적 지식인들은 성적 욕망이나 성적 양식은 본능이 아니라 사회문화를 통해 구성된 것임을 주장하는데, 성과 관련된 모든 행위는 자신의 의지와 관련되고 문화적 훈련에 의해 제어될 수 있다는 것이다. 그런 점에서 개항기는 성(性) 담론의 각축장이라 해도 과언이 아니다.

개항기 성(性) 담론에서 가장 활발했던 쟁점은 과부의 재혼과 열녀의 문제였다. 이 두 가지는 유교 사회 여성을 둘러싼 사회문화적인 함의를 갖지만 그 핵심은 성(性)의 문제이다. 개가와 관련하여 정절과 실행(失行)이 담론화되었고, 열녀를 통해 절개와 의리, 충신과 역적을 논하곤 한다. 개가 규제와 열녀 생산에는 조선의 지배이념과 맞물린 젠더 권력관계가 투사되어 있다. 1894년(갑오년)의 개혁에서 "부녀자의 재혼은 신분의 귀천을 따지지 말고 그의 자유에 맡긴다."라고 한 이후 개가 논의는 더욱 활발해졌다. 개가를 담론화하는 쟁점도 이동된다. 의리와 신의 등의 도덕적인 문제로 부각되던 기존의 개가가 과부의 외로움과 성적 소외를 부각시키는 방향으로 전환되었다. 즉 과거의 과부가 남편에 대한 신의[信]를 지켜야 하는 도덕적인 존재였다면 개항기의 과부는 성적 주체로 부각된 것이다. 이에 개가를 둘러싼 개항기 주요 논쟁의 의미와 한계를 짚었다.

열녀는 통상 죽음으로 의(義)를 지킨 여자를 가리키는데, 그 유형은 시대마다 차이가 난다. 넓은 의미에서 남편에 대해 의를 지킨 여자이고 좁게는 남편을 따라 죽은 여자를 말한다. 유교사회에서 열녀는 신의·의리·절개라는 도덕 개념을 띠고 있지만 그 핵심은 여성의 성을 관리하기 위한 것이다. 성(sexuality)의 범주에서 볼 때 개항기의 열녀는 정절을 극단적으로 해석한 종사형(從死型)과 성(性)을 탈각한 '완벽한' 여성들로 나뉜다. 여기서 열녀는 그 시대 최고의 여성에게 헌정하는 작위(爵位)가 아닐까 한다. 열녀는 윤리의 수호자, 죽지 않고 살아 남아 집안을 일으킨 자,

나라를 살린 충(忠)의 담지자 등으로 호명되기 때문이다. 다시 말해 정절, 순결의 의미가 내포된 좁은 의미의 열녀가 가족과 국가를 지탱하는 능력의 소유자로 변형된 것이다. 이 다양한 유형의 열녀들은 안으로는 사회적 모순이 극에 달하고 밖으로는 외세의 침입으로 위기 의식이 고조되는 가운데 정체성의 위기에 처한 가부장들의 욕망이 여성 서술에 반영된 것이라 할 수 있다.

세 번째 범주는 혼인과 가족에 관한 논의다. 유교적 사유에서 혼인은 가족을 만드는 출발이자 인생의 성패를 결정하는 열쇠로 여겨졌다. 갑오년(1894)의 개혁안에는 혼인 관련 조항이 둘 있는데, 하나는 조혼 금지이고 다른 하나는 과부 재가를 당사자의 선택에 맡긴다는 것이다. 즉 혼인 연령의 문제와 혼인 성립의 주체를 말한 것이다. 이와 별개로 개항기 대부분의 유교 지식인들은 고대 경전에 근거하여 혼인의 목적을 두 성(姓)이 결합하여 위로 조상을 받들고 아래로 후손을 생산하는 것으로 삼았다. '생생지리(生生之理)'나 '이성지합(二姓之合)'과 같은 전통적인 혼인 문법이 대중 매체에 그대로 인용되고, 후손을 낳아 가계(家系)를 이어야 한다는 전통 혼인관이 당연시되었다. 한편 그 반대편에는 혼인을 나라의 운명과 인종의 흥망을 결정짓는 나라의 큰 사업으로 여기는 부류가 있었다. 이에 의하면 혼인은 한 가족에 한정될 수 없는 나라와 인종을 지켜내는, 보국(保國)과 보종(保種)의 수단이었다.

혼인을 국가 이익과 연계시키게 되자 기존의 혼속이 가진 문제들이 가시화되었다. 개화론자들을 중심으로 전개된 구습(舊習) 타파는 조혼의 문제를 집중적으로 다루었다. 이에 의하면 조혼은 크게 네 가지 문제를 야기했다. 즉 조혼은 생육(生育) 및 신체적 발육를 저해하고, 지육(智育)의 정신 활동을 저해한다. 그리고 덕육(德育) 즉 도덕상의 폐단을 불러오고, 경제상의 막대한 폐해를 부른다는 것이다. 한편 조혼 문제가 가시화됨으로써 얻게된 성과도 있다. 그것은 왜곡된 여성의 성(性)을 교정하는 계기가 되었고, 혼인을 매개로 한 여성 착취가 고발되었다. 이에 관련 자료를 수집하여 조혼을 둘러싼 당시의 논의들을 분석하였고, 그 한계와 의미를 짚었다.

개항기는 기존의 가족 이념과 새로운 가족에의 요구가 각축을 벌이는 시공간이었다. '아버지는 아버지답고 자식은 자식답게(父父子子)'라는 『주역』의 말이 시사하는 것처럼 유교인의 가족은 세대와 나이, 남녀로 위계화되어 있다. 보수 계열 유학자들이 서양문화의 유입을 두려워한 중요한 이유 중의 하나가 가족질서의 붕괴였다. 유교인의 가족질서란 가부장의 권위가 유지되면서 각 구성원이 자신의 위치를 지키는 것이다. 이 가족에서는 상호 배려보다는 아랫사람의 의무와 순종이 요구되는데, 그 정점에는 아버지라는 이름의 가부장이 자리한다. 유교인들은 부모와 형제는 천리(天理)이고 천륜(天倫)이기에 그 어떤 절대자로도 대신할 수 없다고 생각하였다. 그래서 가족의 지존(至尊)인 아버지나 아내의 하늘인 남편의 권위에 도전하는 사상과 종교는 어떤 것이든 받아들일 수 없었다.

한편 서구문물의 유입은 가족을 새로운 인식의 장으로 이동시켰다. 무엇보다 가족 여성은 특별히 주목하는데, 그것은 구습(舊習)이나 구가족(舊家族)의 문제가 여성 문제와 연동되어 있기 때문이다. 새로운 가족 인식에서는 가족의 형태나 가족의 계보보다는 가족 속의 관계에 주목하였고 가족 구조에서 소외된 억압받는 존재들을 조명하였다. 신문이나 여성교육서는 시어머니의 왜곡된 권력과 노예에 비견되는 며느리의 위상에 문제를 제기하였다. 또 가부장제 가족에서 소외된 딸의 존재를 부각시키며 그녀에게 자식으로서의 의무와 권리를 부여하였다. 특히 유교 비판론자들은 인습에 젖은 가족제도를 비판하면서 조선이 지향해야 할 새로운 가족을 전망했다. 가족은 제국 열강과 나란히 할 건강한 인종과 건강한 국민을 만들어내는 곳이어야 했다.

개항기는 유교의 위상에도 변화를 몰고 오는데, 절대적인 지식체계로 군림하던 유교가 다른 지식체계와 비교되기 시작한 것이다. 갑오개혁이 추진한 과거제도의 폐지와 새로운 관리 임용법의 제정은 지식 패러다임의 전환을 의미하는 것이다. 종래의 관리에게 요구된 능력이 사서오경(四書五經)의 지식과 시(詩)·부(賦)·표(表)·책(策) 등의 문장력이었다면 갑오개혁은 그 유교적 지식을 쓸모의 관점에서 소외시킨 셈이다.

한편 새로 등장한 매체들에 힘입어 동서양 각국의 여성 문화가 소개되면서 유교의 성별 문화를 비판하고 조롱하는 흐름이 형성되었다. 전통 비판론자들은 태서(泰西) 각국을 완전한 남녀동등권이 구현된 사회로 소개하면서 조선 여성이 나아갈 종착지로 여겨지도록 했다. 서구 근대의 자유와 독립의 개념은 '전통여성'을 '집안에 갇힌 죄인이자 노예'로 전락시켰고, 전통적인 제도와 관습은 공리주의적 관점에서 심각하게 문제시되었다. '남녀동등론'으로 묘사된 조선 여성들의 억압적 상황은 "여성은 남성의 반려가 아니라 노예에 불과하다."라든가 "여자는 애초에 사람으로 치지 않았다."라고 하기에 이른다. 그런데 개화의 창에 비친 서구 여성은 실제로는 그 사회의 표피적인 모습에 불과한 것이 많았다.

개항기 유교의 여성 담론은 이러한 복합적인 시대상의 산물이자 거울이다. '서술되는' 여성에 주목한 이 책이 '서술하는' 여성을 위한 밑거름이 되기를 바라는 마음이다. 나아가 서구 근대의 무엇을 보는가는 한국 근대화의 성격을 만드는 데 중요한 요소가 된다는 점, 근대 매체들의 극단적인 전통 폄하가 개항기 유교인의 보수화에 일조를 한 점에 대해서는 심도 있는 논의가 필요하다.

주석
참고문헌
찾아보기

주석

제1장 여성과 근대, 그리고 유교

1) 《漢城旬報》「美國의 婦女가 義社를 結成하다」, 1883년 12월 9일.

2) 박규수, 『瓛齋集』 8, 「與溫卿書」.

3) 《漢城旬報》, 1883년 10월 31일.

4) 《漢城旬報》, 1884년 4월 6일.

5) 《漢城旬報》, 1884년 8월 31일.

6) 《漢城旬報》, 1884년 9월 10일.

7) 갑신정변으로 발행이 중단된 《漢城旬報》(1883.10.31-1884.12.4)을 이어 1886년 1월에 《한성주보》(1886.1.25-1888.7)가 창간되었다. 정부가 발행한 순보와 주보는 제호가 다르지만 계승관계에 있는 신문이다.

8) 《한성주보》, 1886년 9월 20일.

9) 《독립신문》, 1899년 7월 20일.

10) 유길준 지음, 허경진 옮김, 『서유견문』, 서해문집, 2004, 422-426쪽.

11) 유길준은 유교적 변통론에 의거 근대적 이행을 주장한 것으로 평가된다.(안외순, 2010)

12) 《독립신문》「논설: 세계 각국이 그전에는 도모지 샹통ㅎ지 못 ㅎ더니」, 1899년 9월 28일.

13) 《황성신문》「萬國夫人會」, 1899년 5월 9일.

14) 《황성신문》「婦人参政權問題」, 1910년 7월 17일.

15) 《제국신문》, 1899년 10월 14일.

16) 《독립신문》「各國名談」, 1899년 7월 20일.

17) 존 스튜어트 밀 지음, 김예숙 옮김, 『여성의 예속』, 이화여대출판부, 1986, 62쪽.

18) 《독립신문》, 「혼인론」, 1899년 7월 20일.

19) 《독립신문》, 1896년 6월 6일.

20) 주시경, 「론설: 일즉이혼인ㅎ는폐」『家庭雜誌』 제4호, 1906.

21) 尹致昊, 「大韓自强會演說」, 《황성신문》 1906년 7월 23일.

22) 《독립신문》, 1896년 4월 7일.

23) 《독립신문》, 1896년 6월 16일.

24) 릴리어스 호튼 언더우드 지음, 김철 옮김, 『언더우드 부인의 조선견문록』, 이숲, 2010. 29쪽.

25) 퍼시벌 로웰 지음, 조경철 옮김, 『내 기억 속의 조선, 조선 사람들』, 예담, 2001:

"Choson, the land of the morning calm" (Harvard University Press, 1885)

26) 윤정란, 「19세기말 조선의 안방을 찾은 미국 여성의 욕망」, 『사림』 제34호, 수선사학
회, 2009.

27)《독립신문》, 「논설: 죠션에 학교에 단니는 사름들이 전국 인구 슈효와 비교 ᄒ여 보
면」, 1896년 9월 5일.

28) 장규식, 「개항기 개화지식인의 서구체험과 근대인식:미국유학생을 중심으로」, 『한국
근현대사연구』 제28집, 2004.

29) 김영희, 「개화기 신문의 여성문제 인식의 경향」, 『한국언론학회지』, 2001, 239-244쪽.

30) 주선애, 『장로교 여성사』, 대한예수교장로회 여전도회전국연합회출판부, 32쪽 재인용.

31) A.H.새비지 랜도어 지음, 신복룡 · 장우영 옮김, 『고요한 아침의 나라 조선』, 집문당,
2019. 83-84쪽.

32) 조경철, 『퍼시벌 로우엘』, 대광문화사, 2004, 120쪽.

33)《독립신문》, 「논설」, 1896년 9월 5일.

34)《황성신문》, 「조혼의 利害」, 1906년 7월 23일.

35)《황성신문》, 1900년 10월 22일.

36) 譚嗣同, 『譚嗣同全集』 下, 「論學者不當驕人」, 1954.

제2장 유교 여성 규범의 지속과 변형

1)『禮記』「大傳」. "親親也, 尊尊也, 長長也, 男女有別, 此其不可得與民變革者也."

2)『孟子』「滕文公」上. "使契爲司徒, 教以人倫, 父子有親, 君臣有義, 夫婦有別, 長幼有序,
朋友有信."

3)『禮記』, 「內則」. "男子居外, 女子居內. 男不入, 女不出." "男不言內, 女不言外. 內言不
出, 外言不入."

4) 심대윤, 『심대윤전집』 I , 「복리전서 · 무제」.

5)『禮記』「內則」

6) 임헌회, 『鼓山集』8, 「二誠·嚴內外」.

7) 임헌회, 『鼓山集』8, 「二誠」. ① 內外不共井, 不共浴室, 不共厠. ② 男子晝無故不處私
室, 婦人無故不窺中門. ③ 婦人有故出中門, 必擁蔽其面. ④ 男僕非有繕修及有大故, 不
入中門. 入中門, 婦人必避之, 不可避, 亦必以袖遮其面. ⑤ 女僕無故, 不出中門. 出中門,
亦擁蔽其面. ⑥ 通內外之言, 傳致內外之物. 毋得輒升堂室入庖廚.

8) 신기선, 『陽園遺集』11, 「辨男女論」.

9) 노대환, 「19세기 후반 신기선(申箕善)의 현실 인식과 사상적 변화」『동국사학』53, 동
국사학회, 2012.

10) 신기선, 앞의 책, 「辨男女論」.

11) 신기선, 앞의 책, 「辨男女論」. "夫男女, 陰陽之對, 內外之分. 對而合, 故易亂而不易定, 分而別, 故可嚴而不可褻也."

12) 김기수, 『日東記遊』2, 1877.

13)《每日申報》「社說: 婦德의 本義」, 1932.11.17.

14) 『周易』「繫辭傳下」. "乾陽物也, 坤陰物也. 陰陽合德, 而剛柔有體."

15) 『女誡』「敬順」.

16) 박문호, 『여소학』1, 「明別」.

17) 박윤묵, 『存齋集』25, 「閨戒·尙柔順」.

18) 이유원, 『임하필기』제26권, 「春明逸史」;『정조실록』20년(1796) 8월 11일.

19) 『道德經』, 76장, "人之生也柔弱, 其死也堅強. 萬物草木之生也柔脆, 其死也枯槁. 故堅強者死之徒. 柔弱者生之徒. 是以兵強則不勝, 木強則兵. 強大處下, 柔弱處上."

20) 심대윤, 『심대윤전집』I, 「복리전서·무제」.

21) 진재교 외, 『19세기 한 실학자의 발견: 사상사의 이단아, 백운 심대윤』, 성균관대학교 출판부, 2016.

22) 최한기, 『인정』3, 「測人門」3, '婦人'.

23) 최한기, 『인정』2, 「測人門」2, '各執所見'.

24) 최한기, 『인정』10, 「敎人門」3.

25) 유치명, 『定齋集』36, 「先妣孺人韓山李氏行略」;「從祖叔母孺人義城金氏行略」.

26) 박영원, 『梧墅集』, 「太姊淑人墓誌銘」;「祭崔姨母文」.

27) 이유원, 『嘉梧藁略』18, 「金氏墓誌」.

28) 장복추, 『사미헌집』9, 「亡室淑人仁川蔡氏墓誌銘」.

29) 이진상, 『寒洲集』, 「孺人李氏墓碣銘」;「祭長女柳氏婦文」;「故室順天朴氏行記」「祭恭人權氏文」.

30) 임헌회, 『鼓山集』19, 「先妣遺事」.

31) 신기선, 『陽園遺集』14, 「家訓·內訓」'夫婦'.

32) 신기선, 앞의 책.

33) 신기선, 앞의 책, 「婦人常戒」.

34) 김윤식, 『운양집』11, 「季女衾襹銘九則」.

35) 이서구, 『惕齋集』9, 「祭室人貞夫人平山申氏文」.

36) 송치규, 『剛齋集』13, 「孺人趙氏行狀」.

37) 『詩經』「文王之什」'思齊'.

38)《황성신문》, 「女子亦宜敎育事爲」1900년 4월 9일.

39)《황성신문》, 「明珠傳」(雲山堂散人) 1904년 4월 9일.

40) 이원긍, 『初等女學讀本』「明倫」.

41) 이덕무, 『사소절』「婦儀」.

42) 강성숙, 「조선후기(19세기) 일상생활의 장에서 남/녀 젠더 차이의 간극과 교섭 - 가장의 역할을 한 여성의 생활사 서술을 중심으로」, 『여성문학연구』 제30호.

43) 박윤묵, 『存齋集』, 「閨戒·勤女工」.

44) 박윤묵, 앞의 책, 「閨戒·遠巫瞽」.

45) 성근묵, 『果齋集』, 「家訓·婦人之職」.

46) 최한기, 『인정』11, 「教人門」4, '女子教'.

47) 『詩經』 「小雅·斯干」.

48) 朱熹, 『周易本義』 家人卦 六四 "陽主義, 陰主利."

49) 강성숙, 앞의 글.

50) 한장석, 『眉山集』13, 「先妣家狀」.

51) 유중교, 『성재집』43, 「先妣李孺人遺事」.

52) 이진상, 『한주집』, 「故室順天朴氏行記」.

53) 홍한주 지음, 김윤조·진재교 옮김, 『19세기 견문지식의 축적과 지식의 탄생-지수염필』, 소명출판, 2013, 184쪽.

54) 홍한주, 앞의 책, 290쪽.

55) 신기선, 『陽園集』14, 「家訓·內則」 '內外'.

56) 『大戴禮記』 「本命解」. "事在饋食之間而已矣."

57) 신기선, 『陽園集』14, 「家訓·內則」 '服食'.

58) 신기선, 앞의 책, 「婦人常戒」.

59) 이지양, 『이향견문록』 해제.

60) 전미희, 「熙朝軼事 解題」 『熙朝軼事』, 서강대학교 인문학연구소, 1990. 175-192쪽.

61) 한영규, 「잡녹형(雜錄型) 인물지 『진벌휘고속편(震閥彙攷續編)』 연구」, 『한민족문화연구』55, 2016.

62) 한영규, 「19세기 이후 인물지의 여성 기록 편성 방식－震閥彙攷續編 을 중심으로－」, 『大東漢文學』64집, 246쪽.

63) 한편 이빙허각은 남편이 죽은 후 의욕을 상실하고 식음을 전폐하다가 2년여 후에 〈絶命詞〉라는 시를 남기고 자결하는데, 이에 그녀를 열녀로 해석하기도 한다.(서유구, 『金華知非集』, 「嫂氏端人李氏墓誌銘」)

64) '말이 군왕을 움직이다.'의 한자어는 言動君王이 된다.

65) 한영규, 앞의 글, 262-264쪽.

66) 이혜순·김경미, 『한국의 열녀전』, 월인, 2002, 465-467쪽.

67) 권득기(1570-1622), 『晚悔集』 「성열녀전」.

68) 『진벌휘고속편』 「譯官·江南德母」.

69) 홍한주, 앞의 책, 184쪽.

70) 이숙인, 「『家政』을 통해 본 18세기의 생활세계」, 『한국문화』 51, 2010.

71) 『擊蒙要訣』「居家」.

72) 『家政』'力農桑'.

73) 『家政』「治財用」.

74) 임헌회, 『鼓山集』19, 「先妣遺事」 "先妣, 儀容秀頎而端飭, 氣象正大而和厚."

75) 「忠婢介德傳」(『鼓山集』20), 「烈女忽介佛寬㫌閭記」(『鼓山集』9), 「祭亡姜宋娘文」(『鼓山集』10) 등이 있다.

76) 임헌회, 『鼓山集』20, 「女士韓山李氏傳」. 한산 이씨의 사위 申天永의 사건은 『승정원일기』 영조4년(1728) 4월 1일에도 기록되어 있다.

77) 유중교, 『성재집』43 「柯下散筆・先妣李孺人遺事」.

78) 홍학희 역주, 『19세기・20세기 초 여성생활사 자료집』1, 보고사, 2013, 463쪽.

79) 성해응, 「연경재전집」58, 「女尊位」.

80) 이진상, 『寒洲集』35, 「祭仲姊金氏婦文」.

81) 「女子命名의 必要」《매일신보》사설, 1911년 12월 19일.

82) 《제국신문》, 1899년 10월 14일.

제3장 섹슈얼리티의 전통과 근대

1) 이항로, 『華西雅言』12 「洋禍」.

2) 최익현, 『勉菴集』3, 「持斧伏闕斥和議疏」.

3) 민치헌, 『승정원일기』고종 37년 10월 9일.

4) 《황성신문》 1898년 11월 3일.

5) 신기선, 『陽園遺集』11, 「辨男女論」.

6) 신기선, 앞의 글.

7) 신기선, 앞의 글.

8) 박윤묵, 『存齋集』「家訓・謹動止」.

9) 전우, 『艮齋集後篇』17, 「被劫婦女」.

10) 전우, 『艮齋集』6, 「殤女婉貞行錄」.

11) 노상직, 『女士須知』, 「稽教」.

12) 임헌회, 『鼓山集』「二誡・嚴內外」.

13) 노상직, 『여사수지』, 「稽古續錄」.

14) 노상직, 앞의 글.

15) 이원긍, 『初等女學讀本』, 「立教・貞烈」.

16) 이원긍, 같은 책, 「專心」.

17) 이원긍, 같은 책, 「專心・修心」.

18) 이원긍, 같은 책, 「專心・修身」.

19) 이규경, 『오주연문장전산고』, 「性行·寄貑烏龜辨證說」.

20) 이규경, 『오주연문장전산고』, 「陰陽二體辨證說」.

21) 최한기, 『기측제의』 「신기통」 3, '生通·色情開見'.

22) 최한기, 앞의 글.

23) 최한기, 『기측제의』 「신기통」 3, '生通·産育準的'.

24) 《漢城週報》, 「海外奇談」, 1887년 3월 21일.

25) 『禮記』, 「內則」. "男子居外, 女子居內. 男不入, 女不出."

26) 『周易』, 「家人卦」. "女正位乎內, 男正位乎外, 男女正, 天地之大義也."

27) 《황성신문》 「논설」, 1898년 11월 3일.

28) 《제국신문》 1898년 11월 7일.

29) 송시열, 『宋子大全』 39, 「答權思誠」.

30) 『大典會通』, 「吏典·京官職」 "失行婦女及再嫁女之所生, 勿敍東西班職. 至曾孫方許以
    上各司外用之."

31) 『白虎通』 「嫁娶篇」.

32) 『禮記』, 「郊特牲」. "信, 事人也. 信, 婦德也. 壹與之齊, 終身不改, 故夫死不嫁."

33) 『성종실록』 8년(1477) 7월 17일.

34) 『經國大典』 「吏典·外命婦條」, "庶孽及再嫁者勿封. 改嫁者追奪."

35) 『성종실록』 8년(1477) 7월 17일.

36) 이숙인, 『정절의 역사』, 푸른역사, 2014, 299-309쪽.

37) 『승정원일기』 고종 4년(1867) 5월 23일.

38) 신기선, 『陽園遺集』 9, 「烈婦張氏旌閭記」.

39) 최익현, 『勉菴集』 39, 「節婦孺人朔寧崔氏事狀」.

40) 『大韓季年史』 2, 고종 31년(1894) 6월.

41) 심대윤, 『심대윤전집』 I, 「福利全書·無題」.

42) 김윤식, 『운양집』 15, 「改嫁非王政之所禁」.

43) 《황성신문》, 「疏請改嫁」, 1900년 12월 3일.

44) 《황성신문》, 1907년 8월 23일.

45) 조선총독부, 『관습조사보고서』, 1912.

46) 《동아일보》, 1924년 7월 22일, 「사설-개가문제」.

47) 《동아일보》 1935년 1월 28일.

48) 李裕元, 『林下筆記』 22, 「文獻指掌編」.

49) 許傳, 『性齋集』 15, 「烈婦許氏旌閭記」.

50) 이숙인, 『정절의 역사』, 푸른역사, 2014, 129쪽.

51) 『고종실록』 고종 8년(1871) 3월 乙卯.

52) 『고종실록』 고종 8년(1871) 11월 辛亥.

53) 『승정원일기』 고종 4년(1867) 5월 22일.

54) 『승정원일기』 고종 4년(1867) 5월 23일.

55) 『승정원일기』 고종 7년(1870) 2월 3일.

56) 『승정원일기』 고종 13년(1876) 4월 25일.

57) 『승정원일기』 고종 15년(1878) 11월 29일.

58) 『고종실록』 고종 29년(1892) 7월 계묘.

59) 『고종실록』 고종 40년(1903) 10월 17일.

60) 홍직필, 『매산집』 「妓瓊春傳」; 김기림 역주, 『19세기·20세기초 여성생활사 자료집』 3, 378쪽.

61) 이건창, 『明美堂集』 13, 「謹書先忠貞公記金貞女事後」(『19세기·20세기초 여성생활사 자료집』).

62) 이건창, 『明美堂集』 15, 「百祥月傳」(『19세기·20세기초 여성생활사 자료집』).

63) 『여소학』의 각 편은 「女德」, 「女禮」, 「女功」, 「古事」 등으로 나뉘고 그에 해당하는 내용과 사례는 경전과 史書 등에서 취하는 방식으로 구성되었다.

64) 『여사수지』는 소학의 체제를 따라 「立教」, 「稽古」, 「立教續錄」, 「稽古續錄」으로 구성되었다. 「立教」는 『소학』의 「立教」, 「明倫」, 「敬身」에 해당하고, 「稽古」는 『소학』의 「계고」, 「嘉言」, 「善行」에 해당한다.

65) 노상직, 『女士須知』 「稽古續錄」.

66) 이진상, 「한주집」 36, 「孺人李氏墓碣銘」.

67) 허유, 『后山集』 14, 「烈婦瑞興金氏遺恨書後」.

68) 허유, 앞의 책, 「崔氏烈行小識」.

69) 최익현, 『면암집』 3, 「烈婦李氏旌閭記」.

70) 최익현, 앞의 책, 「烈婦孺人豐壤趙氏墓表」.

71) 최익현, 앞의 책, 「烈婦清州韓氏墓表」.

72) 최익현, 앞의 책, 「烈婦河氏旌閭記」.

73) 최익현, 『면암집』 3, 「持斧伏闕斥和議疏」.

74) 『승정원일기』 고종 43년 4월 27일 ; 『고종실록』 고종 43년 4월 17일.

75) 柏舟는 『詩經』 「鄘風」에 나오는 편명으로 그 내용은 衛나라 태자의 아내인 共姜이 남편 사후 재가하지 않고 절조를 지킨 것을 읊은 것이다. 시의 편명인 백주는 이후 역사에서 여자의 정절을 의미하는 용어가 되었다.

76) 정약용, 『與猶堂全書』 11, 「烈婦論」.

77) 정약용, 앞의 글.

78) 최한기, 『仁政』 22, 「用人門」 3.

79) 이원긍, 앞의 책, 「立教·貞烈」.

80) 김평묵, 『重菴別集』 8, 「烈婦李氏旌閭記」.

81) 이건창, 『明美堂集』16, 「烈婦韓氏旌門銘」.

82) 신기선, 『陽園遺集』10, 「烈女崔氏旌閭記」.

83) 기우만, 『松沙集』, 「孺人宋氏墓表」(황수연 역주, 『19세기·20세기초 여성생활사 자료집』8, 124쪽).

84) 기우만, 앞의 글.

85) 기정진, 『노사집』24, 「書尹氏孝烈狀後」.

86) 심대윤, 『심대윤전집』Ⅰ, 「복리전서」.

87) 신기선, 『陽園遺集』9, 「烈婦張氏旌閭記」.

88) 신기선, 『陽園遺集』10, 「烈女崔氏旌閭記」.

89) 육용정, 『의전선생문집』1, 「本生妣星州李氏狀略」.

90) 전우, 『艮齋集別編』1, 「女範二賢婦贊」.

91) 기우만, 『松沙集』, 「咸陽朴氏五烈女傳序」.

92) 전우, 『艮齋集別編』1, 「贈童蒙敎官奉鎭國妻宜人沈氏, 早寡有卓行. 夷餽之金, 卻不受. 見迫自縊死」.

93) 전우, 『艮齋集續集』6 「田不關傳」.

94) 육용정, 『宜田集』「軍人妻某召史傳」(『19세기생활사자료집』9집, 87-90쪽).

95) 한장석, 『眉山集』10, 「金烈婦傳」.

96) 이건창, 『명미당집』, 「烈女韓氏旌門銘」.

97) 기우만, 『松沙集』, 「烈婦宋氏旌閭追記」(황수연 역주, 앞의 책).

98) 유인석, 『의암집』, 「書烈女鄭氏諺書後」.

99) 기정진, 『노사집』「烈婦宋氏旌閭記」.

100) 김평묵, 『重菴集』52, 「烈婦李氏傳」(서경희 역주, 『19세기·20세기 초 여성생활사 자료집』6).

101) 『진벌휘고속편』, 「銀尺烈婦」.

102) 성해응, 『研經齋全集』52, 「靑城孝烈傳」.

103) 유인석, 『毅菴集』50, 「烈婦兪氏傳」.

104) 육용정, 앞의 글.

105) 김수연, 「열녀전의 경계와 균열」『동악어문학』55집, 2010, 77쪽.

제4장 혼인과 가족의 담론

1) 『周易』「序卦傳」. "有天地然後有萬物, 有萬物然後有男女, 有男女然後有夫婦, 有夫婦然後有父子, 有父子然後有君臣, 有君臣然後有上下, 有上下然後禮義有所錯."

2) 《황성신문》 1899년 5월 12일.

3) 『승정원일기』 고종 37년(1900) 10월 9일.

4) 『禮記』「郊特牲」. "夫昏禮, 萬世之始也."; 『禮記』「昏義」. "昏禮者, 禮之本也."; 『國語』「周語」"夫婚姻, 禍福之階也."

5) 『禮記』「昏義」"昏禮者, 將合二姓之好, 上以事宗廟, 而下以繼後世也. 故君子重之."

6) 『周易』「繫辭傳」. "生生之謂易."; 『周易傳義』. "歸者, 女之終, 生育者, 人之始."

7)《제국신문》「논설」1900년 5월 11일.

8) 金圭鎭, 「早婚의 弊」, 『서우』 8호, 서북학회, 1907.

9) 『성종실록』 12년(1481) 6월 21일.

10) 玉泉生·吳尙俊, 「近日 婚姻에 惡習」(《황성신문》, 1907년 2월 26일).

11) C생, 「結婚의 目的이 무엇이냐?」, 『여자시론』 1-1, 1920.

12) 『大韓季年史』 1894년 6월 28일; 『獨立新聞』, 1896년 4월 21일, 1896년 6월 6일, 1898년 2월 12일; 『每日新聞』, 1898년 8월 13일.

13) 『여소학』「女禮」, "男女非有行媒不相知名. 故日月以告君, 齊戒以告鬼神, 爲酒食以召鄕黨僚友. 以厚其別也."

14) 전우, 『艮齋先生文集私箚』 1, 「梁集諸說辨」.

15)《독립신문》, 1898년 2월 12일.

16)《대한매일신보》, 「논설: 死守勿去」, 1908년 12월 24일.

17) 유일선, 「자식은 부모만 위하려 난 줄 아는 병」, 『가정잡지』 1년 3호, 1906년 8월.

18) 노병선, 『여자소학수신서』(1907), 『근대수신교과서』, 소명출판, 2011, 237쪽.

19) 『孟子』「離婁上」, "孟子曰, 不孝有三, 無後爲大."

20) 尹致昊, 「早婚의 利害」《황성신문》, 대한자강회연설, 1906년 7월 23일.

21) 신채호, 『가정잡지』, 1906.

22) 『고종실록』 고종 31년(1894) 6월 28일, "男女早婚亟宜嚴禁, 男子二十歲, 女子十六歲以後, 始許嫁娶事."

23) 박경, 「개화 지식인들의 조혼(早婚)에 대한 인식 -《독립신문》의 논설을 중심으로」, 『여성과 역사』 16집, 여성사학회, 2012. 89쪽.

24)《獨立新聞》, 1896년 4월 21일, 1896년 6월 6일, 1898년 2월 12일; 《每日新聞》, 1898년 8월 13일.

25)《獨立新聞》, 1899년 7월 20일.

26) 尹致昊, 「早婚의 利害」《황성신문》, 대한자강회연설, 1906년 7월 23일.

27) 1906년에 나온 윤치호의 「早婚의 利害」와 주시경의 「일즉이혼인ᄒᆞᄂᆞᆫ폐」, 1907년에 나온 김규진(金圭鎭)의 「早婚의 弊」와 탄희싱(정운복)의 「풍속개량론」, 1908년 문상우의 「早婚의 弊害」와 1909년 《황성신문》의 「早婚의 弊害를 痛論홈」 등이다.

28) 尹致昊, 앞의 글.

29) 주시경, 「론설: 일즉이혼인ᄒᆞᄂᆞ폐」 『家庭雜誌』 제4호, 1906.

30) 玉泉生·吳尙俊, 앞의 글, 1907.

31) 金圭鎭, 앞의 글.

32) 탄히싱, 「풍속기량론」, 『제국신문』, 1907년 10월 12-13일.

33) 《대한매일신보》 1907년 12월 11일

34) 玉泉生・吳尙俊, 앞의 글, 1907.

35) 『春秋左氏傳』 僖公23년, "男女同姓, 其生不蕃".

36) 이숙인, 『동아시아 고대의 여성사상』, 도서출판 여이연, 2005.

37) 《대한매일신보》 1907년 12월 11일.

38) 尹致昊, 앞의 글.

39) 「조혼의 폐해를 통론함」, 《황성신문》 1909년 9월 3-4일.

40) 주시경, 앞의 글.

41) 「사설: 風說과 무婚」, 《每日申報》 1910년 10월 16일.

42) 柳景馥, 「男女學生의 早婚을 宜戒」, 『서북학회월보』 제4호, 1908년 9월 1일.

43) 박경, 앞의 글, 70쪽.

44) 尹致昊, 앞의 글.

45) 「조혼의 폐해를 통론함」, 《황성신문》 1909년 9월 3-4일.

46) 金圭鎭, 앞의 글.

47) 탄히싱, 「풍속기량론」, 《제국신문》 1907년 10월 12-13일.

48) 尹致昊, 앞의 글.

49) 「조혼의 폐해를 통론함」, 《황성신문》 1909년 9월 3-4일.

50) 金圭鎭, 앞의 글.

51) 「早婚厭婚俱爲弊」, 《대한매일신보》 1914년 6월 5일.

52) 최기영, 「사회진화론」『한국사 시민강좌』 25, 1999, 30-31쪽.

53) 스크랜튼, 「죠혼의 폐단」, 『그리스도 회보』 1911년 3월 30일.

54) 주시경, 앞의 글.

55) 김경일, 「일제하 조혼 문제에 대한 연구」『한국학논총』 제41집, 367쪽.

56) 박경, 앞의 글, 84쪽.

57) 안병찬, 「풍속개량문제, 조혼은 인종을 멸망케하는 원인」, 《매일신보》 1914년 7월 22일.

58) 리경숙, 「우리도 사람다운 생애를 해봅시다」, 『가정잡지』 1, 1908.

59) 「사설: 風說과 무婚」, 《每日申報》 1910년 10월 16일.

60) 「논설」, 《제국신문》 1900년 5월 11일.

61) 玉泉生・吳尙俊, 앞의 글.

62) 『세종실록』 세종24년(1442) 8월 28일.

63) 『성종실록』 성종6년(1475) 7월 11일.

64) 『일성록』 영조 37년(1761) 10월 8일.

65) 「악습을곳칠일」, 《제국신문》 1903년 5월 13일.

66) 尹致昊, 「早婚의 利害」《황성신문》, 대한자강회연설, 1906년 7월 23일.

07) 노병신, 「시어머니」, 앞의 책, 233-234쪽.

68) 金圭鎭, 앞의 글. 『周禮』의 "令男三十而娶, 女二十而嫁."을 말하는 것이다. 사실 상고 시대의 평균연령은 더 낮았을 터인데 남자 30세, 여자 20세를 혼인 연령으로 제시한 것은 실제 나이라기보다 상징 숫자를 말한 것이라 할 수 있다. 주석가 鄭玄은 三과 二 는 天과 地를 상징하는 숫자이기 때문에 남자에게 三을 여자에게 二를 준 것이라고 해 석한다.

69) 유형원, 『磻溪隨錄』 25.

70) 『일성록』 정조 즉위년(1776) 6월 13일.

71) 朴殷植, 「女子譜學院維持會趣旨書」, 『여자지남』 제1호, 1908.

72) 金河琰, 「女子敎育의 急先務」, 『서우』 15호, 1908.

73) 福澤諭吉, 「修身要領」 『기호흥학회월보』 제11호, 1909.

74) 장지연, 『여자독본』, 1908, 『한국개화기교과서총서』 8, 아세아문화사, 1977, 227-235면.

75) 장지연, 앞의 책, 235-239쪽.

76) 홍인숙, 「근계몽기 개신 유학자들의 성 담론과 그 의의 -개갸론' / 열녀담'을 중심으 로-」, 『동양어문학연구』 27, 2008.

77) 이원긍, 앞의 책, 「서언」, 1908.

78) 福澤諭吉, 앞의 글. 1909.

79) 박관수, 「가정의 힘과 그 개량의 필요」, 『가정잡지』 1권, 1908.

80) 『周易』 家人卦 象辭, "易曰, 父父子子, 兄兄弟弟, 夫夫婦婦, 而家道正. 正家而天下定矣."

81) 김평묵, 『重菴集』 52, 「烈婦李氏傳」(서경희 역주, 『19세기·20세기 초 여성생활사 자료 집』 6, 267-268쪽 참조)

82) 안종화, 『初等倫理學敎科書』, 1906.

83) 전우, 『간재집』 16, 「敬題女四書後」.

84) 한장석, 『眉山集』 12, 「淑夫人洪氏墓誌銘」.

85) 유중교, 『省齋集』 41, 「孺人黃氏墓誌」.

86) 김평묵, 『중암집』 42, 「崔孝婦事行記」.

87) 이원긍, 『初等女學讀本』 「立敎章·家本」

88) 임헌회, 『鼓山集』, 「再祭亡室尹氏文」.

89) 신기선, 『陽園遺集』 14, 「家訓·內則」.

90) 기정진, 『蘆沙集』 16, 「猥筆」 "理之尊無, 氣何可與之對偶."

91) 기정진, 『蘆沙集』 부록 권1, 「年譜」.

92) 전우, 『艮齋先生文集私箚』 1, 「梁集諸說辨」.

93) 전우, 『艮齋先生文集私箚』 1, 「梁集諸說辨·天地父母」.

94) 이항로, 『華西集』 14, 「溪上隨錄」 1, "天下無無對之物, 亦無齊頭並出之對."

95) 이항로, 『華西集』17, 「鳳岡疾書」.

96) 이항로, 『華西集』15 「溪上隨錄」2, "西洋之說, 雖有千端萬緒, 只是無父無君之主本, 通貨通色之方法."

97) 금장태, 『華西學派의 철학과 시대의식』, 태학사, 2001, 144쪽.

98) 정도전, 『三峰集』14, 「朝鮮經國典」上, '憲典‧犯姦'.

99) 《독립신문》「논설」1896년 6월 6일.

100) 李源兢, 『初等女學讀本』「明倫‧事夫」.

101) 신해영, 『윤리학교과서』2, 「부부의 의무」.

102) 신해영, 앞의 책.

103) 이원긍, 앞의 책, 「事夫‧侮夫」.

104) 《독립신문》「논설」, 1898년 2월 12일.

105) 朴公鑛, 『二安亭遺稿』「家政」(『한국역대문집총서』666).

106) 《독립신문》「논설」, 1896년 6월 6일.

107) 조르주 뒤크로, 『가련하고 정다운 나라』최미경 옮김, 눈빛, 2006. 101쪽: "Pauvre et Douce Coree" (Paris, 1904)

108) 이원긍, 앞의 책, 「事舅姑‧虐婦」.

109) 노병선, 『녀자소학슈신서』제23과 「시어머니」.

110) 임헌회, 『鼓山集』19, 「先妣遺事」.

111) 이원긍, 앞의 책, 「事舅姑‧無禮」.

112) 박정동, 『초등수신서』2장 「윤리」'자매'.

113) 『初等女學讀本』(1907) 8장은 〈明倫〉, 〈立教〉, 〈女行〉, 〈專心〉, 〈事父母〉, 〈事夫〉, 〈事舅姑〉, 〈和叔妹〉로 구성되었다.

114) 이원긍, 앞의 책, 「事父母‧獨女」.

115) 이원긍, 앞의 책, 「事父母‧驕惡」.

116) 曹娥는 중국 後漢의 효녀로 『열녀전』, 『여사서』등에 그의 행적이 실려 있다. 뱃사공인 아버지가 강물에 빠졌는데, 14세의 딸 조아가 아버지의 시신을 찾기 위해 강물에 뛰어들었다고 한다. 세상에서 딸 조아의 효심을 기리는 기념비를 세웠다.

117) 木蘭은 중국 民歌에 전해오는 효녀로 노쇠한 아버지를 대신하여 남장을 하고 전쟁터에 나가 큰 공을 세우고 집으로 돌아왔다는 이야기다. 다양한 장르의 예술 작품의 주인공으로 기억되고 있다.

118) 緹縈은 중국 漢나라 文帝 때의 효녀로 유향의 『열녀전』에도 입전되었다. 아버지가 죄를 쓰고 사형을 당하게 되자 황제에게 상서하여 아버지 대신 죄를 받겠다고 하여 주변을 감동시킨 이야기가 있다.

119) 유재건 지음, 실시학사 고전문학연구회 옮김, 『이향견문록』, 글항아리, 2008, 304쪽.

참고문헌

〈1차 자료〉

『서경』,『시경』,『주역』,『춘추좌전』,『예기』,『논어』,『맹자』,『백호통』,『朱子語類』
『한국문집총간』(http://db.itkc.or.kr),『조선왕조실록』(http://sillok.history.go.kr)
『역대문집총서』,『경국대전』,『대전회통』,『대한계년사』,『승정원일기』
『한성순보』,『한성주보』,『황성신문』,『독립신문』,『제국신문』,『大韓每日新報』

『艮齋集』(전우, 1841~1922)
『剛齋集』(송치규, 1759~1838)
『경당유고』(서응순, 1824~1880)
『鼓山集』(임헌회, 1811~1876)
『果齋集』(성근묵, 1784~1849)
『閨閤叢書』(이빙허각, 1759~1824)
『女士須知』(노상직, 1889)
『蘆沙集』(기정진, 1798~1879)
『勉庵集』(최익현, 1833~1906)
『晚悔集』(권득시, 1570~1622)
『明美堂集』(이건창, 1852~1898)
『眉山集』(한장석, 1832~1894)
『사미헌집』(장복추, 1815~1900)
『서유견문』(유길준, 1856~1914)
『省齋集』(유중교, 1832~1898)
『性齋集』(허전, 1797~1886)
『松沙集』(기우만, 1846~1916)
『송자대전』(송시열, 1607~1689)
『심대윤전집』(심대윤, 1806~1872)
『애국부인전』(장지연, 1907)
『양원유집』(신기선, 1851~1909)
『여소학』(박문호, 1882), 홍문각(영인본), 1990.
『여유당전서』(정약용, 1762~1836)
『여자독본』(장지연, 광학서포, 1908)

『여자수신교과서』(노병희, 박문서관, 1909)

『女子指南』, 1908.

『研經齋全集』(성해응, 1760~1839)

『열녀전』(유향 저, 이숙인 옮김), 글항아리, 2013.

『梧墅集』(박영원, 1791~1854)

『의암집』(유인석, 1842~1915)

『宜田集』(육용정, 1842~1917)

『二安亭遺稿』(朴公鎭)

『이향견문록』(유재건, 1793~1880)

『仁政』(최한기, 1803~1877)

『日東記遊』(김기수, 1877)

『임하필기』, 『嘉梧藁略』(이유원, 1814~1888)

『定齋集』(유치명, 1777~1861)

『存齋集』(박윤묵, 1771~1849)

『重菴集』, 『重菴別集』(김평묵, 1819~1891)

『진벌휘고속편』

『창강집』(김택영, 1850~1927)

『惕齋集』(이서구, 1754~1825)

『初等女學讀本』(이원긍, 1908)

『한국개화기교과서총서』 8권

『寒洲集』(이진상, 1818~1886)

『헌재집』(朴珪壽, 1807~1877)

『壺山外記』(조희룡, 1789~1866)

『華西集』(이항로, 1792~1868)

『孝田散稿』(심노숭, 1762~1837)

『熙朝軼事』(이경민, 1814~1883)

「가정의 힘과 그 개량의 필요」(박관수, 『가정잡지』 1권, 1908)

「近日 婚姻에 惡習」(玉泉生 · 吳尙俊, 『皇城新聞』, 1907년 2월 26일)

「男女學生의 早婚을 宜戒」(柳景馥, 『서북학회월보』 제4호, 1908)

「修身要領」(福澤諭吉, 『기호흥학회월보』 제11호, 1909)

「女子敎育의 急先務」(金河琰, 『서우』 15호, 1908)

「女子譜學院維持會趣旨書」(朴殷植, 『여자지남』 제1호, 1908)

「우리도 사람다운 생애를 해봅시다」(리경숙, 『가정잡지』 1, 1908)

「일즉혼인ᄒ는폐」(주시경, 『家庭雜誌』 4호, 1906년 9월)

「자식은 부모만 위하려 난 줄 아는 병」(유일선, 『가정잡지』)

「早婚의 弊」(金圭鎭, 서북학회, 1907)
「죠혼의 폐딘」(스크랜튼, 『그리스도 회보』, 1911)
「풍속기량론」(탄희싱, 『제국신문』, 1907년 10월 12~13일)

〈연구서〉

고미숙 외, 『근대계몽기 지식 개념의 수용과 그 변용』, 소명출판, 2004.

고정갑희, 『페미니즘은 전환이다』, 북코리아, 2016.

금장태, 『현대 한국유교와 전통』, 서울대학교 출판부, 2003.

김경미, 『격정의 문장들 - 상언에서 독자 투고까지, 여성들의 목소리를 찾아서』, 푸른역사, 2022.

김경일, 『근대 여성의 결혼과 가족』, 푸른역사, 2012.

김수진, 『신여성, 근대의 과잉』, 소명, 2009.

단국대 동양학연구소 편, 『개화기 한국관련 구미인들의 기행자료집』 1, 2, 제이앤씨, 2006.

류대영, 『초기 미국선교사 연구: 1884~1910』, 한국기독교역사연구소, 2001.

릴리어스 호튼 언더우드 지음, 김철 옮김, 『언더우드 부인의 조선견문록』, 이숲, 2008.

마이클 로빈슨 외 지음, 신기욱 엮음, 『한국의 식민지 근대성』, 삼인, 2006.

메리 울스턴크래프트 지음, 손영미 옮김, 『여권의 옹호』, 한길사, 2008.

박용옥, 『한국 여성 근대화의 역사적 맥락』, 지식산업사, 2004.

박지향, 『일그러진 근대 - 100년 전 영국이 평가한 한국과 일본의 근대성』, 푸른역사, 2003.

베티 프리단, 『여성의 신비』, 김현우 옮김, 이매진, 2005.

부산대 점필재연구소, 『대한자강회월보 편역집』 1, 소명출판, 2012.

여성문화이론연구소 편, 『한국의 식민지 근대와 여성공간』, 2004.

유길준 지음, 허경진 옮김, 『서유견문』, 서해문집, 2004.

유영익, 『갑오경장연구』, 일조각, 1994.

유재건 지음, 실시학사 고전문학연구회 옮김, 『이향견문록』, 글항아리, 2008.

유준기, 『한국 근대 유교 개혁운동사』, 삼문, 1994.

이광린 · 신용하 편, 『사료로 본 한국문화사: 근대편』, 일지사, 1984.

이사벨라 버드 비숍 지음, 이인화 옮김, 『한국과 그 이웃나라들』, 살림, 1995.

이상익, 『서구의 충격과 근대 한국사상』, 한울, 1997.

이숙인, 『동아시아 고대의 여성사상』, 도서출판 여이연, 2005.

이숙인, 『정절의 역사』, 푸른역사, 2014.

이숙진, 『한국 근대 기독교와 여성의 탄생』, 도서출판 모시는사람들, 2022.

이혜순, 『조선조 후기 여성지성사』, 이화여자대학교 출판부, 2007.

이혜순 · 김경미, 『한국의 열녀전』, 월인, 2003.

임지현 외,『근대 한국, 제국과 민족의 교차로』, 책과함께, 2011.

이화여대 한국문화연구원,『근대계몽기 지식개념의 수용과 그 변용』소명출판, 2004.

이화여대 한국여성연구소편,『한국여성관계자료집:근대편(상, 하)』, 이대출판부, 1979.

이화여대 한국문화연구원 편,『근대계몽기 지식 개념의 수용과 그 변용』, 소명출판, 2004.

이화여대 한국문화연구원 편,『근대계몽기 지식의 발견과 사유 지평의 확대』, 소명출판,
      2006.

이화여대한국문화연구원 편,『근대수신교과서』1~3. 2011.

이화여대한국문화연구원 편,『한 국근대여성사: 1905-1945 조국을 찾기까지』上・中・下,
      조선일보사, 1991.

이화형 외 편,『한국근대여성의 일상문화1~8』, 국학자료원, 2004.

전미경,『근대계몽기 가족론과 국민 생산 프로젝트』, 소명, 2005.

전인권 외,『1898, 문명의 전환』, 이학사, 2011.

조 은 외,『가족과 성의 사회학』사회비평사, 1995.

조은수,『불교와 근대, 여성의 발견』, 도서출판 모시는사람들, 2022.

조르주 뒤크로 지음, 최미경 옮김,『가련하고 정다운 나라』눈빛, 2006.

진재교 외,『19세기 한 실학자의 발견: 사상사의 이단아, 백운 심대윤』성균관대학교 출판
      부, 2016.

최은희,『한국 개화여성 열전』, 조선일보사, 1991.

최재석,『한국가족제도사연구』, 일지사, 1983.

최홍기 등저,『조선전기 가부장제와 여성』, 아카넷, 2004.

태혜숙 외,『한국의 식민지근대와 여성공간』어이연, 2004.

퍼시벌 로웰(조경철 옮김),『내 기억 속의 조선, 조선 사람들』, 예담, 2001.

하쓰다 토오루 저, 이태문 옮김,『백화점: 도시문화의 근대』, 논형, 2003.

한국고전여성문학회 엮음,『경계에 선 유교지식인의 여성 담론』, 도서출판 월인, 2017.

한국고전여성문학회,『우리 한문학사의 여성인물』, 집문당, 2003.

한국고전여성문학회,『조선시대 열녀담론』, 월인, 2002.

한국사회사연구회 편,『한국 근현대가족의 재조명』문학과 지성사, 1998.

홍한주 지음, 김윤조・진재교 옮김,『19세기 견문지식의 축적과 지식의 탄생-지수염필』,
      소명출판, 2013.

홍인숙,『근대계몽기여성 담론』, 혜안, 2009.

A.H. 새비지 랜도어 지음, 신복룡・장우영 옮김,『고요한 아침의 나라 조선』, 집문당, 1999.

『19세기・20세기 초 여성생활사 자료집』1, 홍학희 역주, 보고사, 2013.

『19세기・20세기 초 여성생활사 자료집』2, 3, 김기림 역주, 보고사, 2013

『19세기・20세기 초 여성생활사 자료집』4, 5, 김현미 역주, 보고사, 2013.

『19세기・20세기 초 여성생활사 자료집』6, 서경희 역주, 보고사, 2013.

『19세기・20세기 초 여성생활사 자료집』7, 8, 황수연 역주, 보고사, 2013.
『19세기・20세기 초 여성생활사 자료집』9, 차미희 역주, 보고사, 2013.

〈연구논문〉

강성숙, 「조선후기(19세기) 일상생활의 장에서 남/녀 젠더 차이의 간극과 교섭-가장의 역할을 한 여성의 생활사 서술을 중심으로」, 『여성문학연구』30, 한국여성문학학회, 2013.

고순희, 「개화기 가사를 통해 본 여성 담론의 전개양상과 특성」 『한국고전여성문학연구』10, 한국고전여성문학학회, 2005.

구희진, 「한말 근대개혁의 추진과 '格物致知' 인식의 변화」, 『역사교육』 114, 역사교육연구회, 2010.

금장태, 「한국근대유교와 종교운동」, 『대동문화연구』 37, 성균관대학교 대동문화연구원, 2000.

김민재, 「근대계몽기 여학생용 초등 수신서의 특징과 한계 연구」, 『초등도덕교육』 43집, 한국초등도덕교육학회, 2013.

김복순, 「근대초기 여성교양의 성립과 파트너십 문화론의 계보」, 『여성문학연구』27, 한국여성문학학회, 2007.

김석근, 「운양 김윤식과 유교적 근대화 그리고 역사적 상상력」, 『오늘의동양사상』21호, 예문동양사상연구원, 2010.

김성배, 「19세기 조선의 유교와 근대국제정치」, 『국제정치논총』제47집 2호, 한국국제정치학회, 2007.

김수경, 「개화기 여성 수신서에 나타난 근대와 전통」 『한국문화연구』 20, 한국문화연구원, 2011.

김수연, 「열녀전의 경계와 균열」 『동악어문학』 55집, 동악어문학회, 2010.

김수연, 「근대 중국의 여성과 국민화 프로젝트」, 『중국어문논총』28, 중국어문연구회, 2005.

김순석, 「박은식의 대동교 설립운동」, 『국학연구』제4집, 한국국학진흥원, 2004.

김양선, 「근대 여성작가의 지식/지성 생산에 대한 계보학적 탐색」, 『여성문학연구』24, 한국여성문학학회, 2010.

김언순, 「개화기 여성교육에 內在된 유교적 여성관」, 『페미니즘연구』10-2, 한국여성연구소, 2010.

김영선, 「결혼・가족담론을 통해 본 한국 식민지 근대성의 구성요소와 특징」, 『여성과역사』13, 한국여성사학회, 2010.

김영희, 「개화기 신문의 여성문제 인식의 경향」 한국언론학회 학술대회 발표논문집, 2001.

김은경, 「한국전쟁 후 재건윤리로서의 '전통론'과 여성」, 『아시아여성연구』, 45-2. 숙명여
　　대 아시아여성연구원, 2006.
김찬기, 「근대계몽기 역사 위인전 연구」, 『국제어문』 30, 국제어문학회, 2004.
김현미, 「19세기, 20세기 초 사대부 문집 소재 여성관련 산문자료 연구 동향과 정망」,
　　『한국문화연구』 19, 한국문화연구원, 2010.
김혜승, 「19세기 조선에서의 근대형성」, 『한국정치외교사논총』 31-2, 한국정치외교사학
　　회, 2010.
노대환, 「19세기 후반 신기선(申箕善)의 현실 인식과 사상적 변화」 『동국사학』 53, 동국사
　　학회, 2012.
류미나, 「19c말~20c초 일본제국주의의 유교 이용과 조선 지배」, 『동양사학연구』 111,
　　동양사학회, 2010.
박　경, 「개화 지식인들의 조혼(早婚)에 대한 인식 - 『독립신문』의 논설을 중심으로」, 『여성
　　과 역사』 16, 여성사학회, 2012.
박경환, 「동아시아 유학의 근현대 굴절양상」, 『국학연구』 4집, 한국국학진흥원, 2004.
박관수, 「가정의 힘과 그 개량의 필요」, 『가정잡지』 1권, 1908.
박노자, 「착한 천성의 아이와 같은 저들-1880-1900년대의 러시아 탐험가들의 한국관련
　　기록에서」, 『대동문화연구』 56, 대동문화연구원, 2006.
박영민, 「빙허각 이씨의 고증학적 태도와 유서 저술」, 『한국고전여성문학연구』 36,
　　한국고전여성문학회, 2018.
박원재, 「서구사조에 대한 俛宇學派의 인식과 대응」, 『국학연구』 4집, 한국국학진흥원,
　　2004.
박종천, 「상·제례의 한국적 전개와 유교의례의 문화적 영향」, 『국학연구』 17집, 한국국학
　　진흥원, 2010.
박현숙, 「미국신여성과 조선신여성 비교연구」, 『미국사연구』 28집, 한국미국사학회, 2008.
박현옥, 「여성, 민족, 계급: 다름과 집합적 행위」, 『한국여성학』 10집, 한국여성학회, 1994.
백민정, 「欽欽新書의 여성 관련 범죄 분석을 통해 본 정약용의 여성 인식과 시대적 의미」,
　　『동방학지』 173, 2016.
사토 코예츠, 「유교문화에서 본 일본·중국의 근대화와 전통에 대하여」, 『국학연구』 14,
　　한국국학진흥원, 2009.
서준섭, 「근대 계몽기 한문 세대의 근대 충격 경험과 그 문학적 대응의 몇 가지 양상」,
　　『한중인문학』 8, 한중인문학회, 2002.
소영현, 「젠더 정체성의 정치학과 근대/여성 담론의 기원」, 『여성문학연구』 16, 한국여성
　　문학학회, 2006.
신옥희, 「한국여성의 삶의 맥락에서 본 여성주의 윤리학」 『한국여성학』 15-1, 한국여성학
　　회, 1999.

안병찬, 「풍속개량문제, 조혼은 인종을 멸망케하는 원인」, 『매일신보』, 1914년 7월 22일.

인외순, 「1780-80년대 유길준의 '근대' 인식: 유교 및 전통 관념과의 관세를 중심으로」, 『동양고전연구』40, 동양고전학회, 2010.

오종일, 「실학사상의 근대적 전이-석정 이정직의 경우」 「한국사상논문선집」200, 불함문화사, 2001.

유영옥, 「근대 계몽기 正典化 모델의 一變化: 聖君에서 英雄으로」, 『대동문화연구』67, 대동문화연구원, 2009.

유일선, 「자식은 부모만 위하려 난 줄 아는 병」, 『가정잡지』 1년 3호, 1906년 8월.

유정숙, 「근대계몽기 "여성" 담론의 형성과 계기들」, 『한국언어문화』40, 한국언어문화학회, 2009.

윤정란, 「19세기말 조선의 안방을 찾은 미국 여성의 욕망」, 『사림』34, 수선사학회, 2009.

이경하, 「『제국신문』 여성독자투고에 나타난 근대계몽담론」, 『한국고전여성문학연구』8, 한국고전여성문학회, 2004.

이광세, 「근대화, 근대성 그리고 유교」, 『철학과 현실』, 제32호, 1997.

이배용, 「개화기 서양인 저술에 나타난 한국여성에 대한 인식」, 『한국사상사학』19, 한국사상사학회, 2002.

이봉규, 「한국 유학 연구의 과제와 전망」, 『국학연구』3집, 한국국학진흥원, 2003.

이상경, 「여성의 근대적 자기표현의 역사와 의의」, 『한국근대여성문학사론』, 소명출판, 2002.

이숙인, 「개화기(1894-1910) 유학자들의 활동과 시대인식」, 『동양철학연구』37집, 동양철학회, 2004.

이숙인, 「한국여성(주의) 지식의 식민성비판-탈서구와 탈유교의 전략」, 『동양철학』28집, 동양철학회, 2007.

이숙인, 「근대초기 '여권(女權)'의 유입과유교의 재구성」, 『국학연구』24, 한국국학진흥원, 2014.

이숙인, 「20세기 초, 구습(舊習) 혼인 비판과 여성 담론의 형성」, 『온지논총』64, 온지학회, 2020.

이숙인, 「지속과 변용의 측면에서 본 19세기 유학의 젠더 담론」, 『인간연구』39, 가톨릭대학교 인간학연구소, 2019.

이숙인, 「『가정독본』과 이만규의 여성 교육관」, 『애산학보』43, 애산학회, 2017.

이원택, 「개화기 "禮治"로부터 "法治"로의 사상적 전환」, 『정치사상연구』14-2, 정치사상학회, 2008.

이윤상, 「한말, 개항기, 개화기, 애국계몽기」 『역사비평』74호, 역사비평사, 2006.

이형성, 「한주학파 성리학의 지역적 전개양상과 사상적 특성」, 『국학연구』15, 한국국학진흥원, 2009.

임경규, 「조선 개화기의 옥시덴탈리즘에 대한 소고」 『동서비교문학저널』 20, 한국동서비교문학학회, 2009.

임부연, 「근대 유교 지식인의 종교 담론」, 『종교문화비평』 9호, 한국종교문화연구소, 2006.

임형택, 「20세기 초 신·구학의 교체와 실학」, 『민족문학사연구』 9, 민족문학사연구소, 1996.

장규식, 「개항기 개화지식인의 서구체험과 근대인식:미국유학생을 중심으로」 『한국근현대사연구』 28, 한국근현대사학회, 2004.

장미경, 「〈修身書〉로 본 조선총독부의 "식민지 여성" 교육」, 『일본어문학』 41, 일본어문학회, 2009.

전미경, 「개화기 부부윤리의식의 변화와 가족갈등에 관한 연구: 신문과 신소설을 중심으로」, 『가정과삶의질연구』 18-4, 가정과삶의질학회, 2000.

전미경, 「개화기 계몽담론에 나타난 '가족'에 대한 단상: 대한매일신보를 중심으로」, 『가정과삶의질연구』 20-3, 한국가정관리학회지, 2002.

전미경, 「개화기 '남녀동등' 담론에 나타난 여성에 대한 계몽의 시각」, 『가정과삶의질연구』 20-1, 가정과삶의질학회, 2002.

전미희, 「熙朝軼事 解題」 『熙朝軼事』, 서강대학교 인문학연구소, 1990.

정선태, 「근대계몽기의 번역론과 번역의 사상」, 『배달말』 33, 배달말학회, 2003.

정해은, 「조선시대 여성사 연구에 대한 몇 가지 질문-2000년 이후 연구성과를 중심으로-」, 『조선시대사학보』 105, 조선시대사학회, 2023.

조광, 「개항 이후 유학계의 변화와 근대적응 노력」, 『국학연구』 5, 한국국학진흥원, 2004.

조연숙, 「『류한당언행실록』 연구」, 『아시아여성연구』, 44-1, 아시아여성연구소, 2005.

천성림, 「모성의 '발견'」, 『동양사학연구』 87집, 동양사학회, 2004.

최기숙, 「근대 한국여성의 서양인식, 서양체험과 문학: 교육 주체로서의 여성과 서구유학의 문제」, 『여성문학연구』, 한국여성문학회, 2004.

최기영, 「사회진화론」 『한국사 시민강좌』 25, 일조각, 1999.

최기영, 「제국신문의 간행과 하층민 계몽」, 『대한제국시기 신문 연구』, 일조각, 1991.

최숙경 외, 「한국여성사 정립을 위한 여성인물 유형연구(2): 개항~3.1운동」 『여성학논집』 10-1, 이화여자대학교출판부, 1992.

한경희, 「경북 북부지역 근대문학자들의 유학전통의 사유와 신념의 변화양상」, 『정신문화연구』 116, 한국학중앙연구원, 2009.

한영규, 「잡녹형(雜錄型) 인물지 『진벌휘고속편(震閥彙攷續編)』 연구」, 『한민족문화연구』 55, 한민족문화학회, 2016.

한영규, 「19세기 이후 인물지의 여성 기록 편성 방식-震閥彙攷續編 을 중심으로-」 『大東漢文學』 64집, 2020.

허재영, 「근대계몽기 여성의 문자 생활어자교육 교재를 중심으로」, 『담화·인지언어학회 학술대회 발표논문집』, 담화·인지언어학회, 2006.

홍양희, 「식민지시기 가족 관습법과 젠더 질서-『관습조사보고서』의 젠더인식을 중심으로」, 『한국여성학』, 한국여성학회, 2007.

홍인숙, 「근계몽기 개신 유학자들의 성 담론과 그 의의 -개가 '론' / 열녀 '담'을 중심으로-」, 『동양어문학연구』27, 동양한문학회, 2008.

홍인숙, 「봉건 가부장제의 여성 재현: 조선 후기 열녀전」5, 『여성문학연구』, 한국어와문학, 2001.

찾아보기

한국/근대/여성 총서03

유교와 여성, 근대를 만나다

등록 1994.7.1 제1-1071
1쇄 발행 2024년 7월 31일

지은이 이숙인
펴낸이 박길수
편집장 소경희
편 집 조영준
관 리 위현정
펴낸곳 도서출판 모시는사람들
03147 서울시 종로구 삼일대로 457(경운동 수운회관) 1306호
전 화 02-735-7173 / 팩스 02-730-7173

인 쇄 피오디북(031-955-8100)
배 본 문화유통북스(031-937-6100)
홈페이지 http://www.mosinsaram.com/

값은 뒤표지에 있습니다.
ISBN 979-11-6629-200-2 94200
세트 ISBN 979-11-6629-105-0 94200

이 저서는 2011년 대한민국 교육부와 한국학 중앙연구원(한국학진흥사업단)의 한국학
총서사업(모던코리아 학술총서)의 지원을 받아 수행된 연구임(AKS-2011-DAE-3103)